Michael Krennerich

Freie und faire Wahlen?

Standards, Kurioses, Manipulationen

**WOCHEN
SCHAU
VERLAG**

Bibliografische Information der Deutschen Nationalbibliothek

Die Deutsche Nationalbibliothek verzeichnet diese Publikation in der Deutschen Nationalbibliografie; detaillierte bibliografische Daten sind im Internet unter http://dnb.d-nb.de abrufbar.

©   WOCHENSCHAU Verlag,
     Dr. Kurt Debus GmbH
     Frankfurt/M., 2., aktualisierte Auflage 2021

www.wochenschau-verlag.de

Umschlagbild: © picture alliance / AP Photo / Mike Groll
Gedruckt auf chlorfrei gebleichtem Papier
Gesamtherstellung: Wochenschau Verlag
ISBN 978-3-7344-1193-9 (Buch)
E-Book ISBN 978-3-7344-1194-6 (PDF)
E-Book ISBN 978-3-7344-1195-3 (EPub)

Inhalt

Vorwort

Die vorliegende Studie entspringt einer inzwischen mehr als 30-jährigen Beschäftigung mit Wahlen – als Wahlbeobachter, internationaler Wahlrechtsexperte und Universitätsdozent. Sie soll einen leicht verständlichen, informativen und anschaulichen Einblick geben, wie nationale Präsidentschafts- und Parlamentswahlen in Demokratien und Autokratien weltweit durchgeführt werden.

Zu diesem Zweck werden Wahlrecht, Wahlorganisation und Wahlsysteme beleuchtet. Über einführende wahltheoretische Überlegungen hinaus finden sich in der Schrift jede Menge rechtliche und praktische Überblicke und Länderbeispiele. Auch die Wahlregelungen in Deutschland bleiben nicht unerwähnt. Grundlage hierfür bildet – über die eigenen Erfahrungen und Studien hinaus – die gründliche Lektüre von Verfassungen, Wahlgesetzen, Websites von Wahlbehörden sowie unzähliger Wahlbeobachtungsberichte und vieler hilfreicher Fachpublikationen.[1]

Die Studie ist aber kein Lehrbuch wie *Wahlrecht und Parteiensystem* (7. Auflage 2014) von Dieter Nohlen oder *Wahlen und Wahlsysteme* (2017), das Joachim Behnke, Florian Grotz und Christof Hartmann verfasst haben. Vielmehr soll auf illustrative Weise die Vielfalt der Wahlregelungen und Wahlpraktiken weltweit – im Wesentlichen vor der Covid-19-Pandemie des Jahres 2020 – aufgezeigt werden, einschließlich etlicher Kuriositäten und so mancher Wahlmanipulation. Wenn das Ganze dann auch noch gut lesbar sein sollte, dann hat die Studie ihren bescheidenen Zweck erfüllt.

Kein Buch entsteht ohne Unterstützung: Großer Dank gilt Prof. Dr. Petra Bendel, Prof. Dr. Florian Grotz sowie Dr. Volker Jacoby, Direktor des European Centre of Excellence for Civilian Crisis Management, für die sorgfältige Lektüre des Manuskripts, für unzählige hilfreiche Kommentare und für so manche kritische Nachfrage. Gedankt sei auch dem Wochenschau Verlag für die bereits bewährte Kooperation.

---

1 Auf kleinteilige Quellenverweise wurde der Lesbarkeit halber dabei verzichtet. Vor allem die vielen ausgewerteten Wahlbeobachtungsberichte internationaler Organisationen wurden in Fußnoten nicht eigens bzw. nur in einigen Fällen angeführt. Stattdessen findet sich im Anhang eine umfassende Liste mit Primär- und Sekundärquellen zum Thema.

1. WAHL IST NICHT GLEICH WAHL

In den frühen 1970er Jahren – dem vorläufig letzten Höhepunkt autoritärer Herrschaft weltweit – war die Zahl demokratisch gewählter Parlamente und Regierungen überschaubar. Sie beschränkte sich auf westliche Industriestaaten sowie auf einige Länder des „globalen Südens" wie etwa Costa Rica, Venezuela, Mauritius, Indien und kleinere Inselstaaten der Karibik und des Südpazifiks. Ein wesentliches Merkmal der demokratisch regierten Staaten bestand darin, dass diese regelmäßig kompetitive Mehrparteienwahlen durchführten. Autokratien[2] hingegen ließen nicht wählen oder sie hielten Wahlen ab, bei denen keine Parteien oder nur eine Partei antrat(en). Nur wenige autoritäre Regime ließen seinerzeit Mehrparteienwahlen zu, ohne freilich dadurch ihren Herrschaftsanspruch infrage zu stellen und echte Wahlfreiheit zu gewähren.[3]

Im Zuge der „Demokratisierungswelle(n)", die Mitte der 1970er Jahre zunächst Südeuropa, später dann Lateinamerika und in den 1990er Jahren schließlich – unter sehr verschiedenen Bedingungen – auch Osteuropa und andere Weltregionen erfassten, waren Mehrparteienwahlen aus Sicht der Politik das Gebot der Stunde. Vielerorts kam es zu sogenannten „Gründungswahlen" *(Founding Elections)*, die am Anfang einer noch unsicheren demokratischen Entwicklung standen.[4] Kompetitive Wahlen dienten dabei als wichtiger (wenn auch nicht alleiniger) Ausweis für eine erfolgreiche Transition zur Demokratie.[5] Ein oder zwei friedliche Regierungswechsel per Wahlen wiederum galten mitunter vorschnell als Beleg für eine Konsolidierung der Demokratie. Zugleich waren

---

2   Als Autokratien werden in der Politikwissenschaft alle nicht demokratischen Systeme verstanden, also sowohl autoritäre als auch totalitäre politische Systeme.

3   Zu den Wahlen in verschiedenen Weltregionen im 20. Jahrhundert siehe: Nohlen 1993 und 2005, Nohlen/Krennerich/Thibaut 1999, Nohlen/Grotz/Hartmann 2003, Nohlen/Stöver 2010.

4   Vgl. die entsprechenden Beiträge von Richard Rose, Michael Bratton, Mark P. Jones und Stephen White zu *Founding Elections* in verschiedenen Weltregionen in: Rose 2000: 104–116.

5   Im Zusammenhang mit der dritten Demokratisierungswelle bezeichnet der Begriff „Transition" den Übergang von einem autoritären Regime zu einer politischen Demokratie. Er war begriffsbildend für die politikwissenschaftliche „Transitionsforschung", die sich mit den Ursachen, dem Verlauf und den Bestandsaussichten demokratischer Übergänge zunächst in Südeuropa und Lateinamerika beschäftigte. Der Begriff der „Transformation" ist umfassender, bezieht sich allgemein auf Systemwandel und gewann im Kontext der tiefgreifenden politischen, wirtschaftlichen und gesellschaftlichen Umbrüche nach dem Niedergang der realsozialistischen Regime vor allem in Bezug auf Ost(mittel)europa an Bedeutung.

Wahlen fester und zunächst vorrangiger Bestandteil externer Demokratieförderung, die geradezu aufblühte. Zahlreiche nationale und internationale Organisationen führten vor allem ab den 1990er Jahren Wahlberatung und Wahlbeobachtung durch, um die jeweiligen Staaten bei der Organisation und Durchführung von Wahlen zu unterstützen. In der Folge kam es in vielen Ländern zu Wahlrechtsreformen und zu einer Professionalisierung der Wahlorganisation.

Nicht überall, wo in den vergangenen Jahrzehnten Mehrparteienwahlen stattfanden, genügten die Wahlen jedoch demokratischen Standards und konnten autoritäre Strukturen überwunden werden. Etlichen Staaten, die im ausgehenden 20. Jahrhundert politische Öffnungs- oder Demokratisierungsprozesse durchlaufen hatten, fiel es anfänglich oder dauerhaft schwer, ihre autoritäre Erblast abzuschütteln und die Funktionsprobleme zu meistern, welche die Bedeutung demokratischer Institutionen und Verfahren einschränkten. Während sich in den meisten (re-)demokratisierten Staaten Lateinamerikas und später auch in Ost(mittel)europa Wahlen erneut oder erstmals zu einer „demokratischen Routine"[6] entwickelten, kam es in Afrika zwar flächendeckend zu einer Institutionalisierung von Mehrparteienwahlen, aber nur in einem Teil der Länder entstanden dort, schon gar stabile, Demokratien.[7] Ähnliches gilt für Süd-, Südost- und Ostasien.[8] Oft konnte die Macht der Amtsinhaber nicht einer wirksamen demokratischen und rechtsstaatlichen Kontrolle unterworfen werden. Auch geriet der Demokratisierungstrend in den 2000er Jahren weltweit ins Stocken. Vielerorts hatten autoritäre Regime Bestand, oder sie reetablierten sich nach einer Zeit des vorübergehenden Aufbruchs. Das Wesen und die Strategien autoritärer Herrschaft hatten sich jedoch geändert.

Vermehrt hatten sich „Wahlautokratien" herausgebildet, die demokratische Prozesse imitierten. Ihr Kennzeichen besteht darin, dass das allgemeine Wahlrecht gewährt und ein begrenzter politischer Wahlwettbewerb zugelassen wird.

---

6   So der Titel eines älteren Beitrags des Autors zu Wahlen in Lateinamerika: Krennerich 1999.

7   Neben den demokratischen Frühentwicklern Botsuana und Mauritius zählen dazu etwa Ghana, Kap Verde, Namibia, São Tomé und Príncipe, Südafrika sowie bis 2019 auch Benin und Senegal.

8   Neben Japan und Indien gehören Südkorea, die Mongolei, Taiwan und Timor-Leste zu den Ländern, die dort 2019 das beste demokratische Profil aufwiesen. Auch die südpazifischen Staaten werden mehrheitlich demokratisch regiert.

Doch sind die Wahlen nicht demokratisch. Der politische Wettbewerb ist zugunsten der Amtsinhaber mehr oder minder stark verzerrt, und autokratische Herrschaftsweisen schlagen auf den Wahlprozess durch. Selbst wenn populäre Autokraten bei Wahlen beachtliche Unterstützung mobilisieren und es nicht zu groß angelegtem Betrug am Wahltag kommt, lässt eine Gesamtschau der Wahlprozesse und des übergeordneten Wahlkontexts es meist nicht zu, die Wahlen als demokratisch zu bezeichnen. Mit diesem Manko musste etwa der inzwischen verstorbene Präsident Venezuelas Hugo Chávez leben, der nach seiner dritten Wiederwahl im Jahr 2012 fragte, wie Kommentatoren in Europa immer noch von einer Diktatur in seinem Land sprechen könnten. Tatsächlich hatten der linkspopulistische Autokrat und die ihn unterstützenden Wahlbewegungen zwischen 1998 und 2012 rund ein Dutzend Präsidentschafts- und Parlamentswahlen sowie Volksabstimmungen gewonnen. Doch waren der willkürliche, autoritäre Herrschaftsstil und die gesellschaftspolitische Polarisierung einem demokratischen Wahlprozess abträglich.

Gewiss: Je stärker Wahlen in „elektoralen Autokratien" einen Wettbewerb zulassen und auf offenen Wahlbetrug verzichten, umso schwieriger ist es, demokratische und nicht demokratische Wahlen zu unterscheiden. Der Lackmustest ist, inwieweit die Machthaber bereit sind, einen fairen Wahlprozess und einen freien Wahlgang zuzulassen, und willens, ihnen nicht genehme Wahlergebnisse oder gar eine Wahlniederlage anzuerkennen. Ermöglichen die Wahlen in der Türkei beispielsweise einen demokratischen Wahlwettbewerb? Oder sind sie eher Ausdruck der Machterhaltungsstrategie eines Autokraten? Für Ersteres spricht vorderhand der Wahlsieg der Opposition bei den Kommunalwahlen des Jahrs 2019 in Istanbul, den die Regierung aber erst nach einer Wahlwiederholung und angesichts eines überdeutlichen Wahlsiegs der Opposition *nolens volens* anerkannte. Für Letzteres stehen die erfolgreichen Versuche des Präsidenten Recep Tayyip Erdoğan, die nationalen Wahlprozesse der vergangenen Jahre zu seinen Gunsten auch mit undemokratischen Mitteln zu beeinflussen.

In weniger kompetitiven Autokratien, in denen trotz Mehrparteienwahlen die Opposition kaum existent ist, ist die Einordnung der Wahlen hingegen recht leicht. Als Beispiele können Belarus und Aserbaidschan gelten oder die zentralasiatischen Autokratien, bei denen allenfalls in Ansätzen ein politischer Wettbewerb inszeniert wird. Nach dem Zerfall der Sowjetunion und der Ausrufung unabhängiger Republiken gewannen die Langzeitpräsidenten von Kasachstan,

Tadschikistan, Turkmenistan und Usbekistan ihre Wahlen nicht selten mit Mehrheiten über 90 % der Stimmen. Konkurrierende Bewerber um das Präsidentenamt sind dort bis heute reine „Zählkandidaten", und die wenigen Oppositionsparteien im Parlament imitieren mehr parlamentarischen Pluralismus, als dass sie Oppositionsarbeit betreiben. Ähnliches gilt für etliche Autokratien anderer Weltregionen. Nehmen wir als Beispiel das kleine, wenig beachtete Äquatorialguinea: Trotz der Zulassung von Mehrparteienwahlen im Jahr 1991 regierte der dortige autokratische Präsident Teodoro Obiang Nguema Mbasogo seit 1979 mit uneingeschränkter Regierungsmehrheit im Parlament und ist damit der weltweit am längsten amtierende Staats- und Regierungschef. Wahlen gewinnen er und seine Partei ebenfalls stets mit über 90 % der Stimmen.

Funktionen demokratischer Wahlen

Als Kern der liberalen Demokratie werden Wahlen verschiedene Funktionen zugeschrieben, die traditionell anhand etablierter Demokratien in Westeuropa und Nordamerika entwickelt worden sind.[9] Die Erfahrungen mit demokratischen Wahlen in anderen Weltregionen blieben – mit wenigen Ausnahmen – hingegen lange Zeit unterbelichtet. Erst im Zuge der Demokratisierungswelle(n) des ausgehenden 20. Jahrhunderts erlangen die dortigen Wahlen wieder verstärkt Aufmerksamkeit. Nach den oft nur kurzen Erfahrungen mit Mehrparteienwahlen im Rahmen der Entkolonialisierung in Afrika und Asien sowie der Aussetzung kompetitiver Wahlen in vielen südamerikanischen Diktaturen wurde nunmehr (wieder) die Frage aufgeworfen, welche Funktionen demokratische Wahlen außerhalb Westeuropas und Nordamerikas überhaupt einnehmen (können). Um derartige Fragen beantworten zu können, war und ist jedoch ein allgemeines Verständnis demokratischer Wahlfunktionen vonnöten.

In diesem Sinne sind die ursprünglich auf westliche Demokratien bezogenen Funktionskataloge nicht einfach *ad acta* zu legen. Sie dienen als wichtige Orientierungspunkte, von denen ausgehend – aber unter Berücksichtigung der je besonderen politischen, sozioökonomischen und kulturellen Bedingungen – sich Funktionen kompetitiver Wahlen auch in anderen Weltregionen sinnvoll betrachten lassen. Dies ist nötig, um Wahlen im „globalen Süden" an die verglei-

---

9   Vgl. etwa: Rose/Massawir 1967, Nohlen 1978 und 2014, Harrop/Miller 1987, van der Eijk 1993, Powell 2000, Rosenberger/Seeber 2008, Behnke/Grotz/Hartmann 2017.

chende Wahlforschung anzuschließen. So zeigen beispielsweise Umfragen des *Afrobarometers*, dass die „Nachfrage" nach einer liberalen Demokratie in Afrika durchaus groß ist, selbst wenn die „Angebotsseite" zu wünschen übrig lässt.[10] Zugleich sind Wahlgänge in Afrika nicht nur, wie reichlich verkürzt behauptet wurde, „ethnische Zensus", bei denen die Wahlberechtigten nach ethnischer Zugehörigkeit ihre Wahlstimme abgeben, „typischerweise" begleitet von Stimmenkauf und Gewalt.[11] Auch in den Staaten Afrikas und anderer Regionen des globalen Südens gibt es ernsthafte Bestrebungen, demokratische Wahlen durchzuführen, die sich – bei allen Besonderheiten – an denselben Grundfunktionen orientieren wie Wahlen in etablierten Demokratien. Von grundsätzlicher Bedeutung sind dabei vier allgemeine Funktionskomplexe:

1) Funktionen, die sich auf die Übertragung von politischer Macht und die Zuweisung von Herrschafts- und Oppositionspositionen beziehen: Einem liberal-pluralistischen Demokratieverständnis zufolge vergibt der *demos* in demokratischen Wahlen einen verfassungsmäßig formulierten „Herrschaftsauftrag auf Zeit", so ein geflügeltes Wort von Theodor Heuss, und überträgt damit zeitlich begrenzt politische Macht an die künftigen Herrschaftsträger. Demokratische Wahlen üben also die Funktion aus, politische Macht zu übertragen, und statten zu diesem Zweck – für gewöhnlich in Parteien oder Wählerbewegungen organisierte – Personen in Form von politischen Mandaten mit Herrschaftsbefugnissen aus. Dies gilt auch dann, wenn die in diesem Zusammenhang vielfach betonte Regierungsbildungsfunktion nur vermittelt zutage tritt.[12] Bei demokratischen Wahlen wird jedoch nicht nur ein Herrschaftsauftrag vergeben, sondern auch das Parlament gewählt und die parlamentarische Opposition eingesetzt, welcher, normativ betrachtet, insbesondere die Aufgabe zukommt, die politische Herrschaftsausübung zu kontrollieren und sich für einen Machtwechsel bereitzuhalten.

---

10 Vgl. etwa Gyimah-Boadi 2019.

11 Siehe etwa die überzogene Pauschalkritik von Paul Collier (2008) an Wahlen in Afrika (kritisch hierzu: Krennerich 2009a). Vgl. stattdessen etwa Bleck/van de Walle 2019: 15 oder bereits Bratton/van de Walle 1997, Lindberg 2006.

12 Im Unterschied zu präsidentiellen und semi-präsidentiellen Regierungssystemen entscheiden in parlamentarischen Regierungssystemen nationale Wahlen nur über die Zusammensetzung des Parlaments, das seinerseits dann die Regierungschefin oder den Regierungschef wählt.

2) Eng mit der Übertragung politischer Herrschaftsbefugnisse in Verbindung steht die Legitimationsfunktion demokratischer Wahlen. Mittels Wahlen wird die Ausübung politischer Herrschaft zeitlich begrenzt legitimiert. Indem die Wählerschaft in freien und fairen Wahlen ihre Regierung bzw. ihre Repräsentantinnen und Repräsentanten bestätigt oder neu bestellt, kommt in Wahlen entweder ein Konsens (der im schwachen Sinne auch das Akzeptieren bzw. Dulden umfasst) oder ein Dissens bezüglich der Herrschenden und deren Politik zum Ausdruck. Die Legitimationsfunktion demokratischer Wahlen bezieht sich dabei vornehmlich auf die Inhaber der über Wahlen direkt oder indirekt vergebenen politischen Mandate. Eine demokratisch gewählte Regierung gilt, bei aller oft berechtigten Kritik an Politikstil und Politikinhalten, weithin als legitim ins Amt gebracht. Die Legitimationskraft umfasst aber, normativ betrachtet, auch die Opposition. Gerade in der vollen Anerkennung der Opposition liegt eine Besonderheit wirklich kompetitiver Wahlen. Nicht von ungefähr wird in Großbritannien die Opposition traditionell als *„Her Majesty's Most Loyal Opposition"* bezeichnet. Dabei legitimieren demokratische Wahlen nicht nur die Träger, sondern auch das Prinzip politischer Opposition – und zwar sowohl *in abstracto* als auch in seiner konkreten organisatorisch-rechtlichen Ausformung, die sich u.a. in der Gewährung politischer Rechte auch für die Opposition ausdrückt. In diesem Sinne können Wahlen auch die Legitimität der politischen Ordnung samt ihrer „Spielregeln" bestärken oder infrage stellen, je nachdem, ob die mit demokratischen Wahlen verbundenen Verfahrensregeln akzeptiert oder abgelehnt werden. Sofern die Wahlen demokratisch sind, kommt in ihnen eben auch ein Verfahrenskonsens zum Ausdruck, der die Rechte der politischen Minderheit umfasst. Zudem können Wahlen die Legitimität der im Wahlakt umfassten politischen Gemeinschaft stärken.[13] Beispielsweise haben die ersten allgemeinen und freien Wahlen in der Republik Südafrika im Jahr 1994, trotz aller Spannungen vor den Wahlen, vorübergehend zur nationalen Einheit in der Post-Apartheid-Ära beigetragen, selbst wenn es dort später nicht wirklich zur Herausbildung der angestrebten „Regenbogennation" gekommen ist.

---

13 Damit sind alle drei wesentlichen Legitimationsobjekte der klassischen politischen Systemtheorie benannt: politische Amtsinhaber, politische Ordnung und politische Gemeinschaft.

3) Funktionen, die sich auf die Repräsentation der vielfältigen gesellschaftlichen Gruppen, Ansichten und Interessen beziehen: Während „Regierungen der nationalen Einheit", welche die maßgeblichen politischen Kräfte eines Lands einbinden, selten sind und meist nur in Post-Konfliktsituationen vorkommen, sollen vor allem die gewählten Parlamente die gesellschaftliche Vielfalt repräsentieren und diese im parlamentarischen Willensbildungs- und Entscheidungsprozess angemessen berücksichtigen.[14] Eine hinreichende politische, soziale und territoriale Repräsentation im Parlament ist daher ein wichtiges Ziel demokratischer Wahlen, ohne dass dadurch jedoch die Bildung stabiler Regierungsmehrheiten im Parlament verunmöglicht werden soll. Dabei geht es nicht nur um eine – vom Wahlsystem abhängige – mehr oder minder proportionale Mandatsvergabe an die politischen Parteien, die deren Stimmenanteil in der Wählerschaft entspricht (die freilich in Mehrheitswahlsystemen zugunsten der Bildung von Regierungsmehrheiten gezielt eingeschränkt wird). Wichtig sind ebenso eine *balanced gender representation* oder eine angemessene Vertretung gesellschaftlicher Minderheiten oder unterschiedlicher Regionen im Parlament. Angesichts des hohen Altersdurchschnitts von Parlamenten wird inzwischen verstärkt auch eine stärkere Repräsentation von jungen Menschen im Parlament gefordert. Soll eine solche angemessene Repräsentation unterschiedlicher gesellschaftlicher Gruppen gewährleistet werden, dann ist nach den vielfältigen Bedingungen zu fragen, unter denen kandidierende Personen antreten, aufgestellt und gewählt werden.[15]

4) Funktionen, die sich auf die Gestaltung politischer Inhalte und Alternativen beziehen: Einem liberal-repräsentativen Demokratieverständnis zufolge ist die Wahl streng genommen keine inhaltliche Entscheidung, sondern eine Auswahl zwischen Personen. Wahlen entscheiden nicht primär über Sachprobleme, sondern darüber, wer die Sachprobleme entscheidet. In diesem Sinne stellt der demokratische Wahlakt zuvorderst eine Übertragung von Vertrauen an Personen oder Parteien dar. Gleichwohl kommen bei der Wahlentscheidung inhaltliche und programmatische Präferenzen zum Tragen. Personen und Parteien, die sich zur Wahl stellen, stehen oft für bestimmte politische Positionen, Programme und Ziele, repräsentieren bestimmte Ansichten und Interessen der Wählerschaft. So-

---

14 Vgl. auch Behnke/Grotz/Hartmann 2017: 14.
15 Siehe die Kapitel zur Repräsentation von Frauen und von Minderheiten.

weit Wahlen also einen Konkurrenzkampf um politische Herrschaft auf Grundlage alternativer Sachprogramme darstellen (was nicht immer der Fall ist), haben die Wahlberechtigten die Möglichkeit, mit ihrer Wahlentscheidung zumindest die grundlegende inhaltliche Ausrichtung der Regierungspolitik mitzubestimmen. Dabei handelt es sich für gewöhnlich aber eher um ein allgemeines als um ein konkretes inhaltliches Mandat. Zugleich kann von Wahlen eine die Regierung begleitende Korrektivfunktion ausgehen. Da die Herrschaft nur auf Zeit verliehen und unter demokratischen Wettbewerbsbedingungen regelmäßig wieder zur Disposition gestellt wird, sind die Regierenden – ebenso wie die Opposition als ihre Herausforderer – dazu angehalten, die Ansichten und Interessen des Wahlvolks angemessen zu berücksichtigen. Prospektiv werden bei Wahlen politische Erwartungen an die gewählten Amtsinhaber gestellt und retrospektiv wird bei Wahlen ihre Leistung bewertet.[16] Ziel ist dabei eine „Regierung, die auf die öffentliche Meinung hört und ihr verpflichtet ist".[17] Es geht bei demokratischen Wahlen also um elektorale Verantwortlichkeit und Rechenschaftspflicht. Dabei bezieht sich die Rechenschaftspflicht letztlich auf das gesamte Wahlvolk und nicht etwa nur auf die Unterstützerinnen und Unterstützer der Regierenden.

Aus Sicht eines liberal-pluralistischen Demokratieverständnisses bestimmen die vier Funktionskomplexe maßgeblich den allgemeinen Funktionsgehalt demokratischer Wahlen. Dabei kommt den Wahlen in liberalen Demokratien bereits insofern große Bedeutung zu, als sie – ebenso wie Volksabstimmungen – eine Form der politischen Mitwirkung darstellen, welche grundsätzlich die gesamte Wählerschaft einbezieht. Auch ist die Durchführung demokratischer Wahlen bereits definitorisch mit weiteren politischen Mitwirkungswirkungsmöglichkeiten im engeren oder weiteren Umfeld der Wahlen verbunden: von Wahlkampfaktivitäten, Wahlkandidaturen und allgemein der aktiven Mitwirkung in Parteien und Wählerinitiativen bis hin zur Nutzung einschlägiger politischer Rechte wie Versammlungs-, Vereinigungs-, Meinungs- und Pressefreiheit. Ohne diese sind demokratische Wahlen gar nicht möglich. Daher hängt der demokratische Gehalt von Wahlen eng mit den demokratischen Wesenszügen von Politik und Gesellschaft in einem Land zusammen. Dies rückt auch die abfällige Rede von reinen „Wahldemokratien" *(electoral democracies)* zurecht; denn

---

16 Vgl. auch Rosenberger/Seeber 2008: 19.
17 Sartori 1992: 95.

sollen Wahlen wirklich demokratisch sein, benötigen sie immer auch ein demokratisches Umfeld.

Nun sollten allerdings die normativ abgeleiteten oder idealtypisch entwickelten Funktionszuschreibungen nicht die politischen Zustände in liberalen Demokratien beschönigen. Zwar ist der altbekannte Sponti-Spruch „Wenn Wahlen etwas verändern würden, wären sie schon längst verboten" überzogen. Auch sind demokratische Wahlen nicht nur „Alibi-Veranstaltungen", die einen Wettbewerb vorgaukeln, gesellschaftliche Antagonismen verschleiern und eine Blankovollmacht für konsensunabhängiges Entscheiden ausstellen.[18] Vielmehr können Wahlen einen großen Unterschied machen, wer regiert und wie regiert wird. Präsident Nelson Mandela war – im Unterschied zu einigen seiner Nachfolger – beispielsweise ein Glücksfall für den friedlichen Übergang in der Republik Südafrika. Donald Trump wiederum ist eine Belastung, und zwar sowohl für die Demokratie in den USA als auch, polemisch gesprochen, für den Rest der Welt. Auch unterscheiden sich die Regierungsprogramme vieler politischer Parteien. Die politikwissenschaftliche Frage *„Do parties matter?"* lässt sich im Hinblick auf Politikinhalte oft bejahen, selbst wenn große gesellschaftliche Probleme, von Armut bis Klimawandel, nur unzureichend politisch angegangen werden.

Obwohl also die Fundamentalkritik an der angeblichen Bedeutungslosigkeit von Wahlen überzogen ist und nicht danach fragt, wie die politische Ordnung ohne einen demokratischen Wahlwettbewerb aussehen würde (oder tatsächlich aussieht), gibt es vielfältige Einschränkungen des demokratischen Bedeutungsgehalts von Wahlen. Dazu zählen etwa: verkrustete, elitäre Herrschaftsstrukturen und die Repräsentationsschwäche politischer Parteien, autoritäre Einstellungen und Verhaltensmuster, parochiale politische Untertanenkulturen und illiberale Herrschaftspraktiken, ausufernde Korruption und rechtsstaatliche Mängel, Medienoligopole und der überbordende Einfluss von Geld auf Wahlen oder auch die verbliebene Machtfülle nicht gewählter Akteure, wie etwa von Militärs oder Oligarchen. Zugleich sind vielerorts die sozialen Bedingungen, wie extreme Armut und eine ausgeprägte soziale Ungleichheit, einer wirksamen politischen Mitwirkung der Bevölkerung bei Wahlen nicht zuträglich.

---

18 So brachte Dieter Nohlen (2014: 34) radikal-demokratische Kritiken an Wahlen auf den Punkt.

Inwieweit Wahlen demokratische Funktionen erfüllen, hängt somit maßgeblich davon ab, inwieweit sich in jungen Demokratien – oft unter schwierigen
Bedingungen – demokratische Institutionen, Verfahren, Handlungsweisen und
Einstellungen herausbilden und festigen und inwieweit auch in etablierten Demokratien die Wahlen dazu beitragen, verantwortliche Regierungen hervorzu-
bringen und demokratische Mitwirkungsmöglichkeiten in Politik und Gesellschaft zu verstetigen und zu vertiefen. Die Herausbildung einer demokratischen
und rechtsstaatlichen Kultur ist für gewöhnlich ein langwieriger Prozess, zumal
in gesellschaftlich polarisierten und ethnisch fragmentierten Gesellschaften. In
Ländern, in denen der Wahlsieg nicht nur den Zugang zu politischen Ämtern
bedeutet, sondern zugleich mit der Vereinnahmung des Staatsapparats, mit dem
Zugriff auf die ökonomischen Ressourcen des Lands und mit einer gesellschaftlichen Vormachtstellung einhergeht, steht bei Wahlen viel auf dem Spiel, sind
die Verluste bei einer Wahlniederlage hoch. Dort werden Mehrparteienwahlen
rasch zu einem Nullsummenspiel auf Kosten gesellschaftlicher und politischer
Minderheiten. Wahlen können zwar auch unter solch schwierigen sozioökonomischen und politisch-kulturellen Bedingungen dazu beitragen, Macht- und
Herrschaftskonflikte friedlich auszutragen; sie tun dies aber nicht zwangsläufig.
Mitunter sind sie auch *„new battlegrounds“*[19] oder verstärken gar Machtkonflik-
te. Die häufig benannte befriedende Funktion kompetitiver Wahlen ist daher
stark kontextabhängig.

Auch müssen Demokratien den „Stresstest“ bestehen, dem sie aktuell durch
das Erstarken von Populisten ausgesetzt sind. Vielerorts ist ein „konfrontativer
Typus der Mehrheitsdemokratie“[20] entstanden, in der – unter Verweis auf den
„Volkswillen“ oder die Wählermehrheit – die Anliegen der politischen Minderheiten brüsk beiseitegeschoben werden. Dabei haben Negativwerbung und Dif-
famierungskampagnen ebenso wie Desinformationen und *Fake News* inzwischen wesentlichen Einfluss auf die Wahlentscheidung, selbst in gestandenen
Demokratien. Offenkundig sind zudem die Handlungsspielräume demokratisch
gewählter Regierungen meist viel kleiner als im Wahlkampf suggeriert wird. Das
mussten die gewählten Linksregierungen in Griechenland während der dortigen

---

19 Söderberg Kovacs 2018: 3.
20 So hat Kai-Olaf Lang (2015) das politische System in Ungarn beschrieben. Er stufte es
     seinerzeit ausdrücklich noch nicht als autoritäres Regime ein.

Finanzkrise ebenso schmerzlich erfahren wie viele andere Staaten, die hoch verschuldet oder auf andere Art wirtschaftlich und politisch abhängig sind.

Funktionen nicht demokratischer Wahlen[21]

¿Para qué sirven las elecciones? (Wozu dienen Wahlen?) lautete der spanische Titel einer schon in die Jahre gekommenen Studie über Wahlen in nicht demokratischen Systemen.[22] Wahlen sind selbst in Autokratien mehr als Dekoration. Autokraten binden Wahlen in ihre Herrschaftspraktiken ein und nutzen diese, um innen- und außenpolitische Legitimationsgewinne zu erzielen, um Unterstützergruppen in Politik, Wirtschaft und Gesellschaft zu kooptieren, um die Opposition zu teilen oder in die Schranken zu weisen. Indes: die Regierungsmacht bei Wahlen abzugeben, dazu waren und sind sie für gewöhnlich nicht bereit.

1) Legitimation durch Wahlen: Autokraten gründen zwar ihre innenpolitische Legitimation nicht allein auf Wahlen, sondern gerade auch auf andere Legitimationsquellen – etwa auf persönliches Charisma oder auf traditionelle oder religiöse Herrschaftsansprüche.[23] Mitunter können sie sich auch als Hüter der nationalen Einheit und Sicherheit profilieren, besonders angesichts etwaiger separatistischer Bewegungen, terroristischer Bedrohungen oder einer weitverbreiteten Kriminalität. Oder sie gerieren sich als Garanten des Wohls der Nation, des wirtschaftlichen Fortschritts oder revolutionärer Errungenschaften. Dabei können sich Wahlen in solche Legitimationsstrategien einfügen. Sie bieten findigen Autokraten die Gelegenheit, ihren Führungsanspruch eindrucksvoll zu unterstreichen. Mittels Wahlen können diese die Bevölkerung für die eigenen politischen Ziele mobilisieren und ihren – tatsächlichen oder vermeintlichen – Rückhalt in der Wählerschaft allseits verdeutlichen. Die zahlreichen Wahlen unter Aljaksandr Lukaschenka in Belarus (vor 2020) und unter dem bereits erwähnten Hugo Chávez in Venezuela sind dafür gute Beispiele. Als Legitimation stiftend wird dabei nicht nur eine hohe Zustimmung zum Amtsinhaber, sondern auch eine hohe Wahlbeteiligung angesehen. Um die Bürgerinnen und Bürger an die Wahlurnen zu bringen, bedienen sich Autokraten dabei mitunter ausge-

---

21 Das Kapitel beruht in Teilen auf Krennerich 2017b.
22 Hermet/Rouquié/Linz 1986 (1978).
23 Damit sind drei klassische Legitimationsquellen angesprochen, die bereits Max Weber benannt hat.

wöhnlicher Maßnahmen – so auch in Russland bei den Präsidentschaftswahlen 2018: „Im sibirischen Krasnojarsk wird ein Auto verlost, im südrussischen Krasnodar ist es ein iPhone, und in Berdsk (Westsibirien) soll das beste Selfie eine Plakatwand schmücken. Teilnahmeberechtigt ist immer nur, wer zur Wahl geht."[24] Häufig werden Aufrufe zum Wahlboykott in Autokratien zu unterbinden versucht oder sie sind, wie etwa in Belarus oder Kambodscha, sogar ausdrücklich verboten. Ob mit der Durchführung von Wahlen auch ein außenpolitischer Legitimationsgewinn einhergeht, hängt wiederum davon ab, inwieweit die Wahlen international anerkannt werden. Während Wahlbeobachtungsmissionen unabhängiger internationaler Organisationen, sofern sie eingeladen werden, Wahlen in Autokratien regelmäßig ein schlechtes Zeugnis ausstellen, sind etliche Machthaber dazu übergegangen, Wahlbeobachtungsgruppen aus befreundeten Staaten einzuladen, die dann ein gefälliges Bild der Wahlen zeichnen. Für Aserbaidschan, Zimbabwe und Venezuela sind solche Praktiken beispielsweise gut belegt.[25]

2) Kooptation von Unterstützergruppen: Über ihre mögliche Legitimationsfunktion hinaus können die Wahlen auch in Kooptationsstrategien eingebunden sein, von denen Unterstützergruppen aus Politik, Wirtschaft und Gesellschaft nutznießen. Wahlen bieten den Amtsinhabern die Möglichkeit, durch entsprechende Wahlaussagen und Wahlversprechen den „Herrschaftspakt" mit den sie unterstützenden militärischen, wirtschaftlichen, religiösen und/oder gesellschaftlichen Eliten zu bekräftigen. Darüber hinaus sorgen die politische Besetzung von Ämtern und ihre Austauschbarkeit bei oder nach Wahlen tendenziell für regimetreues Verhalten zumindest derjenigen Personen, die hiervon profitieren oder zu profitieren hoffen. Gerade in Ländern mit ausgeprägten klientelistischen Strukturen neigen viele Wahlberechtigte dazu, die Amtsinhaber zu unterstützen.[26] Salopp ausgedrückt, möchten viele Menschen zu den Wahlsiegern gehören, zumal dann, wenn diese etwas zu verteilen haben. Solche Praktiken lassen sich zwar zur Genüge auch in Demokratien finden, sie sind aber ge-

---

24 Katzenberger, Paul: Abstimmung über Präsidenten. Was Sie über die Wahl in Russland wissen müssen, in: *Süddeutsche Zeitung*, Artikel v. 17. März 2018. Online unter: https://www.sueddeutsche.de/politik/abstimmung-ueber-praesidenten-was-sie-ueber-die-wahl-in-russland-wissen-muessen-1.3910353.

25 Vgl. Merloe 2016, Cooley 2015.

26 Vgl. auch Gandhi/Lust-Okar 2009: 412.

rade auch Teil autoritärer Machtsicherung. Zugleich bieten dortige Wahlen die Möglichkeit zu Re-Arrangements im autoritären Machtapparat, die ihrerseits zur Systemstabilisierung beitragen können. Mittels Wahlen können die jeweiligen Machthaber – anhand von Wahlkampfverhalten, Wahlteilnahme und Stimmenpräferenzen – die Wirksamkeit ihres Kontrollapparats überprüfen, Schwachpunkte in den eigenen Reihen aufdecken und zugleich das oppositionelle Spektrum ausleuchten.

3) Kooptation, Unterdrückung und Diskreditierung der Opposition: Kooptieren lassen sich bei Wahlen gegebenenfalls auch (gemäßigte) Teile der Opposition, indem sie etwa Parlamentsmandate erhalten und ihnen gewisse Organisations- und Handlungsmöglichkeiten eingeräumt werden. Geradezu institutionalisiert ist die Kooptation beispielsweise, wenn im Rahmen von Prämienwahlsystemen die Parlamentsmandate, ganz unabhängig vom konkreten Wahlergebnis, zwischen Mehrheits- und Minderheitspartei(en) nach einem festen Schlüssel verteilt werden, wie dies etwa während der Somoza-Diktatur in Nicaragua lange Zeit der Fall war.[27] Der Kooptation dienen beispielsweise auch die neun Mandate (ohne Wahlkreis), die in Singapur der Präsident an unterlegene Oppositionskandidaten vergibt.[28]

Hingegen werden jene Oppositionsgruppen, die der Regierung gefährlich werden können, in Autokratien oft ausgegrenzt oder verfolgt. Autokraten können der Opposition so zugleich die Grenzen dessen aufzeigen, was sie noch zu dulden bereit sind. Dies kann zum Ausschluss von Parteien und Personen sowie zur regelrechten Tabuisierung bestimmter Themen bei Wahlen führen und einen Anpassungsdruck auf diejenigen Oppositionsparteien ausüben, die in dem engen legalen institutionellen Rahmen agieren wollen. Sofern Oppositionelle solche „roten Linien" überschreiten, werden sie dann verfolgt, eingeschüchtert oder auch nur mittels bürokratischer Auflagen gehindert, für ihre politischen Ansichten zu werben. Die geringe Sichtbarkeit der Opposition kontrastiert dabei für gewöhnlich stark mit der Allgegenwart der Amtsinhaber in der Öffentlichkeit und in den von ihnen kontrollierten Medien.

Oppositionsgruppen müssen sich daher stets entscheiden, ob sie sich auf einen unfairen Wahlwettbewerb einlassen wollen, der ihnen ein beschränktes Maß

---

27 Vgl. Krennerich 1996a: 36 f., 1997.
28 Siehe das Kapitel zu Wahlsystemen.

an politischen Betätigungsmöglichkeiten erlaubt, oder ob sie den Wahlen fern-
bleiben sollen, um diesen keine Legitimation zu verleihen. Oft sind sich die Oppositionsgruppen nicht einig, zumal, wenn die Regierung sie getreu dem Prinzip
„Teile und herrsche" *(divide et impera)* gegeneinander ausspielt. Einige Parteien
boykottieren dann die Wahlen, andere nehmen daran teil. Mitunter kommt es
aber zu einem allgemeinen Wahlboykott der Opposition – so geschehen etwa bei
den Wahlen in Venezuela 2017 oder, um ein weniger bekanntes Beispiel zu nennen, in Dschibuti 2018. Aus Sicht der Machthaber wiederum ergibt sich bei unfairen Wahlen die Möglichkeit, die Opposition als schwach darzustellen oder
diese gar zu diskreditieren. Der Nachweis einer angeblichen Bedeutungslosigkeit
der Opposition ist Teil der Wahlstrategie von Autokraten. Umgekehrt kann ein
Wahlboykott die Opposition auch in die Bedeutungslosigkeit führen, weil bar
einer parlamentarischen Repräsentation die Möglichkeiten, im legal-institu-
tionellen Rahmen (ein wenig) Oppositionspolitik zu betreiben, stark eingeschränkt sind.

Das übergreifende Merkmal von Wahlen in Autokratien besteht letztlich
darin, dass sie in Funktion der Sicherung und eben nicht der Infragestellung der
Herrschaft stehen. Aus Sicht der Herrschenden steht die politische Macht nicht
wirklich zur Disposition. Mitunter wird dies auch gar nicht erwartet, etwa, wenn
der gewählte Präsident als „Vater der Nation" wahrgenommen wird und in Teilen der Bevölkerung eine untertänig geprägte und fürsorgeorientierte politische
Kultur vorherrscht. Eine solche glaubte Mikit Merzlou etwa noch 2019 in Belarus zu erkennen[29], bevor 2020 dann dort jedoch Massenproteste gegen Wahlbetrug ausbrachen. In einigen Ländern werden zudem von vornherein nur Mandate für nachgeordnete politische Ämter vergeben, während die eigentlichen
Machtzentren außerhalb der gewählten Institutionen verbleiben. Selbst dort, wo
gewählte nationale Parlamente bestehen, kann deren politische Macht, wie etwa
noch vor Kurzem in der Monarchie Marokkos, gering sein.

Gelegentlich behalten sich Autokratien auch vor, einen Teil der Mandate im
Parlament ohne Wahlen zu besetzen, so beispielsweise in Myanmar. In Thailand
wiederum geht zwar das 500-köpfige Unterhaus inzwischen wieder aus allgemeinen Wahlen hervor, doch wurden die 250 Senatoren der politisch bedeutsamen zweiten Kammer des Parlaments durch einen „Nationalen Rat zur Erhal-

---

29 Vgl. Merzlou 2019: 2.

tung des Friedens" und damit durch das Militär und ihre Verbündeten bestellt. Streng genommen handelt es sich dort um ein Militärregime hinter einer demokratischen Fassade.[30] Vor allem aber nutzen Autokraten vielfältige Praktiken der Wahlmanipulation, um sicherzustellen, dass ihre politische Macht durch Mehrparteienwahlen nicht ernsthaft gefährdet wird.[31] Dabei gilt es nicht nur, den Wahltag in den Blick zu nehmen, sondern den gesamten Wahlprozess und den übergreifenden Wahlkontext.

Trotz aller Kontrolle bergen Mehrparteienwahlen dennoch ein gewisses „Risiko" für Autokraten, da der damit verbundene Wahlwettbewerb doch in beschränktem Maße politische Räume für Dissens eröffnet und eine Eigendynamik auslösen kann. Bruchstellen ergeben sich beispielsweise dann, wenn die autoritären Machthaber ihren Rückhalt in der Bevölkerung überschätzen oder ihre Fähigkeit, den Wahlprozess hinreichend zu kontrollieren. Bestenfalls können oppositionelle Gruppen – zumal dann, wenn sie vereint auftreten – die Wahlen nutzen, um sich als Regimealternative anzubieten. Gelegentlich gelingt es der Opposition, auch unter autoritären Bedingungen die Wahlen zu gewinnen – und die Amtsinhaber akzeptieren auf innergesellschaftlichen oder außenpolitischen Druck hin sogar das Wahlergebnis. In der jüngeren Vergangenheit gibt es einige Beispiele für solche „öffnenden Wahlen" *(opening elections)*, etwa in Lateinamerika in den 1980er Jahren.[32] Besonders spektakulär waren in Chile das Verfassungsreferendum 1988 gegen eine weitere Amtsperiode von Augusto Pinochet sowie die Präsidentschafts- und Parlamentswahlen 1989, aus denen die Opposition als Sieger hervorging. In Afrika ließen sich die Wahlen des Jahres 1991 in Benin, Kap Verde und Sambia nennen. Ein jüngeres Beispiel ist Gambia, wo der langjährige Amtsinhaber Yahya Jammeh die Präsidentschaftswahl des Jahrs 2016 verlor. Auf nationalen und internationalen Druck, auch seitens der *Economic Community of West African States* (ECOWAS), trat er schließlich zurück und ging ins Exil nach Äquatorialguinea.

Meist dominieren Autokraten jedoch den Wahlprozess und greifen gegebenenfalls auf Wahlbetrug zurück, um eine Wahlniederlage zu vermeiden oder sich eine eindrucksvolle Stimmenmehrheit zu schaffen. Allzu unverblümter Wahlbe-

---

30 So auch Thompson 2019.
31 Vgl. auch Schedler 2002a.
32 Vgl. Nohlen 2014: 39.

trug kann jedoch Anlass für Massenproteste sein. Über solche Proteste stürzten beispielsweise die Regierungen in Georgien (2003), der Ukraine (2004) und Kirgistan (2005). Auch in der DDR verlieh der offenkundige Wahlbetrug bei den Kommunalwahlen des Jahrs 1989 der Protestbewegung Auftrieb. Oft bleiben aber selbst Massenproteste erfolglos, wie etwa im Iran 2009, in Russland 2012 oder in Kasachstan 2019. In Belarus wurden Wahlproteste bereits mehrfach gewaltsam unterdrückt, besonders brutal nach den Präsidentschaftswahlen von 2006 und 2010.[33] So lange anhaltend wie 2020 waren die Proteste aber noch nie.

---

33 Vgl. Legal Transformation Center 2012.

2.

WAS SIND „FREIE UND FAIRE" WAHLEN?

Mit der Zunahme von Mehrparteienwahlen in Demokratien wie Autokratien stellt sich die Frage, wann Wahlen „kompetitiv" oder „frei und fair" sind. Versteht man „Kompetitivität" nicht nur im engeren Sinne als reine Parteienkonkurrenz, sondern umfassender als Merkmal von Wahlen in Demokratien,[34] dann sind die beiden Konzepte nahezu deckungsgleich und nicht einfach mit Mehrparteienwahlen gleichzusetzen. In beiden Fällen geht es darum, dass das allgemeine aktive und passive Wahlrecht sowie Vereinigungs-, Versammlungs-, Meinungs- und Pressefreiheit rechtlich wie faktisch gewährleistet werden und dass die Kontrahentinnen und Kontrahenten gleichberechtigt und möglichst chancengleich um Wählerstimmen werben können. Auch müssen die Wahlberechtigten tatsächlich frei entscheiden können. Dazu muss die Stimmabgabe geheim sein und es darf im Vorfeld oder bei den Wahlen kein unzulässiger Druck auf die Wählerschaft ausgeübt werden. Eine korrekte, transparente und überparteiliche Organisation der Stimmabgabe, Stimmenauszählung und Dokumentation der Wahlergebnisse soll weiterhin sicherstellen, dass keine der kandidierenden Personen und Parteien bevorteilt oder benachteiligt werden. Wahlbeschwerden wiederum müssen neutral geprüft und geahndet werden. Auch ist wichtig, dass es sich um eine Wahlentscheidung auf Zeit handelt und das Wahlsystem nicht die Wählerentscheidung „auf den Kopf stellt".

An solchen Kriterien für freie und faire Wahlen richten sich mehr oder minder deutlich auch die internationalen Standards aus, wie sie beispielsweise die Europäische Union (EU), der Europarat (CoE), die Organisation für Sicherheit und Zusammenarbeit in Europa mit dem Office for Democratic Institutions and Human Rights (OSZE/ODIHR), die Organisation Amerikanischer Staaten (OAS), die Afrikanische Union (AU) sowie die Vereinten Nationen (VN) an Wahlen anlegen. Entsprechende Prüffragen finden sich in Handbüchern zur Wahlbeobachtung internationaler Organisationen sowie in den Materialien vieler nicht staatlicher Organisationen, die wahlberatend tätig sind oder Wahlen beobachten.[35] Sie betreffen den gesamten Wahlprozess – angefangen vom Wahl-

---

34 Vgl. Nohlen 1978, 2014, Krennerich 1993, 1996a und 2000.

35 Vgl. den Code of Good Practice in Electoral Matters des Europarates (CDL-AD (2002) 023rev2-cor) sowie die Wahlmanuals von OSCE/ODIHR (2012), der Europäischen Union (European Union 2016), der Organisation Amerikanischer Staaten (OEA 2008) und der Afrikanischen Union (African Union 2013) – sowie die Handbücher etlicher nicht staatlicher Organisationen, die Wahlberatung und Wahlbeobachtung durchführen, wie das

Freie und faire Wahlen

Frei	Fair
Vor dem Wahltag	
Informations- und Meinungsfreiheit	Keine Bevorteilung oder Benachteiligung von Wahlkontrahenten im Wahlrecht
Versammlungsfreiheit	
Vereinigungsfreiheit	Unabhängige, transparente und neutrale Wahladministration
Allgemeines aktives und passives Wahlrecht	Unparteiische Wahlkreiseinteilung
	Unparteiische Wahlinformationen
Allgemeine Registrierung der Wahlberechtigten	Unparteiische Registrierung der Wahlberechtigten
Freie Registrierung von Parteien und Kandidatinnen und Kandidaten	Unparteiische Registrierung von Parteien und Kandidatinnen und Kandidaten
	Neutrale Haltung staatlicher Stellen gegenüber kandidierenden Personen und Parteien
	Gleichberechtigter Zugang für kandidierende Personen und Parteien zu öffentlichen Medien
	Gleicher Zugang für Wählerinnen und Wähler zu politischen und wahlbezogenen Informationen
	Kein Missbrauch staatlicher Ressourcen für Wahlkampfzwecke
	Unparteiische und transparente Parteien- und Wahlkampffinanzierung
Am Wahltag	
Möglichkeit für alle Wahlberechtigten, tatsächlich an den Wahlen teilzunehmen	Möglichkeit zur Wahlbeobachtung
	Verständliche und neutrale Gestaltung der Stimmzettel
Geheime Stimmabgabe	Neutrale Hilfestellung für Wahlberechtigte, falls nötig
Keine unzulässige Einflussnahme auf oder Einschüchterung von Wahlberechtigten	Korrekte und transparente Ermittlung, Aggregierung, Dokumentation und Veröffentlichung des Wahlergebnisses
Friedliches Wahlklima	Sicherer Transport von Wahlmaterial (Stimmzettel, Wahlurnen etc.)
Nach dem Wahltag	
Legale und tatsächliche Möglichkeiten der Beschwerden gegen Wahlunregelmäßigkeiten, Manipulationen und Wahlbetrug	Unparteiische und rasche Prüfung von Wahlbeschwerden
	Komplette und detaillierte Veröffentlichung der offiziellen Wahlergebnisse
	Untersuchungen und Ahndung von Wahlrechtsverstößen

Quelle: Krennerich 2004, angelehnt an Elklit/Svensson 1996, Elklit 2000a

---

Electoral Institute for Sustainable Democracy in Africa (EISA), *International IDEA (Institute for Democratic and Electoral Assistance)*, die *International Foundation for Electoral Systems* (IFES), das *Centro de Asesoría y Promoción Electoral* (CAPEL) des Interamerikanischen Instituts für Menschenrechte (IIDH) oder auch die *International Human Rights Law Group*, für die Larry Garber bereits 1984 Richtlinien für Wahlbeobachtung erstellt hat.

recht und der Registrierung der Wahlberechtigten und der kandidierenden Personen und Parteien über den Wahlkampf bis zur Stimmenabgabe und -auszählung sowie der Behandlung etwaiger Wahlbeschwerden. Allerdings sprechen Wahlbeobachterinnen und -beobachter meist nicht mehr von „freien und fairen", sondern von Wahlen, die internationalen (demokratischen) Standards genügen.

Trotz aller Unterschiede im Detail besteht indes bemerkenswerter Konsens über die Kriterien bzw. Standards, die an demokratische Wahlen angelegt werden. Unterschiede treten eher bei der konkreten Beurteilung einzelner Wahlen auf. Besonders schwierig ist es, etwaige Unregelmäßigkeiten in den verschiedenen Phasen des Wahlprozesses zu gewichten und diese zu einer schlüssigen Gesamtbewertung der konkreten Wahl zusammenzuführen, die auch dem übergeordneten Wahlumfeld Rechnung trägt und etwaige Betrugsabsichten aufdeckt. Darüber hinaus gibt es gravierende Unterschiede dahingehend, wie deutlich die Kritik an den Wahlen formuliert werden soll. Die Präsidentschaftswahlen in Uganda 2016 wurden beispielsweise von Wahlbeobachtungsmissionen der Europäischen Union und des *Commonwealth* offen kritisiert. Die Kritik der Afrikanischen Union war bereits verhaltener. Kaum Versäumnisse monierten hingegen Wahlbeobachtungsteams einiger Regionalorganisationen wie der *East African Community*.

Während Fort- und Rückschritte in Bezug auf das jeweilige Land häufig benannt werden, verzichten selbst kritische Wahlbeobachtungsberichte bewusst darauf, Wahlen verschiedener Länder miteinander zu vergleichen. Dies ist politisch auch angebracht, um nicht ein Land gegen ein anderes auszuspielen, zumal die Staaten oft unter sehr unterschiedlichen Ausgangsbedingungen Wahlen durchführen. Vor Vielländervergleichen und Rankings keine Scheu haben hingegen die Sozialwissenschaften, bei denen Indizes ohnehin hoch im Kurs stehen. Der *Election Integrity Perception Index* beispielsweise überträgt qualitative Einschätzungen von Expertinnen und Experten zu den jeweiligen Wahlen in numerische Werte. Die befragten Sachverständigen werden gebeten, jeweils Punkte auf insgesamt 49 Aspekte zu vergeben, welche die Wahlgesetze, das Wahlprozedere, die Wahlkreise, die Wählerregistrierung, die Parteien- und Kandidatenregistrierung, die Medienkampagnen, die Wahlkampffinanzierung, die Stimmabgabe, die Stimmenverrechnung, die Ergebnisse sowie die Wahlbehörden betreffen. Maximal 100 Punkte lassen sich erreichen. Die numerische Bewertung wiederum bildet die Grundlage für eine Fünferskala, die zwischen einer „sehr hohen", „hohen", „gemäßigten", „niedrigen" oder „sehr niedrigen" Integrität des Wahlprozesses aus Sicht der Expertinnen und Experten unterscheidet.

Die nachfolgende Tabelle bildet das kumulative Ergebnis der Bewertung in 166 Staaten ab, dem insgesamt 3.861 Einschätzungen für 337 nationale Präsidentschafts- und Parlamentswahlen zwischen dem 1. Juli 2012 und dem 31. Dezember 2018 zugrunde liegen. Nicht berücksichtigt wurden Kleinstaaten mit weniger als 100.000 Einwohnern, was eine Reihe europäischer Länder (Andorra, Liechtenstein, Monaco, San Marino) oder auch pazifischer Inselstaaten (Fidschi, Kiribati, Samoa, Vanuatu etc.) ausschließt, in denen kompetitive Wahlen durchgeführt werden. Außen vor bleiben weiterhin Staaten, die entweder keine allgemeinen und direkten Wahlen zum Parlament vorsehen (z.B. Brunei, China, Saudi-Arabien, Vereinigte Arabische Emirate), zumindest im Untersuchungszeitraum keine durchgeführt haben (z.B. Eritrea, Somalia, Südsudan) oder in denen keine Mehrparteienwahlen stattfinden, da nur die Regimepartei antritt. Auch sind einige Mitgliedstaaten der Vereinten Nationen aus technischen Gründen noch nicht in die Erhebung aufgenommen worden (wie etwa die Demokratische Republik Kongo).[36]

Integritätsindex von Wahlen weltweit

Integrität	Länder (Punkte, Maximum: 100)
Sehr hoch	Dänemark (86), Finnland (85), Norwegen, Schweden (beide 83), Island (82), Deutschland, Niederlande (beide 81), Costa Rica, Estland, Schweiz (alle 79), Litauen, Österreich, Slowenien (alle 77), Luxemburg, Tschechische Republik (beide 76), Frankreich, Kanada, Neuseeland, Portugal, Uruguay (alle 75), Israel, Polen, Slowakei (alle 74), Irland, Lettland, Südkorea, Taiwan (alle 73), Belgien, Chile, Kap Verde (alle 71), Australien, Benin (beide 70).
Hoch	Spanien, Zypern (beide 69), Italien, Japan, Tunesien (alle 68), Jamaika (67), Bhutan, Griechenland, Großbritannien (alle 66), Argentinien, Barbados, Ghana, Kroatien, Malta (alle 65), Brasilien, Mauritius, Mongolei, Timor-Leste, Tonga (alle 64), Republik Südafrika (63), Lesotho, Peru, Vanuatu (alle 62), Grenada, Oman, Panama, USA (alle 61), Kolumbien, Namibia (beide 60).
Mittel	Indien, Mikronesien (beide 59), Botsuana, Bulgarien, Georgien, Ruanda (alle 58), Indonesien, Marokko, Salomon-Inseln (alle 57), Bolivien, Nepal, Republik Moldau (alle 56), Armenien, Fidschi, Rumänien (alle 55), Albanien, Bahamas, Guinea-Bissau, Kuwait, Liberia, Myanmar, Ungarn (alle 54), Belize, Burkina Faso, Guyana, Kirgistan, Nigeria, Sierra Leone, Zentralafrikanische Republik (alle 53), Malediven, Montenegro, Niger, São Tomé und Príncipe, Sri Lanka (alle 52), Suriname, Ukraine (beide 51), Ecuador, Paraguay, Philippinen (50).

---

36 Norris/Grömping 2019.

Integrität	Länder (Punkte, Maximum: 100)
Niedrig	Iran, Jordanien, Serbien (alle 49), Antigua und Barbuda, Guatemala, Laos, Malawi, (Nord-)Mazedonien (alle 48), Pakistan, Russische Föderation (beide 47), Bosnien und Herzegowina (46), Kasachstan, Sambia, Türkei (alle 45), Dominikanische Republik, Tansania (beide 44), Algerien, Kenia, Mali, Senegal, Sudan (alle 43), Guinea, Libanon, Madagaskar, Swasiland (alle 42), Aserbaidschan, Venezuela (beide 41), Ägypten, Bahrain, Belarus, Kamerun (alle 40)
Sehr niedrig	Angola (39), Bangladesch, Irak, Mauretanien, Togo, Usbekistan, Zimbabwe (alle 38), Honduras, Uganda (beide 37), Aserbaidschan, Nicaragua, Turkmenistan (36), Malaysia, Mosambik, Tadschikistan (alle 35), Afghanistan, Papua-Neuguinea, Vietnam (alle 34), Haiti (32), Dschibuti, Tschad (beide 31), Kambodscha, Kongo (beide 30), Rep. Kongo (29), Äquatorialguinea, Äthiopien, Burundi, Syrien (alle 24)

Quelle: eigene Zusammenstellung auf Grundlage von: www.ElectoralIntegrityProject.com (Mai 2019)

Der Index zeigt in vielerlei Hinsicht zu erwartende Ergebnisse auf: Den etablierten Demokratien in Nord-, West- und Südeuropa beispielsweise wird durchweg eine sehr hohe oder hohe Integrität bescheinigt. Am besten schneiden dort die nordischen Staaten Dänemark, Finnland, Norwegen, Schweden und Island ab, gefolgt von Deutschland und den Niederlanden. Vergleichsweise niedrig ist allerdings für westliche Demokratien die Punktebewertung von Griechenland, Großbritannien und Malta. Durchwachsener ist das Bild in den Staaten Mittel- und Osteuropas. Dort wird die Integrität der Wahlen nur in einigen Ländern als sehr hoch (Estland, Litauen, Slowenien, der Tschechischen Republik, der Slowakei und Polen) oder als hoch (Kroatien) eingeschätzt, während die Wahlen in etlichen anderen Ländern nur ein „gemäßigt" erhalten. Schlusslicht ist dort, wenig erstaunlich, Belarus. Unter den Staaten des Kaukasus und Zentralasiens fallen die Mongolei und mit Einschränkungen Kirgistan vergleichsweise positiv auf, während Usbekistan, Aserbaidschan, Turkmenistan und Tadschikistan besonders schlecht abschneiden. Im restlichen Asien und im Pazifikraum gehören Bangladesch, Malaysia, Papua-Neuguinea, Afghanistan, Vietnam und Kambodscha zu den Schlusslichtern, während Neuseeland, Südkorea, Taiwan und Australien eine sehr hohe Wahlintegrität bescheinigt wird. Im Nahen Osten stechen die Wahlen in Israel als der einzigen Demokratie in der Region positiv hervor, in Nordafrika jene in Tunesien, einem Land, dessen demokratische Entwicklung allerdings nicht abgeschlossen ist. Vielschichtig ist auch das Bild in Afrika südlich der Sahara, das von bemerkenswert demokratischen bis hin zu offen gefälschten Wahlen reicht: Dem Index zufolge weisen die Wahlen in Capo Verde und Benin im Untersuchungszeitraum (noch) eine sehr hohe Integrität auf und die Wahlen in Ghana, der Republik Südafrika, Lesotho und Namibia immerhin eine hohe. Hingegen schneiden Burundi, Äquatorialguinea und Äthiopien äußerst schlecht ab. In Amerika bekommen die Wahlen in Costa Rica und Uruguay sowie in Kanada sehr gute Bewertungen, ganz im Unterschied zu den Wahlen in Venezuela, Honduras, Nicaragua und Haiti. Die USA fallen im Vergleich zu anderen Demokratien ab.

Der Index gibt einen ersten, möglicherweise hilfreichen Überblick über Wahlen weltweit.[37] Allerdings lässt die Transparenz der von Expertinnen und Experten zwar anhand objektiver Kriterien, aber dennoch subjektiv vorgenommenen Länderbewertungen zu wünschen übrig. Auch fördert der Index mitunter Bewertungen zutage, die kontraintuitiv sind, schon gar im interregionalen Vergleich. So ist beispielsweise schwer nachvollziehbar, dass die Wahlen im Sudan weit mehr Punkte erhalten als die sicherlich kritikwürdigen, aber doch kompetitiveren Wahlen in Honduras und Nicaragua. Ländervergleiche, zumal über verschiedene Weltregionen hinweg, sind bei solchen Indizes mit großer Vorsicht zu genießen, da die Bewertungen insbesondere vor dem Hintergrund des nationalen und allenfalls noch des regionalen Kontexts erfolgen, nicht aber auf Grundlage eines zumal interregionalen Vergleichs. Es wäre daher stets zu prüfen, welche Aspekte der Wahlen für eine bessere oder schlechtere Bewertung der Wahlen ausschlaggebend waren und wie sich etwaige Bewertungsvarianzen begründen lassen. Die aggregierten Länderdaten geben hierzu kaum Aufschluss. Zugleich können die kumulativen Ergebnisse die Unterschiede der Integrität von Wahlen in ein und demselben Land verwischen. Mitunter sind auch Wahlen, die zu abweichenden Bewertungen kommen, noch nicht erfasst: In der knapp 20-jährigen Vorzeigedemokratie Westafrikas, Benin, die für den Zeitraum zwischen 2012 und 2018 eine sehr hohe Bewertung erhielt, wurden bei den Parlamentswahlen im Mai 2019 nur zwei regierungsnahe Parteien zugelassen, fünf Oppositionsparteien(-bündnisse), darunter auch jene des ehemaligen Präsidenten Boni Yayi, wurde die Zulassung verweigert. Die Wahlbeteiligung sank rapide auf rund 23 %, und es folgten schwere Zusammenstöße zwischen Polizei und Demonstrierenden.

---

37 Zur Diskussion des dem Index zugrunde liegenden Konzepts der Integrität der Wahlen siehe etwa: Garrido/Nohlen 2019.

Wahlbeobachtung – inzwischen weit verbreitet

Internationale Wahlbeobachtung spielt eine potenziell wichtige Rolle für die Transparenz und Integrität des Wahlgangs. Durch Wahlbeobachtung lassen sich Wahlunregelmäßigkeiten und Wahlmanipulationen nicht nur aufdecken, sondern möglicherweise auch vermeiden. Angesichts der Präsenz von Wahlbeobachtungsteams nehmen die politischen Kontrahentinnen und Kontrahenten gegebenenfalls von (allzu offenem) Wahlbetrug Abstand. Zum anderen können unabhängige Wahlbeobachtungsmissionen auch bezeugen, wenn die Wahlen hinreichend frei und fair abliefen. Der Ausweis, dass die Wahlen internationalen Standards genügten, kann die Legitimität der Wahlen stärken, gerade dann, wenn diese infrage gestellt wird. Vor allem in solchen Gesellschaften, in denen – beispielsweise nach Bürgerkriegen oder im Rahmen von Demokratisierungsprozessen – großes Misstrauen zwischen den kandidierenden Personen und Parteien herrscht, kann Wahlbeobachtung zur Vertrauensbildung beitragen. Gleiches gilt für Länder, in denen eine ausgeprägte politische oder gesellschaftliche Polarisierung einen demokratischen Wahlprozess erschwert. Selbst in etablierten Demokratien können Empfehlungen von Wahlbeobachtungsteams wahlrechtliche oder wahlorganisatorische Reformen anstoßen.

Die Vereinten Nationen entsandten bereits zwischen 1956 und 1990 rund 30, meist kleine Wahlbeobachtungsmissionen in die sich damals entkolonialisierenden Staaten Afrikas und Asiens. Doch die von den Vereinten Nationen überwachten Wahlen zur Verfassungsgebenden Versammlung im November 1989 in Namibia, auf die im März 1990 die Unabhängigkeit des Lands folgte, bildeten vom Umfang her eine Zäsur: Die dortige *United Nations Transaction Assistance Group* umfasste 8.000 Personen.[38] Es folgten die bis dahin international am besten beobachteten Wahlen in einem souveränen Staat: die Wahlen 1990 in Nicaragua, aus denen das sandinistische Revolutionsregime (1979–1990) nach siegreichen Wahlen 1984 überraschend als Verlierer hervorging und die Regierungsmacht abgab. Die Wahlen waren Teil des zentralamerikanischen Friedensprozesses[39] und wurden nicht nur von den Vereinten Nationen beobachtet, sondern auch von der Organisation Amerikanischer Staaten (OAS), die zwischen 1962

---

38 Vgl. Borneo 2000. Siehe auch Harneit-Sievers 1990, Tötemeyer/Wehmhörner/Weiland 1996.
39 Vgl. Krennerich 1993.

und 1990 an mehr als 20 kleineren Wahlbeobachtungsmissionen in der Region teilgenommen hatte, sowie von etlichen weiteren internationalen NGOs, wie etwa dem *Carter Center*. Während sich die Vereinten Nationen im Laufe der 1990er Jahre zusehends aus der Wahlbeobachtung zurückzogen, waren bei den darauffolgenden Wahlen 1996 in Nicaragua die OAS, die Europäische Union sowie eine kaum überschaubare Anzahl an internationalen Wahlorganisationen, NGOs, Stiftungen, Parteien, Botschaften und Abgeordneten vor Ort. Sie trugen erheblich zur Integrität der Wahlen und zur neuerlichen Akzeptanz der Wahlniederlage durch die Sandinisten bei.

Im Zuge der Demokratisierungsprozesse auch in anderen Weltregionen entwickelten weitere Institutionen eine kontinuierliche, professionelle Wahlbeobachtung. Im OSZE-Raum mit seinen 57 Teilnahmestaaten ist hier vor allem das *Office for Democratic Institutions and Human Rights* (ODIHR) der OSZE hervorzuheben. Es entsandte 1996 sein erstes Langzeitwahlbeobachtungsteam und hat bis Ende 2018 insgesamt 358 Beobachtungen von Wahlen und Referenden durchgeführt.[40] Die EU wiederum schickte, beginnend mit einer Mission nach Russland im Jahr 1993, bis Ende 2019 insgesamt 197 Wahlbeobachtungsteams in sogenannte „Drittstaaten".[41]

Mit dabei waren von Beginn an Wahlbeobachterinnen und Wahlbeobachter aus Deutschland, da internationale Wahlbeobachtung schon früh als Instrument der Demokratisierungshilfe erachtet wurde.[42] Deren Beteiligung wurde in den 1990er Jahren direkt über das Auswärtige Amt koordiniert, später übernahm das 2002 gegründete Zentrum für Internationale Friedenseinsätze (ZIF) die Rekrutierung und Ausbildung deutscher Wahlbeobachterinnen und -beobachter. Bis Ende 2019 vermittelte das ZIF insgesamt 4.306 Kurzzeit- und 539 Langzeitwahlbeobachterinnen und -beobachter an Wahlbeobachtungsmissionen von ODIHR und 366 bzw. 324 an jene der EU. Nicht einbezogen sind hierbei die direkt bei der OSZE oder der EU beschäftigten Personen. Darüber hinaus entsandten auch nicht staatliche Organisationen Wahlbeobachterinnen und -beobachter von Deutschland aus ins Ausland.

---

40 Datengrundlage: ODIHR Annual Reports.
41 Entsprechende Daten finden sich auf der Website des *European External Action Service* der EU.
42 Vgl. etwa Mair 1994.

Entsandte Wahlbeobachterinnen und Wahlbeobachter (ZiF)

ODIHR	Jahr 2002	Jahr 2003	Jahr 2004	Jahr 2005	Jahr 2006	Jahr 2007	Jahr 2008	Jahr 2009	Jahr 2010	Jahr 2011	Jahr 2012	Jahr 2013	Jahr 2014	Jahr 2015	Jahr 2016	Jahr 2017	Jahr 2018	Jahr 2019*
STOs	141	269	441	252	189	217	191	168	272	138	195	239	234	213	323	187	276	361
LTOs	15	32	34	25	24	27	31	18	33	19	38	19	31	31	47	27	42	46

EU	Jahr 2002	Jahr 2003	Jahr 2004	Jahr 2005	Jahr 2006	Jahr 2007	Jahr 2008	Jahr 2009	Jahr 2010	Jahr 2011	Jahr 2012	Jahr 2013	Jahr 2014	Jahr 2015	Jahr 2016	Jahr 2017	Jahr 2018	Jahr 2019*
STOs	6	25	47	39	50	24	18	18	28	21	6	22	6	9	6	13	16	12
LTOs	2	14	26	34	38	27	25	20	17	21	8	16	17	8	8	12	18	13

Quelle: ZIF, zusammengestellt von Dominika Eichstädt
* STO: Short-term observers, LTO: Long-term observers.

Neben der internationalen Wahlbeobachtung wuchs zugleich die Bedeutung der Wahlbeobachtung durch nationale und lokale Organisationen innerhalb der jeweiligen Länder, gerade auch seitens der dortigen Zivilgesellschaft *(domestic observers, citizens observers)*. Hinzu kommen in vielen Ländern „*observers*", „*agents*" oder „*proxies*" der kandidierenden Personen und Parteien.

Als ein frühes Beispiel für eine umfassende und erfolgreiche nationale Wahlbeobachtung gelten die Präsidentschaftswahlen 1986 auf den Philippinen, die ein wichtiger Baustein der dortigen Demokratisierung waren. Sie wurden von rund 500.000 Freiwilligen beobachtet. Die *National Citizens' Movement for Free Elections* (NAMFREL) hatte landesweit Bemühungen unternommen, um Wahlbetrug zu verhindern oder zu dokumentieren. NAMFREL diente als Inspiration für zahlreiche weitere nationale Wahlbeobachtungen in Asien. Zu nennen sind beispielsweise die 1991 gegründete *Citizens' Coalition for Clean and Fair Elections* (CCCFE) in Südkorea oder in Bangladesch die *Bangladesh Movement for Fair Elections* (BMNA), die ebenfalls 1991 entstand, sowie später die *Fair Election Monitoring Alliance* (FEMA), die zu den Wahlen 1996 gegründet worden war. Auch in anderen asiatischen Staaten wie Thailand, Nepal oder Sri Lanka, in denen in der erste Hälfte der 1990er Jahre erstmals Mehrparteienwahlen stattfanden, bildeten sich, vorübergehend oder dauerhaft, kleinere oder größere Wahlbeobachtungsorganisationen und -netzwerke heraus.[43]

---

43 Vgl. National Democratic Institute 1996.

In anderen Weltregionen, allen voran in Lateinamerika, gewannen ab Ende der 1980er Jahre nationale Wahlbeobachtungen ebenfalls stark an Bedeutung. Zivilgesellschaftliche Organisationen wie *CIVITAS* in Chile, *Participación Ciudadana* in der Dominikanischen Republik, *Alianza Cívica* in Mexiko, die *Comisión Justicia y Paz* in Panama oder *Transparencia* in Peru beobachteten die Wahlen in den sich (re-)demokratisierten Staaten der Region.[44] Bei den bereits erwähnten Wahlen von 1996 in Nicaragua wurden die internationalen Wahlbeobachtungsmissionen durch etwa 5.000 nationale Wahlbeobachterinnen und -beobachter sowie ungefähr 30.000 bis 50.000 Vertreterinnen und Vertreter von Parteien ergänzt. In Europa gründeten im Dezember 2012 insgesamt 13 unabhängige zivilgesellschaftliche Wahlbeobachtungsorganisationen die *European Platform for Democratic Elections* (EPDE),[45] die wiederum Mitglied des *Global Network of Domestic Election Monitors* (GNDEM) ist, in dem auch zahlreiche Organisationen und Netzwerke aus Afrika, Asien, Europa und Lateinamerika mitwirken.[46]

Selbst wenn die Wahlgesetze (gerade von etablierten Demokratien) nicht immer Abschnitte zur Wahlbeobachtung enthalten, sind mittlerweile bei vielen Wahlen weltweit internationale wie nationale Beobachtungsteams akkreditiert und zugegen. Dadurch geraten auch Wahlautokratien unter Handlungsdruck. So ist nur vorderhand erstaunlich, dass autokratische Regierungen internationale Wahlbeobachtungsteams ins Land lassen. Behnke, Grotz und Hartmann erklären dies dadurch, dass eine Verweigerungshaltung – sofern diese möglich ist[47] – leicht als Täuschungsabsicht wahrgenommen werden könnte.[48] Tatsächlich nährt die Nichtzulassung oder Behinderung internationaler Wahlbeobachtung oft berechtigte Zweifel an dem politischen Willen der Regierung, demokratische Wahlen abzuhalten. Aus diesem Grund sind Autokraten dazu übergegangen, mittels einer selektiven Einladungspolitik – zusätzlich oder ausschließlich –

---

44 Vgl. Middlebrook 1998.
45 Vgl. https://www.epde.org.
46 Vgl. https://gndem.org.
47 Das Kopenhagener Dokument (1990) besagt, dass sich alle OSZE-Teilnahmestaaten untereinander eine *standing invitation* zur Wahlbeobachtung aussprechen. So gesehen bräuchte es gar keine ausdrückliche Einladung mehr. Im politischen Tagesgeschäft hat sich jedoch eingebürgert, dass eine solche Einladung erfolgt.
48 Behnke/Grotz/Hartmann 2017: 40.

Wahlbeobachtungsgruppen von befreundeten Regimen und angeblich unabhängigen Organisation einzuladen, die ein gefälliges Bild der Wahlen zeichnen. Bereits erwähnte Beispiele sind hier Aserbaidschan, Zimbabwe und Venezuela. Ohnehin können Autokraten, wie später noch gezeigt werden wird, den Ausgang der Wahlen bereits lange vor dem Wahltag beeinflussen (oder schlimmstenfalls sogar festlegen), sodass offener Wahlbetrug am Wahltag, also dem Höhepunkt der Kurzzeitwahlbeobachtung, nicht mehr unbedingt nötig ist.

Bei den russischen Präsidentschaftswahlen im Jahr 2018 beispielsweise war zwar eine große ODIHR-Wahlbeobachtungsmission zugegen. Doch blieb etlichen anderen „unerwünschten" ausländischen Wahlbeobachtungsorganisationen eine Einreise verwehrt. Auch lud die Regierung eigens rund 300 Personen (darunter auch AfD-Politiker aus Deutschland) zur Wahlbeobachtung ein, die hauptsächlich dazu dienten, die „Legitimität" der Wahlen zu bestätigen. Da der Regierung an einer hohen Wahlbeteiligung gelegen war, nutzte sie ferner regimeloyale nationale Wahlbeobachtungsgruppen, um die Bürgerinnen und Bürger zur Wahlteilnahme zu bewegen.[49] Regimekritische nationale Wahlbeobachtungsteams wurden hingegen schikaniert. Zugleich setzte die Regierung darauf, dass der eigentliche Wahltag, auf den sich die Hauptaufmerksamkeit von Kurzzeitwahlbeobachtungen richtete, vergleichsweise ruhig und geordnet verlief, was internationale Wahlbeobachtungsteams – trotz mancher Unregelmäßigkeit – auch bestätigten. Allerdings machte ODIHR deutlich, dass im Vorfeld der Wahlen deren Freiheit und Fairness unzulässig beschnitten worden waren.

Dass Wahlautokratien inzwischen gezielt versuchen, über ihnen genehme Wahlbeobachtungen Legitimation für nur beschränkt kompetitive Wahlen zu gewinnen, lässt sich auch für andere Länder feststellen. In Kambodscha sollten beispielsweise fragwürdige internationale und nationale Wahlbeobachtungsgruppen den Umstand kompensieren, dass etliche anerkannte internationale Organisationen keine Wahlbeobachtungsteams zu den schon im Vorfeld erkennbar undemokratischen Parlamentswahlen 2018 entsandten.[50] Auch bei den Präsidentschaftswahlen 2019 in Kasachstan und den Parlamentswahlen 2020 in

---

49 Das russische Wahlgesetz erlaubt, dass Kandidatinnen und Kandidaten, Parteien, Medien sowie seit 2017 sogenannte Zivilkammern nationale Wahlbeobachterinnen und -beobachter benennen.

50 Siehe Morgenbesser 2019: 168 ff.

Aserbaidschan wurde von ODIHR die politische Unabhängigkeit manch nationaler Wahlbeobachtungsgruppen infrage gestellt. Dies zeigt einmal mehr, dass die Verantwortlichen in Autokratien gelernt haben, auch Wahlen für ihre Zwecke zu nutzen. Gleichwohl bleiben internationale und nationale Wahlbeobachtungen, sofern sie seriös und unabhängig durchgeführt werden, wichtige Garanten für die Durchführung freier und fairer Wahlen, vor allem in jungen und entstehenden Demokratien. Auch zeitigen sie Auswirkungen auf den Wahlwettbewerb in Autokratien.[51]

---

51 Vgl. etwa Roussias/Ruiz-Rufino 2018.

3.

DER ORGANISATORISCHE UND RECHTLICHE RAHMEN

Wer organisiert die Wahlen?

„Wer auszählt, gewinnt", heißt ein alter Diktatorenspruch, der getrost auf die gesamte Wahlorganisation ausgeweitet werden kann. Die Freiheit und Fairness der Wahl hängen entscheidend davon ab, wer die Wahlen durchführt und kontrolliert.

Da Wahlen ein ureigener Akt staatlicher Souveränität sind, ist es zunächst wichtig, dass nationale Institutionen die Verantwortung für die Organisation von Wahlen übernehmen. Allenfalls in besonderen Situationen sollten internationale Organisationen in die Wahlorganisation eingebunden sein. Dies war besonders deutlich in Kambodscha der Fall: Nach dem Pariser Friedensabkommen von 1991 organisierte die *United Nations Transitional Authority in Cambodia* (UNTAC) die dortigen Wahlen von 1993, errichtete gewissermaßen eine Wahlinfrastruktur aus dem Nichts.[52] So weit ging die Rolle der internationalen Staatengemeinschaft im Rahmen des Friedensprozesses in Bosnien-Herzegowina zwar nicht, aber immerhin waren dort bei den Wahlen 1997, 1998 und 2002 internationale Mitglieder, darunter der Leiter der OSZE-Mission, in die *Provisional Electoral Commission* einbezogen. Die nationalen Wahlen des Jahrs 2006 waren die ersten, die dort nach dem Zerfall Jugoslawiens ohne internationale Beteiligung durchgeführt wurden.

Wichtig ist weiterhin, dass die für die Wahlorganisation zuständigen Stellen unabhängig, professionell und transparent arbeiten. In vielen etablierten Demokratien, in denen Wahlen eine lange Tradition aufweisen, werden Wahlen von Behörden organisiert, die der Exekutive auf nationaler, regionaler und/oder lokaler Ebene unterstellt sind. Häufig spielt hier das Innenministerium eine wichtige Rolle. In Deutschland ist beispielsweise das „Bundesministerium des Innern, für Bau und Heimat" formal die oberste staatliche Wahlbehörde. Mit der Vorbereitung, Durchführung und Überprüfung der Wahl beauftragte Wahlorgane sind allerdings der Bundes-, die Landes- und die Kreiswahlleiter sowie zur Überprüfung von Wahlbeschwerden ein Bundeswahl-, ein Landeswahl- und der Kreiswahlausschuss. Hinzu kommt ein Wahlvorstand für jeden Wahlkreis zur Feststellung der Briefwahlergebnisse. Die Bundeswahlleitung wird vom Innenministerium auf unbestimmte Zeit bestellt, die Landeswahlleitung, die Kreis-

---

52 Vgl. Sullivan 2016.

wahlleitung und der Wahlvorstand von der jeweiligen Landesregierung (oder der von ihnen bestimmten Stelle).[53]

Im Fall einer professionellen, parteipolitisch unabhängigen Verwaltung ist ein *governmental model of electoral management* für gewöhnlich kein Problem. Gleichwohl haben einige etablierte Demokratien eigenständige Wahlkommissionen eingeführt, um die Unabhängigkeit *vis-à-vis* der Regierung zu stärken: so etwa Kanada (1920), Indien (1950) und Australien (1984). Vor allem in Staaten mit einer wenig entwickelten demokratischen Kultur oder autoritären Wahlerfahrungen sind von der Regierung ernannte und der Exekutive unterstellte Wahlbehörden oft nicht angebracht. Hier sind von der Regierung unabhängige Wahlkommissionen *(independent model of electoral management)* vorzuziehen, weil ansonsten die Gefahr besteht, dass die Regierung auf die Durchführung der Wahlen Einfluss nimmt, und zwar zu ihren Gunsten. Dementsprechend wurden weltweit im Zuge politischer Öffnungs- und Demokratisierungsprozesse regierungsunabhängige Wahlkommissionen gefordert und (wieder-)eingeführt, auch in Ost(mittel)europa.

Vorreiter ist hier jedoch Lateinamerika, wo die Bemühungen um saubere Wahlen eng mit der Entwicklung der Demokratie im 20. Jahrhundert zusammenhingen. Tatsächlich stellt Lateinamerika geradezu eine „paradigmatische Region" für unabhängige Wahlkommissionen dar, die im Zuge der (Re-)Demokratisierung ab den 1980er Jahren ausgebaut und professionalisiert wurden.[54] So verfügen alle lateinamerikanischen Staaten, die Mehrparteienwahlen durchführen, über eigenständige Wahlkommissionen, deren Unabhängigkeit zumeist verfassungsrechtlich garantiert ist. Mitunter fungieren sie sogar im Sinne eines *Poder Electoral* als vierte verfassungsmäßige Gewalt neben Exekutive, Legislative und Judikative. Die Wahlkommissionen in Lateinamerika sind dabei oft für die gesamte Wahlorganisation – von der Wählerregistrierung bis zur Anerkennung der Wahlen – zuständig, verfügen über eigene Haushaltmittel und sind der Exekutive gegenüber nicht rechenschaftspflichtig. Vor allem werden ihre Mitglieder nicht von der Regierung bestellt. Damit unterscheiden sie sich von so manchen Wahlkommissionen in anderen Ländern, die nur über wenige Kompeten-

---

53 Siehe §§ 8 f. BWahlG.
54 Zovatto 2017; vgl. auch: Jaramillo 1994, Valdés/Ruiz 2019.

zen verfügen. Die „Nationale Autonome Wahlkommission" im Senegal beispielsweise überwacht lediglich die Wahlen, organisiert sie aber nicht selbst.[55]

Formal unabhängige Wahlkommissionen gibt es inzwischen auch in vielen
anderen Ländern weltweit – von „A" wie Afghanistan bis „Z" wie Zambia. Die
Verfassung des Jahrs 2014 in Tunesien hat beispielsweise die Unabhängigkeit der
Wahlkommission verankert. Dies heißt selbstverständlich nicht, dass formal unabhängige Wahlkommissionen tatsächlich immer unabhängig agieren, schon gar
nicht in Wahlautokratien. Auch reicht es sicherlich nicht, nur ein *Independent* vor
den Namen der Wahlkommission zu setzen, wie dies in Uganda 2015 geschehen
ist, um die von der dortigen Opposition geforderte Unabhängigkeit der Wahlkommission zu gewährleisten. Auch ist stets zu prüfen, welche Aufgaben und
Kompetenzen die Wahlkommissionen bei der Durchführung und Kontrolle der
Wahlen innehaben – und ob sie diese mit Regierungsbehörden teilen *(mixed
model)*. Der *Electoral Management Design Database* von International IDEA zufolge orientierten sich die Wahlorgane in 215 Staaten und abhängigen Gebieten
zu 63 % an einem *independent model*, zu 21 % an einem *governmental model* und
zu 14 % an einem *mixed model*. Die übrigen 2 % hielten keine nationalen Wahlen ab.[56]

Während von der Regierung eingesetzte Wahlbehörden in der Regel von Ver-
waltungsbeamten geleitet werden, ist die Zusammensetzung eigenständiger Wahlkommissionen ein Politikum, zumal in solchen Ländern, in denen großes Misstrauen zwischen den politischen Kontrahenten herrscht. Reformbestrebungen zielen zunächst darauf ab, den Einfluss der Regierung auf die Zusammensetzung zu-
rückzudrängen, um tatsächlich deren Unabhängigkeit zu gewährleisten. In einigen
Ländern wurde oder wird nämlich selbst im Falle angeblich unabhängiger Wahlkommissionen der Regierung die Möglichkeit eingeräumt, eine gewisse Anzahl an
Kommissionsmitgliedern zu benennen. Hier empfiehlt es sich, die Zahl der durch
die Regierung ernannten Personen möglichst gering zu halten und eine Über-
macht regierungsnaher Mitglieder zu vermeiden. Sinnvoll ist zudem, dass zumindest ein Teil der Mitglieder von unpolitischen Institutionen berufen wird, die als
unabhängig wahrgenommen werden. Das können Gerichte sein, sofern diese nicht
als korrupt gelten, oder andere Institutionen, die im Land Vertrauen genießen.

---

55 Vgl. Riedl/Samba Sylla 2019: 100.

56 https://www.idea.int/data-tools/data/electoral-management-design.

Falls alle oder einige Mitglieder der Wahlkommission vom Parlament bestellt werden, kann es zudem angebracht sein, dass diese mit qualifizierten Mehrheiten – etwa mit einer Zweidrittelmehrheit wie in Tunesien – gewählt werden. Soweit von Parteien entsandte Personen in die Wahlkommission eingebunden werden, ist eine ausgeglichene Balance zwischen Regierungs- und Oppositionsparteien sicherzustellen. Allerdings geht mit einer – selbst ausgeglichen – parteilichen Zusammensetzung der Wahlkommission die Gefahr einer Politisierung einher. So kann es sein, dass die Kommissionsmitglieder eher im Interesse ihrer Partei als im Sinne der Wählerschaft agieren. In Albanien, wo die Wahlkommission von den zwei größten Parteien im Parlament beherrscht wird, kam es in der Vergangenheit beispielsweise immer wieder zur Politisierung wahlorganisatorischer Probleme.[57]

Auf alle Fälle sollte das Wahlgesetz eindeutige und transparente Regelungen für die Nominierung der Kommissionsmitglieder beinhalten. Verstärkt eingefordert wird dabei auch eine angemessene Vertretung von Frauen, die in den jeweiligen Wahlkommissionen oft unterrepräsentiert sind. Anzuraten wäre gewiss auch die Einbeziehung von Menschen mit Behinderung. Eine feste Amtszeit sowie klare Regeln für eine Absetzung nur unter besonderen Bedingungen stellen zudem institutionelle Vorkehrungen zur Sicherung einer etwaigen Unabhängigkeit dar. Dies ist nötig, denn es kann Versuche geben, missliebige Kommissionsmitglieder aus dem Amt zu entfernen.

In Bezug auf die Arbeitsweise der Wahlkommissionen sind Transparenz und Inklusion geboten, um die Legitimität der Wahlen zu erhöhen. Die Vorgaben und Entscheidungen der Kommissionen sollten öffentlich nachvollziehbar sein und möglichst einvernehmlich zustande kommen. Zugleich sind die mit der Wahl betrauten Personen, gerade auch auf lokaler Ebene, gut zu schulen, zumal, wenn neue Wahlvorschriften oder Technologien zur Anwendung kommen. Mit der zunehmenden Digitalisierung der Wahladministration müssen die Wahlbehörden zudem Vorkehrungen treffen, um die Wahlinfrastrukturen vor Hacker-Angriffen zu schützen und die Datensicherheit zu gewähren. Entsprechende Schulungen und Trainingsprogramme werden, ggf. mit internationaler Unterstützung, durchgeführt. Im Idealfall werden auch umfassende Informationen zu den Wahlen oder dem Wahlprozedere im Rahmen sogenannter *voter-education*-Programme vermittelt, einschließlich von Maßnahmen zum kompetenten Um-

---

57 Vgl. die jeweiligen ODIHR-Berichte zu den dortigen Wahlen.

gang mit Desinformationen in sozialen Medien. Den mit der Wahlorganisation betrauten Organen kommt hierfür eine große Verantwortung zu. Wichtig ist dabei, dass die Wahlinformationen auch in der Sprache nationaler Minderheiten und für Menschen mit Behinderungen verfügbar sind.

Wahlgesetze – eindeutig, verständlich und anwendbar?

Die Durchführung demokratischer Wahlen bedarf eines klaren rechtlichen Rahmens. Grundlegende demokratische Wahlprinzipien sollten in der Verfassung verankert sein. Dort ist für gewöhnlich auch festgelegt, welche politischen Institutionen gewählt werden. Die meisten Aspekte des Wahlprozesses sind freilich gesetzlich geregelt. Vorzugweise sind die zentralen Regelungsbereiche in einem einzigen Wahlgesetz gebündelt und nicht über eine Vielzahl an Gesetzen und Dekreten verteilt, wie dies etwa in Italien der Fall ist. Auch beispielsweise in Großbritannien sind die Rechtsgrundlagen der Wahlen stark fragmentiert, unübersichtlich und schwierig anzuwenden.[58] Ebenso wenig sollten Inkonsistenzen mit anderen Gesetzen auftreten, die für den Wahlprozess bedeutsam sind, wie etwa mit Parteien-, Medien- oder auch Strafgesetzen.

In Deutschland wird das vergleichsweise dünne Wahlgesetz, das in gerade einmal 52 gültigen Paragrafen die Durchführung der Bundestagswahlen regelt, durch die Bundeswahlordnung konkretisiert und durch weitere Gesetze, wie das Abgeordneten-, das Parteien-, das Wahlprüfungs- sowie das Wahlstatistikgesetz, ergänzt. Hinzu kommt die Bundeswahlgeräteverordnung. Auch einzelne Vorschriften des Bürgerlichen Gesetzbuchs, des Strafgesetzbuchs und des Bundesverfassungsgerichtsgesetzes sind als Rechtsgrundlagen für die Bundestagswahlen maßgeblich. Entsprechend umfangreich ist der über 1.000-seitige Kommentar zum Bundeswahlgesetz.[59]

Im Idealfall umfassen die wahlgesetzlichen Regelungen den gesamten Wahlprozess. Gelegentlich weisen Wahlgesetze in Demokratien aber Regelungslücken auf oder enthalten, wie wir noch sehen werden, Bestimmungen, die für entstehende und junge Demokratien wenig angemessen erscheinen. Hingegen sind die Wahlgesetze vieler nicht konsolidierter Demokratien oder gar mancher Wahlautokratien oft umfassender und regeln detailreich den Wahlprozess. Dies ist nicht

---

58 Vgl. Law Commission of England and Wales/Scottish Law Commission 2020.
59 Schreiber 2017.

zuletzt auf das Betreiben von Wahlberatungs- und Wahlbeobachtungsorganisationen zurückzuführen, die immer wieder Wahlgesetzreformen anmahn(t)en. Dahinter steht die Idee, dass angesichts einer fehlenden oder sich erst herausbildenden demokratischen Wahlkultur mit den Mitteln des Rechts darauf hingewirkt werden soll, dass die Wahlen demokratischen Ansprüchen genügen. *European Commission for Democracy Through Law* heißt bezeichnenderweise die „Venedig-Kommission" des Europarats, die zahlreiche neue Wahlgesetze in Mittel- und Osteuropa einer kritischen Prüfung unterzogen hat. In vielen Fällen hat dies zu einer erheblichen Verbesserung des rechtlichen Rahmens der Wahlen geführt; mitunter kann es aber auch zu einer Überregulierung kommen. Denn dort, wo alles im kleinsten Detail geregelt ist, bleibt kein Platz für notwendige Anpassungen durch die – im Idealfall unabhängig und professionell arbeitenden – Wahlbehörden und kommt es zwangsläufig zu Verstößen, wenn die Einhaltung der Wahlregeln nicht eingeübt ist. Dies wiederum kann von autoritären Machthabern genutzt werden, um politische Kontrahenten wegen Wahlverstößen zu belangen.

Letztlich sollten Wahlgesetze eindeutig, verständlich und leicht anwendbar sein. Im Falle des Wahlgesetzes in Albanien, um nur eines von vielen Beispielen herauszugreifen, kritisierte ODIHR beispielsweise einen Mangel an Klarheit einiger Bestimmungen. Auch ist es wichtig, dass die Wahlgesetze nicht andauernd und nicht unmittelbar vor den Wahlen geändert werden, es sei denn, es müssen schwerwiegende Mängel behoben werden. In Italien unterliegt das Wahlsystem ständigen Änderungen und wurden noch wenige Monate vor den Parlamentswahlen 2018 hastig Wahlreformen durchgeführt. Besonders problematisch ist, wenn der Verdacht aufkommt, dass kurzfristige Wahlgesetzänderungen der Regierungspartei zugutekommen, wie dies beispielsweise im Vorfeld der türkischen Wahlen von 2018 beanstandet wurde.[60] Auch der – letztlich gescheiterte – Versuch der Regierung Polens, mittels einer Last-Minute-Umstellung auf eine reine Briefwahl den für sie günstigen Termin der Präsidentschaftswahl im Mai 2020 auch während der Corona-Pandemie zu halten, war politisch motiviert und stieß auf heftige Kritik der Opposition. Völlig verwirrend waren schließlich die vielen Veränderungen der Wahlregularien vor den Wahlen in Thailand 2019. Die dortige Militärjunta verschob nach dem Putsch von 2014 nicht nur mehrfach den angekündigten Wahltermin, sondern änderte auch verschiedentlich die Voraussetzungen für eine Wahlbewerbung.

---

60 Vgl. CDL-AD(2018)031.

4.

DAS WAHLRECHT ALS BÜRGER- UND MENSCHENRECHT

Das Wahlrecht stellt ein grundlegendes demokratisches Recht dar. Vom Bundesverfassungsgericht wurde es ehedem als das „vornehmste Recht" der Bürgerinnen und Bürger im demokratischen Staat geadelt.[61] Es ist nicht nur in den meisten nationalen Verfassungen, sondern auch in der *Allgemeinen Erklärung der Menschenrechte* (AEMR) von 1948 und in zahlreichen internationalen Menschenrechtsabkommen fest verankert. In der AEMR ist es dem Wortlaut nach als ein Menschenrecht ausgewiesen, das jedem Menschen zusteht. Gleichwohl ist es mit einer wichtigen Konkretisierung hinsichtlich des räumlichen Anwendungsbereichs versehen: Jeder Mensch hat das Recht, in *seinem* Land zu wählen und gewählt zu werden.

„Jeder [Mensch] hat das Recht, an der Gestaltung der öffentlichen Angelegenheiten seines Landes unmittelbar oder durch frei gewählte Vertreter mitzuwirken. […] Der Wille des Volkes bildet die Grundlage für die Autorität der öffentlichen Gewalt; dieser Wille muss durch regelmäßige, unverfälschte, allgemeine und gleiche Wahlen mit geheimer Stimmabgabe oder einem gleichwertigen freien Wahlverfahren zum Ausdruck zu kommen." (Art. 21 AEMR).

Der *Internationale Pakt über bürgerliche und politische Rechte* (kurz: UN-Zivilpakt) von 1966 (seit 1976 in Kraft) formuliert das Wahlrecht als einziges Menschenrecht bereits dem Wortlaut nach nur noch als Staatsbürgerrecht:

„Jeder Staatsbürger [sic] hat das Recht und die Möglichkeit, ohne Unterschied nach den in Artikel 2 genannten Merkmalen und ohne unangemessene Einschränkungen
1. an der Gestaltung der öffentlichen Angelegenheiten unmittelbar oder durch frei gewählte Vertreter teilzunehmen;
2. bei echten, wiederkehrenden, allgemeinen, gleichen und geheimen Wahlen, bei denen die freie Äußerung des Wählerwillens gewährleistet ist, zu wählen und gewählt zu werden; […]" (Art. 25 UN-Zivilpakt)

---

61 BVerfGE 1, 14 (33).

Auch weitere internationale Menschenrechtsabkommen beinhalten das Wahlrecht. Nachdem das *UN-Übereinkommen über die politischen Rechte der Frau* von 1953 das gleiche aktive wie passive Wahlrecht für Frauen vorgesehen hatte, wurde dies beispielsweise nochmals im *UN-Übereinkommen zur Beseitigung jeder Form von Diskriminierung von Frauen* aus dem Jahr 1979 (seit 1981 in Kraft) ausdrücklich garantiert. Die *UN-Behindertenrechtskonvention* von 2006 (2008) wiederum verpflichtet die Vertragsstaaten, die gleichberechtigte und barrierefreie Nutzung des aktiven und passiven Wahlrechts für Menschen mit Behinderungen sicherzustellen. Ebenso sehen die regionalen Menschenrechtsschutzsysteme in Europa, Amerika und Afrika das allgemeine aktive und passive Wahlrecht vor, freilich auch hier verstanden als gleiche Rechte, die jeder Mensch im eigenen Land ausübt. Indes gibt es auch eine Reihe unverbindlicher Empfehlungen, der ausländischen Wohnbevölkerung zumindest auf subnationaler Ebene das Wahlrecht einzuräumen.

Ungeachtet der völkerrechtlichen Vorgaben gewähren nicht alle Staaten ihren Staatsangehörigen das Wahlrecht, oder sie verwehren ihnen die Möglichkeit, dieses auszuüben. In manchen Staaten, etwa in Brunei, China, Katar, Saudi-Arabien oder den Vereinigten Arabischen Emiraten, sind gar keine allgemeinen und direkten Wahlen zum Parlament vorgesehen, in anderen Staaten wie etwa Eritrea oder Somalia, haben sie noch nicht (oder seit Langem nicht mehr) stattgefunden. Dort, wo sie stattfinden, ermöglichen Wahlen zudem nicht unbedingt die „freie Äußerung des Wählerwillens" und entsprechen oft nicht den Standards, die inzwischen international an freie und faire Wahlen angelegt werden. Das gilt vor allem für Wahlen in Autokratien, in denen die Freiheit und Fairness der Wahlen bereits regimebedingt stärker beeinträchtigt sind als in liberalen Demokratien. Aber auch in jungen Demokratien kommt es immer wieder zu Unregelmäßigkeiten bei der Wahldurchführung und ist der übergeordnete politische Kontext dem demokratischen Bedeutungsgehalt der Wahlen nicht immer zuträglich. Selbst in etablierten Demokratien liegt mitunter einiges im Argen. Auch dort weisen das Wahlrecht und die Wahlpraxis gelegentlich Eigenarten auf, die überholt oder gar undemokratisch anmuten.

5.

DAS AKTIVE WAHLRECHT – STANDARDS, KURIOSITÄTEN UND AUSSCHLÜSSE

Die heutigen Demokratien sehen grundsätzlich ein allgemeines und gleiches Wahlrecht vor. Das war indes nicht immer so. Historisch gesehen waren Wahlrechtsbeschränkungen u.a. aufgrund von Vermögen, Einkommen, Bildung und Geschlecht zu überwinden, bevor sich das allgemeine und gleiche Wahlrecht flächendeckend etablierte. Die Wahlrechtsausschlüsse wurden teils damit begründet, dass arme Menschen, Analphabeten und Frauen abhängig seien und angeblich nicht fähig wären, eine freie und fundierte Wahlentscheidung zu treffen. Dahinter standen jedoch handfeste Machtinteressen und patriarchalische Gesellschaftsstrukturen, die mitunter bis in die Gegenwart hinein nachwirken oder fortbestehen.

Das erste Land, das (beinahe) das allgemeine Frauenwahlrecht einführte, war Neuseeland im Jahr 1893; allerdings blieben dort lange Zeit Männer wie Frauen der Maori vom Wahlrecht ausgeschlossen. In Europa war Finnland 1911 der Vorreiter, Deutschland und Österreich folgten immerhin bereits 1918. Es ist kaum zu glauben: Als letzter westeuropäischer Staat führte 1984 Liechtenstein das Frauenwahlrecht ein. In Andorra und in der Schweiz (auf Bundesebene) sind Frauen erst seit Anfang der 1970er Jahre wahlberechtigt. Im Schweizer Kanton Appenzell Innerrhoden blieb den Frauen bis November 1990 zwar nicht das nationale, aber doch das kantonale Wahlrecht verwehrt. Erst dann hatte auch dort eine Entwicklung ihr Ende gefunden, bei der schweizerische Männer darüber entscheiden durften, ob schweizerischen Frauen das Wahlrecht gewährt werden sollte.

Ganz anders auf den Philippinen im Jahr 1937: Damals stimmten *nur* Frauen in einem Plebiszit darüber ab, ob sie das Wahlrecht erhalten sollen. Die Frage wurde positiv entschieden und 1938 konnten Frauen erstmals an den philippinischen Parlamentswahlen teilnehmen.[62] In vielen anderen asiatischen und in afrikanischen Staaten wurde im Zuge der Entkolonialisierung der 1950er oder 1960er Jahren das allgemeine Wahlrecht für Männer und Frauen eingeführt. In den lateinamerikanischen Staaten, die zumeist bereits im 19. Jahrhundert ihre Unabhängigkeit erstritten hatten, erfolgte die Einführung des Männer- und des Frauenwahlrechts zeitversetzt. Während Männer (mit den seinerzeit üblichen Einschränkungen) teilweise bereits im 19. Jahrhundert wählen durften, erhielten Frauen, beginnend mit Ecuador (1929), fast überall in der Region in den

---

62 Nohlen/Grotz/Hartmann 2001: 13.

1930er, 1940er oder 1950er Jahren das Recht zu wählen. Schlusslicht war Paraguay (1961).[63] Allerdings wurden in vielen, zeitweise autoritär regierten Ländern des „globalen Südens" später über lange Zeiträume hinweg keine oder keine kompetitiven Wahlen durchgeführt.

Auch ist die Wahlteilnahme für gewöhnlich nicht mehr an Vermögen oder Einkommen gebunden, selbst wenn in einigen Ländern – etwa in Benin, Kamerun und der Zentralafrikanischen Republik – beispielsweise nicht entlastete Schuldner vom aktiven Wahlrecht ausgeschlossen sind. Ebenso wenig gelten Bildungsvoraussetzungen gemeinhin für das aktive Wahlrecht. Allerdings wurde in einigen Staaten der Wahlrechtsausschluss von Analphabeten bemerkenswert spät aufgehoben. Während beispielsweise in Costa Rica die dortigen Besitz- und Bildungsbeschränkungen mit der Verfassungsreform 1913 abgeschafft worden waren, durften in Chile Analphabeten erstmals 1970, in Ecuador 1980 und in Brasilien 1988 wählen. Noch heute weisen politische Beobachter auf den Zusammenhang zwischen Bildung und demokratischen Wahlen hin. „Nicht lesen können, aber abstimmen? Kann das gut gehen?", fragte beispielsweise Jan Ross in *DIE ZEIT* vor den Parlamentswahlen 2014 in Indien.[64] Das Land sei ein Testfall für die Selbstregierung von Menschen, die dazu nichts qualifiziere als ihr Menschsein. Immerhin wies der Autor selbst darauf hin, dass das „Experiment" seit den ersten unabhängigen Parlamentswahlen 1952, als noch rund 85 % der indischen Wählerschaft weder lesen noch schreiben konnten, nicht ins Fiasko führte.

Letztlich drückt sich im allgemeinen und gleichen Wahlrecht die – wenn schon nicht faktische, so doch rechtliche – Egalität der Staatsangehörigen aus, an der Gestaltung der *res publica* mitzuwirken. Es wird getragen von der Vorstellung, dass alle Staatsangehörigen grundsätzlich fähig sind, ihrem politischen Willen bei Wahlen Ausdruck zu verleihen. Dennoch ist das Wahlrecht kein absolutes Recht. So gibt es, auch in Demokratien, nach wie vor Wahlrechtsausschlüsse, die sich allerdings daraufhin prüfen lassen müssen, inwieweit sie legitim und verhältnismäßig sind. Menschenrechtlich kritisiert wird etwa der – zumindest *pauschale* – Wahlrechtsentzug für Gefängnisinsassen und für Menschen mit geistigen Beeinträchtigungen oder unter Vormundschaft bzw. Betreuung.

---

63 Vgl. Nohlen 1993, 2005, Bareiro/Soto 2019b.
64 *DIE ZEIT*, Artikel v. 8. Mai 2014, S. 8.

Weithin unproblematisch angesehen werden hingegen Wahlrechtsvoraussetzungen wie Staatsbürgerschaft, Wohnsitzauflagen oder Mindestalter, obwohl es auch diesbezüglich ernst zu nehmende Einwände und zudem Abweichungen bei Regional- und Kommunalwahlen gibt.

Bevor wir auf solche Ausschlüsse und Voraussetzungen im Einzelnen eingehen, sei noch auf eine gar nicht so seltene, problematische Regelung hingewiesen: den Wahlrechtsausschluss von aktiven Mitgliedern der Streit- und Sicherheitskräfte. So sind etwa in einigen lateinamerikanischen Staaten Wehrdienstleistende (Brasilien), aktive Mitglieder des Militärs (Guatemala) oder neben Soldaten auch Polizisten (Dominikanische Republik, Honduras, Kolumbien, Paraguay, Peru) vom aktiven Wahlrecht ausgeschlossen. In Paraguay betrifft das Verbot sogar die Auszubildenden an Militär- und Polizeischulen. Auch beispielsweise in Tunesien, dem Libanon, Jordanien, der Türkei und Indonesien dürfen Angehörige der Streitkräfte, Wehrpflichtige und/oder Kadetten nicht wählen. Vordergründig mag dies eine Sicherheitsmaßnahme darstellen, um eine Politisierung von Streitkräften zu vermeiden oder um die Unabhängigkeit und Geheimheit der Wahl zu gewährleisten, die gerade bei militärischem Personal leicht eingeschränkt werden können. Doch wird dadurch ein erheblicher Teil der Staatsangehörigen vom Wahlrecht ausgeschlossen. Um die Allgemeinheit der Wahlen zu ermöglichen, bieten sich als Alternative rechtliche und organisatorische Maßnahmen an, denen zufolge etwa den Vorgesetzten Wahlwerbung streng verboten ist und Angehörige der Streitkräfte nicht in Kasernen, sondern in üblichen Wahllokalen (möglichst nicht in Truppenstärke) wählen.

Noch eine Besonderheit sei erwähnt: Thailand hält nach wie vor an dem verfassungsrechtlichen Wahlrechtsausschluss von buddhistischen Mönchen, Novizen, Asketen und Priestern fest, der in der religiös-kulturellen Tradition begründet liegt und bis 1967 etwa auch in Laos bestand. In Myanmar schließt die Verfassung Mitglieder von religiösen Orden vom aktiven Wahlrecht aus.

Wählen nur mit Staatsbürgerschaft?

Das Recht auf Teilnahme an Wahlen ist zwar in internationalen Menschenrechtsabkommen verankert, bleibt dort aber, wie bereits erwähnt wurde, als einziges Recht ausdrücklich auf die Ausübung im eigenen Land bzw. an die Staatsbürgerschaft gebunden. Demzufolge ist es mit internationalen Menschenrechtsabkommen völkerrechtlich vereinbar, wenn die Staaten, wie üblich, das Wahlrecht an die Staatsbürgerschaft koppeln. Dies trifft allerdings nicht zu, wenn das Staatsbürgerrecht nicht menschenrechtskonform ausgestaltet ist. In dem ehemals von freigelassenen Sklaven gegründeten Staat Liberia gewährt die Verfassung beispielsweise nur jenen Personen per Geburt oder Einbürgerung die Staatsbürgerschaft (und damit das Wahlrecht), „[…] *who are Negro or of Negro descent*". Einem beachtlichen Teil der im Land geborenen Menschen, die diese Bedingung nicht erfüllen, wird somit das Wahlrecht verwehrt. Eine ähnliche Regelung findet sich in der Verfassung von Sierra Leone.

Ebenso problematisch ist, wenn nur Männer, aber nicht Frauen ihre Staatsbürgerschaft an ihren Ehepartner weitergeben können, wie dies etwa in Nepal der Fall ist, oder die Staatsbürgerschaft, wie in Myanmar, daran geknüpft wird, dass beide Elternteile Staatsangehörige waren oder sind. Zu beanstanden ist ferner, wenn Personen, die zwei Staatsbürgerschaften haben, nicht wählen dürfen, wie dies etwa in Gambia und einigen weiteren afrikanischen Staaten geregelt ist. In Europa schreibt die *Europäische Konvention über die Staatsangehörigkeit* vor, dass Personen mit doppelter Staatsangehörigkeit über dieselben Rechte verfügen wie andere Inländer. Portugals Wahlgesetz regelt beispielsweise ausdrücklich, dass portugiesische Staatsangehörige mit einer zweiten Staatsbürgerschaft nicht ihr Wahlrecht einbüßen. Allerdings gibt es in Deutschland eine Debatte darüber, ob dann diese Personen bevorteilt werden.[65] Weiterhin sollte nach einer etwaigen Einbürgerung auch umgehend das Wahlrecht gewährt werden. Selbst in dem demokratisch regierten Costa Rica geschieht dies laut Verfassung erst zehn Jahre nach Erlangen der Staatsbürgerschaft.

Unabhängig von den mitunter problematischen Voraussetzungen der Staatsbürgerschaft[66] gilt, dass nicht alle im Land lebenden Menschen, sondern für gewöhnlich nur Staatsangehörige das Recht eingeräumt bekommen, auf nationaler Ebene zu wählen. Nur in einigen europäischen Staaten dürfen aus historischen und politischen Gründen auch ansässige Nichtstaatsangehörige bei nationalen Parlamentswahlen zur Wahl gehen: In Irland trifft dies auf ansässige

---

65   Der Sachverständigenrat deutscher Stiftungen für Integration und Migration (SVR) hat beispielsweise vorgeschlagen, für die doppelte Staatsbürgerschaft einen „Generationenschnitt" vorzunehmen; vgl. SVR 2017.

66   Vertiefend zur Frage der Staatsbürgerschaft siehe etwa: Shachar et al. 2017.

Briten und in Großbritannien auf dort wohnende Iren und Commonwealth-Angehörige zu. Letztere genießen auch in einigen Staaten der englischsprachigen Karibik das aktive (nicht aber das passive) Wahlrecht. Darüber hinaus dürfen ansässige ausländische Staatsangehörige beispielsweise seit 1975 in Neuseeland nach einem Jahr ständigen Aufenthalts wählen, was dort einigen Autorinnen und Autoren zufolge zu einer *uniquely inclusive political community*"[67] geführt habe. In Chile und Ecuador können im Land wohnhafte Nichtstaatsangehörige nach fünf Jahren, in Malawi nach sieben Jahren und in Uruguay nach 15 Jahren das aktive Wahlrecht für nationale Wahlen erlangen. In Luxemburg wurde im Juni 2015 hingegen ein Referendum über die Frage, ob alle Einwohner des Lands unabhängig von ihrer Staatsangehörigkeit nach zehn Jahren Aufenthalt das Wahlrecht auch bei nationalen Wahlen erhalten sollten, abschlägig entschieden.

Ansonsten räumen die Staaten Nichtstaatsangehörigen allenfalls bei subnationalen Wahlen das Wahlrecht ein.[68] In Lateinamerika ist dies etwa, verbunden mit bestimmten Residenzpflichten, in Bolivien, Paraguay und Venezuela der Fall. Innerhalb der Staaten der Europäischen Union (EU) genießen ansässige EU-Ausländerinnen und EU-Ausländer bereits aufgrund des geltenden EU-Rechts sowohl das Europawahlrecht als auch das kommunale Wahlrecht. Nicht-EU-Bürgerinnen und -Bürger, sogenannte Drittstaatsangehörige, dürfen ab einer bestimmten Mindestaufenthaltsdauer im Land beispielsweise in Schweden, Dänemark, Island, Finnland und Norwegen, den Niederlanden, der Republik Irland sowie inzwischen auch in Belgien, Estland und Luxemburg an lokalen und/oder regionalen Wahlen teilnehmen. Deutschland hingegen gehört zu den Nachzüglern, wo selbst das kommunale Wahlrecht – trotz gegenteiliger Forderungen vieler Integrationsbeiräte, Migrantinnen- und Migrantenorganisationen und einer entsprechenden Konvention des Europarats[69] – bis heute an die Staats- bzw. Unionsbürgerschaft gekoppelt bleibt.

Dahinter stehen nicht nur politische, sondern auch verfassungsrechtliche Gründe. Einer einfachgesetzlichen Einführung des Ausländerwahlrechts hat

---

67 Reilly/Torresi 2016: 401.
68 Vgl. auch Arrighi/Bauböck 2017.
69 Vgl. *Convention on the Participation of Foreigners in Public Life at Local Level* von 1992 (seit 1997 in Kraft). Die Konvention wurde jedoch bisher nur von neun Staaten ratifiziert; Deutschland befindet sich nicht darunter.

1990 das Bundesverfassungsgericht (BVerfG) – und daran anknüpfend 2014 etwa auch der Staatsgerichtshof Bremen – einen Riegel vorgeschoben.[70] Das Staatsvolk, als Träger der in Wahlen ausgeübten Staatsgewalt (nach Art. 20 Abs. 2 GG), umfasst laut BVerfG nur deutsche Staatsangehörige und die ihnen nach Art. 116 Abs. 1 GG gleichgestellten Personen. Folglich sei es verfassungsrechtlich verboten, solchen Personen die Teilhabe an der Staatsgewalt zu ermöglichen, die nicht zum deutschen Staatsvolk gehören. Über das Homogenitätsgebot (Art. 28 Abs. 2 GG) gelte dies auch für die Länder, Kreise und Gemeinden. Geht man – wie das BVerfG und die herrschende Rechtsmeinung – davon aus, dass für die Einführung des Ausländerwahlrechts das Grundgesetz geändert werden müsste, stellt sich zudem die Frage, ob eine solche Änderung nach Maßgabe der Ewigkeitsgarantie (Art. 79 Abs. 3 GG) zulässig wäre. Hierzu gibt es eine verfassungsrechtliche Kontroverse.[71] Da jedoch bereits EU-Staatsangehörigen per Grundgesetzänderung das europäische und kommunale Wahlrecht eingeräumt wurde, um EU-Recht umzusetzen, lässt sich argumentieren, dass eine Erweiterung des Wahlrechts auch für Drittstaatsangehörige nicht in den änderungsfesten Bereich des Grundgesetzes fällt.[72] Aber selbst wenn eine diesbezügliche Reform möglich wäre, bedürfte es für eine Grundgesetzänderung einer verfassungsändernden politischen Mehrheit im Bundestag, die nur sehr schwer zu erlangen wäre. Gleichwohl wird der Vorschlag, das Wahlrecht von der Staatsangehörigkeit zu entkoppeln, politisch wie akademisch weiterhin diskutiert. Befürworter können dabei das demokratisch plausible Argument vorbringen, dass alle Einwohner eines Lands per Wahl die staatliche Herrschaft legitimieren sollten, der sie unterworfen sind.

Weltweit ist eine allgemeine „Wohnbürgerschaft" mit Wahlrecht indes noch nicht in Sicht. Solange aber das Wahlrecht für nationale oder subnationale Wahlen auf Staatsangehörige beschränkt bleibt, ist die – mehr oder minder restriktiv gehandhabte – Einbürgerung Voraussetzung für die Wahlteilnahme auf nationaler Ebene. Verglichen mit einer erweiterten Wahlberechtigung für Ausländerinnen und Ausländer, sieht Andreas Funke in einem Erwerb der Staatsangehö-

---

70 BVerfGE 83, 37; StGH Bremen, NVwZ-RR 2014, 497.
71 Siehe etwa Walter 2013 im Unterschied zu: Schreiber 2017 und Wissenschaftliche Dienste, Deutscher Bundestag 2018.
72 Vgl. Walter 2013: 38 f.

rigkeit in Deutschland sogar den Vorteil, das Nichtstaatsangehörige nach der Einbürgerung nicht nur Zugang zu Wahlen, sondern auch zu öffentlichen Ämtern, d.h. zu Stellen in der Verwaltung und Rechtsprechung, erhalten würden. Damit betrachtet er das Wahlrecht nicht isoliert, sondern sieht es als Bestandteil eines umfassenden Komplexes von Staatsbürgerschaftsrechten an, die letztlich zusammengehören. Funke weist darauf hin, dass das „Einbürgerungspotenzial" in Deutschland kaum ausgeschöpft werde: Der Anteil der Einbürgerungen an der Zahl der einbürgerungsfähigen Personen sei gering.[73] Dies wiederum lässt erahnen, dass es für viele Menschen offenbar ein großer persönlicher Schritt ist, eine neue Staatsangehörigkeit anzunehmen, zumal, wenn sie dann die alte abgeben müssen. Die Notwendigkeit, bei der Einbürgerung die bisherige Staatsangehörigkeit abzugeben, stellt eines der zentralen Einbürgerungshindernisse dar, wie Umfragen zeigen.[74] Begreift man das Wahlrecht als Mittel der Integration, dann könnte es im Sinne einer politischen Sozialisation indes auch auf die Einbürgerung vorbereiten.[75]

Eine besondere Problemlage ergibt sich für jene Bevölkerungsgruppen, die in postsowjetischen Staaten wie Estland und Lettland nach der Unabhängigkeit nicht automatisch die Staatsbürgerschaft erhalten haben und ohne Einbürgerung nicht über das aktive wie passive Wahlrecht bei den Parlamentswahlen verfüg(t)en. In Estland ist zwar in den vergangenen 25 Jahren der Anteil solcher „Personen ohne festgelegte Staatsbürgerschaft" von 32% auf 6% gesunken, umfasste bei den Parlamentswahlen 2019 aber immerhin noch rund 75.000 Personen, denen das aktive wie passive Wahlrecht verwehrt blieb.[76] Sie gehörten zumeist der russischen Minderheit an, die etwa ein Viertel der Bevölkerung ausmacht. In Lettland, mit einem ähnlichen großen Bevölkerungsanteil der russischen Minderheit, belief sich die Zahl solcher „Nichtstaatsbürger" im Jahr 2018 noch auf knapp 229.000 Personen, also 11% der Bevölkerung, davon etwa 227.000 im Wahlalter.[77] Das Problem betrifft darüber hinaus all jene Millionen Personen weltweit, die – aus unterschiedlichen Gründen – unter nationalen Gesetzen keine Staatsbürgerschaft eines Lands besitzen.

---

73 Vgl. Funke 2016.
74 Vgl. SVR 2017 und die dort angegebene Literatur.
75 Siehe auch Dormal 2016: 386.
76 Vgl. den ODIHR-Bericht zu den Wahlen 2019 in Estland.
77 Vgl. den ODIHR-Bericht zu den Wahlen 2019 in Lettland.

Wahlrecht für im Ausland ansässige Staatsangehörige?

Wohl für jedes Land der Welt gilt, dass es Staatsangehörige gibt, die dauerhaft im Ausland leben. Soll auch diesen das Wahlrecht gewährt werden? Wie viel Verbundenheit und Vertrautheit mit dem politischen Gemeinwesen ist einzufordern, damit im Ausland ansässige Staatsangehörige an der politischen Willensbildung in ihrem „Heimatstaat" teilhaben? Immerhin treffen sie mit der Wahl eine Entscheidung, von der sie im Ausland nicht unmittelbar betroffen sind. Solche Überlegungen waren maßgeblich dafür, dass in Deutschland und vielen anderen westlichen Demokratien lange Zeit das Wahlrecht oder dessen Ausübung an die Auflage geknüpft war, dass die Staatsangehörigen im Wahlgebiet wohnhaft waren. Unter anderem im Streitfall *Hilbe v. Liechtenstein* bestätigte der Europäische Gerichtshof für Menschenrechte (EGMR), dass das *residence requirement* mit dem Recht auf freie Wahlen, wie es in Art. 3 des ersten Protokolls der Europäischen Menschenrechtskonvention (EMRK) verankert ist, vereinbar sei. Hieran orientieren sich auch der *Code of Good Practice in Electoral Matters* des Europarats und die Wahlstandards von OSZE/ODIHR. Problematisch ist allerdings, wenn solche Wohnauflagen unverhältnismäßig lang ausfallen. So kritisierte beispielsweise ODIHR das Wahlgesetz Montenegros, demzufolge Wahlberechtigte die letzten 24 Monaten vor den Wahlen im Land wohnen müssen.

Trotz des Fehlens eines entsprechenden internationalen Wahlstandards räumen ohnehin inzwischen die meisten Staaten Europas, ebenso wie viele Länder außerhalb Europas, ihren im Ausland lebenden Staatsangehörigen das Wahlrecht ein, wenn auch gelegentlich mit Einschränkungen oder zeitlich limitiert, wie etwa in Kanada für einen Zeitraum von fünf Jahren und in Großbritannien von 15 Jahren nach Wegzug. Der Entzug des dortigen Wahlrechts nach 15 Jahren wurde vom EGMR nicht als eine Verletzung des Rechts auf freie Wahlen angesehen.[78] Zum gleichen Ergebnis kam der EGMR im Falle der jahrzehntelangen Nichtumsetzung einer Verfassungsvorgabe in Griechenland, die ein Auslandswahlrecht vorsieht.[79] Erst 2019 wurde im Ausland ansässigen griechischen Staatsangehörigen (sofern sie zwei der vergangenen 35 Jahre in Griechenland gelebt hatten) das Auslandswahlrecht eingeräumt. Nur wenige Jahre zuvor hatte Ungarn auf Initiative Orbáns das Auslandswahlrecht eingeführt, von dem

---

78 Vgl. *Schindler v. the United Kingdom* (2013).
79 Vgl. *Sitaropoulos and Giakoumopoulos v. Greece* (2002).

dann die Regierungspartei Fidesz bei den Wahlen 2014 massiv profitierte und rund 95 % der Stimmen der etwa 380.000 wählenden Ungarn im Ausland erhielt. 2015 folgte Rumänien mit einer entsprechenden Gesetzesreform. Bei den dortigen Parlamentswahlen von 2016 waren rund 609.000 rumänische Staatsangehörige im Ausland im Wahlregister eingeschrieben. Nur noch wenige Mitgliedstaaten des Europarats enthalten ihren im Ausland lebenden Staatsangehörigen das Wahlrecht vor bzw. beschränken es auf bestimmte Personengruppen (z.B. Armenien, Irland, Malta) oder gewähren es nur jenen, die sich zeitweilig im Ausland aufhalten (z.B. Dänemark, Liechtenstein, Nordmazedonien, Serbien).

In Lateinamerika wuchs die Zahl der Staaten, die im Ausland ansässigen Staatsangehörigen das Wahlrecht gewähren, zwischen 1990 und 2019 von drei auf 16 Länder an.[80] Vorreiter war dort Kolumbien 1961 (erstmals angewandt 1962); Guatemala führte als vorläufig letztes Land der Region das Auslandswahlrecht bei nationalen Wahlen im Jahr 2016 ein; 2019 kam es dort erstmals zur Anwendung. Zu den Ausnahmen zählen Nicaragua sowie Uruguay, wo ein entsprechendes Referendum im Jahr 2009 scheiterte. In der Mehrheit der lateinamerikanischen Staaten besteht das Auslandswahlrecht für Präsidentschaftswahlen (und Referenden), während es für Parlamentswahlen schon seltener ist.

Auch in Afrika gewährt mehr als die Hälfte der dortigen Staaten ihren Staatsangehörigen, die im Ausland leben oder sich dort aufhalten, zumindest formal das Wahlrecht für die Präsidentschafts- und/oder Parlamentswahlen.[81] Doch wäre jeweils zu prüfen, inwieweit wahlorganisatorisch gewährleistet wird, dass diese ihr Wahlrecht tatsächlich ausüben können. Trotz entsprechender gesetzlicher Regelungen (und eines eigenen Wahlkreises für Wählerinnen und Wähler im Ausland) fand beispielsweise bei den 2017er Wahlen in Angola keine *out of country*-Wahl statt. Insgesamt weist die Datenbank von *International IDEA* 125 Staaten und abhängige Gebiete aus, in denen das Auslandswahlrecht für Parlamentswahlen besteht. Für Präsidentschaftswahlen sind es – bei einer geringeren Zahl an Ländern, die direkte Präsidentschaftswahlen durchführen – immerhin noch 88 Länder.[82] Allerdings werden in der Liste auch einzelne Länder ange-

---

80 Vgl. Navarro Fierro 2016, 2019.

81 Laut der Datenbank von International IDEA besteht in Afrika das Auslandswahlrecht in 30 Ländern für Präsidentschafts- und in 28 Länder für Parlamentswahlen.

82 https://www.idea.int/data-tools/data/voting-abroad.

führt, die das Wahlrecht grundsätzlich an eine *permanent residency* binden, aber Ausnahmen für bestimmte Personengruppen vorsehen.

Auch in der Bundesrepublik Deutschland wurde der Grundsatz der Sesshaftigkeit schon früh durchbrochen, indem bereits die ersten Wahlgesetze jenen Angehörigen des öffentlichen Diensts das Wahlrecht verliehen, die auf Anordnung ihres „Dienstherrn" im Ausland lebten. Nutznießer davon waren etwa Beschäftigte des Auswärtigen Diensts oder Personal der Bundeswehr und der Bundespolizei im Ausland (samt den Angehörigen ihres Hausstands). Im Jahr 2008 wich die Sonderregelung einer allgemeinen Norm für „Auslandsdeutsche", die – nach einem Urteil des Bundesverfassungsgerichts von 2012 – im Jahr 2013 nochmals grundlegend überarbeitet wurde. Wahlberechtigt sind demnach heute alle im Ausland lebenden Deutschen, die (bei Erfüllung der übrigen Wahlrechtsvoraussetzungen) nach Vollendung des 14. Lebensjahrs mindestens drei Monate ununterbrochen in der Bundesrepublik Deutschland eine Wohnung innegehabt oder sich dort „sonst gewöhnlich aufgehalten" haben, wobei dieser Aufenthalt nicht länger als 25 Jahre zurückliegen darf (§ 12 (2) 1 BWahlG). Ein zusätzlicher Auffangtatbestand ermöglicht es auch solchen Personen zu wählen, die diese Bedingungen nicht erfüllen, aber „aus anderen Gründen persönlich oder unmittelbar Vertrautheit mit den politischen Verhältnissen in der Bundesrepublik Deutschland erworben haben und von ihnen betroffen sind" (§ 12 (2) 2 BWahlG). Davon können neben Staatsbediensteten gegebenenfalls deutsche Grenzpendler oder deutsche Beschäftigte nutznießen, die beispielsweise dauerhaft in deutschen Bildungsinstitutionen im Ausland arbeiten und seit Jahrzehnten nicht mehr in Deutschland wohnhaft sind.[83]

Voraussetzung für die Gewährung des Auslandswahlrechts bleibt indes, dass die Integrität der Stimmabgabe und -auszählung garantiert werden kann. Unzulängliche Kontrollmechanismen dazu stoßen international immer wieder auf Kritik. Auch variieren je nach Land die konkreten Bestimmungen des Auslandswahlrechts, etwa bezüglich der Registrierung und der Stimmabgabe, die vielfach persönlich erfolgen muss, zumeist in den diplomatischen Vertretungen. In Lateinamerika war Mexiko das erste Land, das mittels einer Wahlgesetzreform im Jahr 2005 die Briefwahl für im Ausland ansässige Staatsangehörige einführte, wie sie auch bei uns angewandt wird.

---

83 Vgl. Schreiber 2017: 324.

Auch nutzen viele im Ausland ansässige Staatsangehörige nicht die Möglichkeit, sich zu registrieren und zu wählen. In der Ukraine beispielsweise nahmen nur rund 2 % der Staatsangehörigen im Ausland an den Parlamentswahlen von 2019 teil.

Unterschiedlich geregelt ist schließlich auch die Zuordnung der Stimmen bei Parlamentswahlen zu etwaigen Wahlkreisen. In jenen lateinamerikanischen Staaten, welche bei Parlamentswahlen das Wählen im Ausland zulassen, bestehen ebenso wie etwa in Portugal, Kroatien, Guinea-Bissau und neuerdings im Libanon eigene Auslandswahlkreise bzw. reservierte Sitze für die Wahl im Ausland. In anderen Staaten wiederum werden die Stimmen inländischen Wahlkreisen zugeordnet, etwa jenem der Hauptstadt (wie in Lettland), auf Grundlage des früheren Wohnsitzes (wie in Deutschland) oder willkürlich (ohne Wahlkreisbezug) per Los (wie in Russland). Die Zuordnung zu Wahlkreisen entfällt in Ländern, die im nationalen Wahlkreis wählen lassen oder in denen die Auslandswahlberechtigten nur an Präsidentschafts-, nicht aber an Parlamentswahlen teilnehmen dürfen. Letzteres mag darin begründet sein, dass die Verhältniswahl in Lateinamerika vorwiegend in Wahlkreisen durchgeführt wird, zu denen die Auslandswahlberechtigten möglicherweise keinen Bezug mehr haben, doch so ganz überzeugen die für nationale Wahlen unterschiedlichen Wahlrechtsregeln nicht.

Zu jung zum Wählen? Das Wahlalter

Gemeinhin anerkannt sind Altersvoraussetzungen für die Ausübung des Wahlrechts. Dahinter steht die Vorstellung, dass Menschen einer bestimmten „Verstandes- und Lebensreife"[84] bedürfen, um ihr Wahlrecht selbstbestimmt und verantwortungsvoll zu nutzen. Trotz aller entwicklungspsychologischer Erkenntnisse ist die Festsetzung eines Mindestalters für das aktive Wahlrecht jedoch letztlich willkürlich, ebenso wie das Alter der Volljährigkeit, an dem sich zumeist das aktive Wahlalter orientiert. Streng genommen müsste es immer wieder daraufhin geprüft werden, ob es der Entwicklungsreife und der Lebenssituation junger Menschen entspricht.

Viele lateinamerikanische Staaten senkten schon früh das aktive Wahlalter auf 18 Jahre.[85] In Deutschland wurde das Mindestwahlalter im Jahr 1970 von

---

84 Vgl. Schreiber 2017: 308.
85 Vgl. die jeweiligen Länderbeiträge in: Nohlen 1993, 2005.

21 Jahren auf 18 Jahre verringert und kam 1972 erstmals bei Bundestagswahlen zur Anwendung. Japan rang sich erst 2015 durch, das Mindestwahlalter auf 18 Jahre (zuvor 20 Jahre) festzulegen. In Südkorea wurde im Vorfeld der Wahlen von 2020 das Wahlalter von 19 auf 18 Jahre gesenkt. 18 Jahre sind zurzeit internationaler Standard für nationale Wahlen, auch wenn in einigen wenigen Ländern, vorwiegend in Asien, das Wahlalter für das aktive Wahlrecht noch höher liegt. Dies können bis zu 20 Jahre (z. B. Taiwan) oder gar 21 Jahre (z. B. Malaysia, Singapur) sein.

In einigen asiatischen Ländern liegt es aber auch niedriger: In Indonesien und Timor-Leste müssen Wahlberechtigte nur 17 Jahre alt sein. Auch in Griechenland senkte die Regierung Tsipras (2015–2019) das Wahlalter von 18 auf 17 Jahre. In Österreich (seit 2007) und Malta (seit 2018) liegt das Mindestalter bei nationalen Wahlen sogar nur bei 16 Jahren, ebenso wie in Nicaragua, Brasilien, Ecuador und Argentinien (wobei eingebürgerte Staatsangehörige Argentiniens allerdings 18 Jahre alt sein müssen). Hinter der Senkung des Mindestalters stehen, wie in Nicaragua, mitunter politische Motive. Die in den 1980er Jahren regierenden Sandinisten, die 1979 den Diktator Somoza gestürzt hatten, rekrutierten ihre Anhängerschaft gerade aus der mobilisierten Jugend. Als sie im Jahr 1984, inmitten des von den USA initiierten und finanzierten Contra-Kriegs gegen die Sandinisten, den Präsidenten wie das Parlament wählen ließen, erklärten sie sinngemäß: Wer kämpfen könne, der solle auch wählen dürfen. Kurioserweise spielte ein ähnliches Argument im Jahr 1971, also mitten im Vietnam-Krieg, auch bei der Senkung des Wahlalters von 21 auf 18 Jahre in den USA eine Rolle.

In Indonesien findet sich aus heutiger Sicht eine weitere Besonderheit: Verheiratete Personen genießen unabhängig vom allgemeinen Mindestalter von 17 Jahren das Wahlrecht. In der Dominikanischen Republik müssen Verheiratete ebenfalls nicht das allgemeine Mindestalter von 18 Jahren erreichen, sondern erhalten schon zuvor die vollen Staatsbürgerrechte und damit das Wahlrecht. Auch in einigen anderen lateinamerikanischen Staaten wurde ehedem beim Wahlalter zwischen unverheirateten und verheirateten Personen (z. B. Mexiko bis 1969) oder Frauen (z. B. El Salvador bis 1950) ein Unterschied gemacht, in Bolivien noch bis zur Verfassungsreform von 1994. Bis dahin lag das dortige Mindestwahlalter von Ledigen bei 21 Jahren und von Verheirateten bei 18 Jahren. Eine ähnliche Abstufung findet sich sogar in Europa, nämlich in Ungarn, wo bereits in den 1920er Jahren Männer mit 24 Jahren, Frauen aber erst mit

30 Jahren wählen durften.[86] Dort liegt heute das allgemeine Mindestwahlalter bei 18 Jahren, für Verheiratete aber nur bei 16 Jahren. Hinter solchen Unterscheidungen steht nicht nur ein traditionelles Familienbild, sondern auch die Überlegung, dass Menschen, die Verantwortung für eine Familie übernehmen, auch wählen können sollen. Doch widerspricht es internationalen Standards, das Wahlalter vom Personenstand abhängig zu machen.

In Deutschland senkte Niedersachsen als erstes Bundesland 1996 das Wahlalter bei Kommunalwahlen auf 16 Jahre. Es folgten: Sachsen-Anhalt und Schleswig-Holstein (beide 1998), Mecklenburg-Vorpommern und Nordrhein-Westfalen (beide 1999), Berlin (2005), Bremen (2007), Brandenburg (2011) sowie Hamburg (2013). In Bremen (seit 2011), Brandenburg (seit 2012), Hamburg und Schleswig-Holstein (beide seit 2013) gilt das verringerte Wahlalter sogar für Landtagswahlen.[87] In Hessen machte die damalige Regierung unter Roland Koch eine entsprechende Reform Ende der 1990er Jahre wieder rückgängig. Für die Bundestagswahlen hingegen blieben entsprechende Initiativen im Bundestag bislang erfolglos. Ein jüngerer Antrag von Bündnis 90/Die Grünen[88] knüpfte an die UN-Kinderrechtskonvention an und sah in der Senkung des Wahlalters auf allen politischen Ebenen ein wichtiges Element, damit Jugendliche ihre Interessen selbstständig verträten. Dies schärfe zugleich den Sinn für Gemeinwohl, stärke den Zusammenhalt und den Generationendialog und fördere Integration und Gerechtigkeit. Auch in ihr Wahlprogramm für die Bundestagswahl 2017 hatten Bündnis 90/Die Grünen, ebenso wie Die Linke und die SPD, die Senkung des Wahlalters auf 16 aufgenommen. Das Wahlprogramm der Piratenpartei sah sogar eine Senkung auf 14 Jahre vor. CDU, CSU und FDP hingegen halten an dem bisherigen Wahlalter für die Bundestagswahlen fest. Gesetzesanträge zur Änderung der Wahlaltersgrenze auf 16 Jahre im Grundgesetz und Bundeswahlgesetz fanden in der 19. Wahlperiode im Bundestag keine Mehrheit.[89]

---

86 Vgl. Grotz 2000: 14.
87 Eine Landkarte der Wahlberechtigung von unter 18-Jährigen in Deutschland hat die Monitoring-Stelle der UN-Kinderrechtskonvention des Deutschen Instituts für Menschenrechte erstellt: https://landkarte-kinderrechte.de/maps/wahlberechtigung-u18.html.
88 In der 18. Wahlperiode etwa BT-Drs. 18/3151, 12. November 2014. Siehe zuvor bereits: BT-Drs. 16/6647, 10. Oktober 2007.
89 Vgl. BT-Drs. 19/13512 und 19/13513, beide vom 24. September 2019.

Kein Erfolg beschieden war (und ist) übrigens auch den überfraktionellen Anträgen für ein „Wahlrecht von Geburt an", wonach die Eltern die Stimme für ihre Kinder treuhänderisch abgeben sollen.[90] In der Wissenschaft wird über das „Wahlrecht von Geburt an" bzw. über ein Familienwahlrecht seit Jahren intensiv diskutiert.[91] Ein solches „Vertreterwahlrecht" ist jedoch mit dem geltenden Verfassungsrecht wohl nicht vereinbar, da es gegen die Prinzipien der Zählwertgleichheit der Stimmen *(one person, one vote)* sowie der „Höchstpersönlichkeit" der Wahl verstößt.

Staatsbürger hinter Gittern

Neben den zu erfüllenden Wahlrechtsvoraussetzungen sehen Verfassungen und Gesetze für gewöhnlich auch Wahlrechtsausschlüsse vor. Die Frage beispielsweise, inwieweit Einschränkungen des Wahlrechts für verurteilte Gefängnisinsassen legitim und rechtens sind, wird im akademischen Diskurs seit Jahren diskutiert.[92] Sie beschäftigte inzwischen auch mehrfach den Europäischen Gerichtshof für Menschenrechte (EGMR). Beginnend mit der Rechtssache *Hirst v. the United Kingdom* (2005) stellte der EGMR in ständiger Rechtsprechung zu Großbritannien,[93] aber auch zu Russland, Türkei und Bulgarien[94] klar, dass der *pauschale* Wahlrechtsrechtsausschluss von Strafgefangenen gegen Art. 3 des Protokolls Nr. 1 der Europäischen Menschenrechtskonvention verstößt.[95] Der Wahlrechtsrechtsausschluss bedürfe, so der EGMR, einer Gerichtsentscheidung unter Berücksichtigung des Charakters der Straftat. Wie bis heute noch die Regierungen Russlands und der Türkei, waren auch die britischen Regierungen lange Zeit nicht bereit, ihr Wahlrecht an die Vorgaben des EGMR anzupassen.

---

90 Vgl. BT-Drs. 16/9868, 27. Juni 2008, BT-Drs. 15/1544, 11. September 2003.

91 Vgl. die zahlreichen Literaturhinweise in Schreiber 2017: 309.

92 Vgl. etwa Ewald/Rottinghaus 2009, Foster 2009, Mauer 2011, Holste 2015.

93 *Greens and M.T. v. the United Kingdom* (2010), *Firth and Others v. the United Kingdom* (2014), *McHugh and Others v. the United Kingdom* (2015).

94 Vgl. etwa *Frodl v. Austria* (2010), *Söyler v. Turkey* (2013), *Anchugov and Gladkov v. Russia* (2013), *Murat Vural v. Turkey* (2014), *Kulinski and Sabev v. Bulgaria* (2016).

95 Demnach verpflichten sich die Vertragsstaaten, „in angemessenen Zeitabständen freie und geheime Wahlen unter Bedingungen abzuhalten, welche die freie Äußerung der Meinung des Volkes bei der Wahl der gesetzgebenden Körperschaften gewährleisten".

Trotz einzelner Reformüberlegungen war der politische Unwille in London groß. Dahinter stand nicht nur die Überzeugung, dass Strafgefangene, welche die Grundregeln der Gesellschaft verletzt haben, nicht an den Entscheidungen über die Gesellschaft mitwirken sollen. Die Diskussion kreiste auch um das Verhältnis Großbritanniens zur EMRK und um die Frage, inwieweit EGMR-Urteile in die parlamentarische Souveränität des Vereinigten Königreichs eingreifen dürfen. Im Dezember 2017 akzeptierte das Ministerkomitee des Europarats, das die Umsetzung der EGMR-Urteile überwacht, schließlich einen Kompromiss, demzufolge zumindest Freigänger *(prisoners on temporary licence)* bei nationalen Wahlen in Großbritannien das Wahlrecht erhalten.[96]

Etliche europäische Staaten halten an einem Wahlrechtsentzug für Gefangene fest, selten allerdings pauschal, wie in Bulgarien, sondern meist für bestimmte Straftaten oder ab einer gewissen Haftdauer. In der Rechtssache *Thierry Delvigne v. Commune de Lesparre-Médoc and Préfet de la Gironde* befand der Europäische Gerichtshof (EuGH) im Oktober 2015, dass das geltende französische Recht, das bestimmten verurteilten Straftäterinnen und Straftätern das Wahlrecht für das Europäische Parlament verwehrt, nicht gegen das EU-Recht verstoße und verhältnismäßig sei, weil es die Natur und die Schwere der Straftat und die Haftdauer berücksichtige. Zahlreiche andere europäische Staaten wiederum entziehen Gefangenen überhaupt nicht das aktive Wahlrecht. Dazu zählen etwa Dänemark, Finnland, Irland, Lettland, Litauen, Kroatien, Nordmazedonien, die Republik Moldau, die Schweiz, Serbien, Slowenien, Spanien und die Ukraine. Weltweit sind solche „liberalen" Regelungen eher die Ausnahme, finden sich beispielsweise in Israel, Kanada und der Republik Südafrika. In vielen anderen Staaten – von Argentinien, Brasilien und El Salvador bis nach Kirgistan, die Mongolei und Neuseeland – bleibt Strafgefangenen das Wahlrecht pauschal oder näher spezifiziert verwehrt.

Mitunter bleibt der Wahlrechtsausschluss selbst nach der Entlassung aus dem Gefängnis (zeitweise) bestehen. Besonders in den USA fällt dies auch politisch ins Gewicht. Bei den US-Präsidentschaftswahlen von 2016 konnten schätzungsweise 6,1 Millionen Menschen, das heißt 2,5 % der Staatsangehörigen im Wahlalter, nicht wählen, weil sie zuvor in ihrem Leben straffällig gewor-

---

96 Vgl. Johnston 2020.

den waren. 2020 waren es – trotz Reformen – noch knapp 5,2 Millionen. Betroffen sind in den allermeisten Bundesstaaten nicht nur Gefängnisinsassen, sondern auch auf Bewährung entlassene Personen. In einigen Bundesstaaten bleibt ihnen – auch nach einer vorzeitigen Entlassung – das Wahlrecht bis zum Ende der gesamten Strafzeit oder sogar noch darüber hinaus verwehrt. Weit überproportional betroffen sind von dem Wahlrechtsentzug männliche Afroamerikaner.[97] Dem politischen System der USA geschuldet ist zudem, dass das Wahlrecht von Gefangenen und ehemaligen Straffälligen in den USA nicht bundesweit geregelt ist, sodass es je nach Bundesstaat zur unterschiedlichen Gewährung des Wahlrechts kommt. Dies entspricht nicht internationalen Standards.

In Deutschland ermöglicht das Bundeswahlgesetz in § 13 Abs. 1 einen Wahlrechtsausschluss per Richterspruch. Zum einen entscheidet das Bundesverfassungsgericht über die Verwirkung von Grundrechten und kann in diesem Zusammenhang auch Personen das Wahlrecht, die Wählbarkeit und die Fähigkeit zur Bekleidung öffentlicher Ämter aberkennen. Zum anderen sieht das Strafgesetzbuch ausdrücklich vor, dass die Gerichte im eigenen Ermessen Verurteilten für die Dauer von zwei bis fünf Jahren das aktive Wahlrecht strafgerichtlich aberkennen können, und zwar u. a. bei folgenden Straftaten: Friedensverrat, Hochverrat und Gefährdung des demokratischen Rechtsstaats, Landesverrat und Gefährdung der äußeren Sicherheit, Angriffe gegen Organe und Vertreter ausländischer Staaten, Straftaten im Zusammenhang von Wahlen und Abstimmungen (Wahlfälschung etc.), Bestechlichkeit und Bestechung von Mandatsträgern sowie Straftaten gegen die Landesverteidigung (Sabotage etc.).

Die richterliche Wahlrechtsaberkennung zielt auf den Schutz der Wahlen und des demokratischen Rechtsstaats ab und richtet sich daher gerade gegen Personen, die eine Straftat gegen Verfassungsrechtsgüter begangen haben. Kritiker sehen dahinter jedoch ein überkommenes „Relikt des Ehrenstrafrechts" aus Zeiten, in denen es noch die Aberkennung der „bürgerlichen Ehrenrechte" gab.[98] Der Wahlrechtsausschluss sei kriminalpolitisch fragwürdig und verfassungsrechtlich unhaltbar.[99] Gemäß der Strafverfolgungsstatistik wird jedoch ohnehin kaum jemandem in Deutschland aufgrund von Straftaten das aktive Wahlrecht

---

97 Uggen et al. 2016, 2020, National Conference of State Legislature 2020.
98 Vgl. etwa Oelbermann 2011, 2015.
99 Vgl. Holste 2015: 224.

entzogen. Anders hingegen verhält es sich mit dem Verlust des passiven Wahlrechts, auf das wir später noch eingehen werden.

Wahlrechtseinschränkungen wegen (oder als) Behinderungen

In vielen Staaten weltweit werden Menschen mit einer geistigen Behinderung oder Menschen, die nicht rechtsfähig sind oder einer teilweisen oder vollständigen Vormundschaft bzw. Betreuung unterliegen, pauschal oder auf Grundlage einer richterlichen Entscheidung vom Wahlrecht ausgeschlossen. Darunter fallen auch etliche europäische Staaten. Zwar haben in jüngster Zeit einige Staaten ihre Wahlrechtsausschlüsse ganz oder teilweise zurückgenommen. In der Slowakei hob 2017 das Verfassungsgericht den Wahlrechtsausschluss wegen mangelnder Rechtsfähigkeit auf. In Dänemark ermöglichte das Parlament im Dezember 2018 zumindest einem Teil der Menschen unter Vormundschaft – aber eben nicht allen –, ihr Wahlrecht zu erlangen. Im selben Monat wurden im spanischen Wahlgesetz zwei Artikel (Art. 3 Abs. b und c) gestrichen, um Menschen mit Behinderungen das Wahlrecht zu gewähren. Doch nur in wenigen europäischen Ländern wie Schweden, Italien, Irland, Kroatien, Lettland, Österreich, Großbritannien, den Niederlanden und neuerdings der Slowakei, Deutschland und Spanien bestehen formal-rechtlich keine Einschränkungen (mehr).[100] Völlig uneinheitlich stellt sich die Rechtslage in den USA dar, wo nur einige Bundesstaaten keine entsprechenden Einschränkungen vorsehen. Dabei verstoßen die – zumal pauschalen – Ausschlüsse von Menschen mit geistigen Beeinträchtigungen oder unter Vormundschaft, wie sie in etlichen europäischen und vielen außereuropäischen Staaten nach wie vor bestehen, gegen das menschenrechtliche Diskriminierungsverbot.

In Deutschland hat das Bundesverfassungsgericht im Jahr 2019 entschieden, dass der *pauschale* Wahlrechtsausschluss von Menschen unter Betreuung und von Patientinnen und Patienten in der forensischen Psychiatrie verfassungswidrig ist. Bis dato ermöglichte das Bundeswahlgesetz (§ 13 Abs. 2 und 3) den Wahlrechtsausschluss zum einen von Personen, die zur Besorgung *aller* ihrer Angelegenheiten eine Betreuungsperson per Gericht bestellt bekommen hatten, zum anderen von Personen, die sich auf Anordnung nach dem Strafgesetzbuch in ei-

---

100 Vgl. Schönhagen 2016: 368 sowie ODIHR-Wahlberichte.

nem psychiatrischen Krankenhaus befanden. Einer Studie aus dem Jahre 2016 zufolge waren 85.550 Menschen, also 0,14 % der Wahlberechtigten, von dem Ausschluss betroffen, davon 81.220 vollständig betreute Menschen und 3.330 Personen in psychiatrischen Einrichtungen.[101]

Gegen beide Ausschlussgründe des Paragrafen 13 waren seit geraumer Zeit verfassungsrechtliche und menschenrechtliche Bedenken vorgebracht worden.[102] Entsprechende Wahleinsprüche gegen die Bundestagswahl 2017 hatte der Bundestag jedoch zurückgewiesen. Gegen den Bundestagsbeschluss wurde schließlich eine Wahlprüfungsbeschwerde beim Bundesverfassungsgericht eingelegt. Dessen Urteil zufolge kann zwar ein Ausschluss vom aktiven Wahlrecht verfassungsrechtlich gerechtfertigt sein, wenn bei einer bestimmten Personengruppe davon auszugehen sei, dass die Möglichkeit zur Teilnahme am Kommunikationsprozess zwischen Volk und Staatsorganen nicht in hinreichendem Maße besteht. Doch sah das Bundesverfassungsgericht die pauschalen Wahlrechtsausschlüsse im Wahlgesetz als verfassungswidrig an.[103] Die Regierungskoalition leitete daraufhin eine Änderung des Wahlrechts für Bundestagswahlen und für Europawahlen ein. Da dieses jedoch erst am 1. Juli in Kraft trat, entschied das Bundesverfassungsgericht per Eilantrag, dass die Betroffenen auf Antrag bereits an der Europawahl am 26. Mai 2019 teilnehmen können.[104]

Auch der Europäische Gerichtshof für Menschenrechte rügte bislang nur einen *pauschalen* Wahlrechtsausschluss von Menschen unter Vormundschaft, schloss aber einen solchen nicht völlig aus. In der Rechtssache *Alajos Kiss v. Hungary* vertrat er 2010 die Ansicht, dass ein solcher Ausschluss ein legitimes Ziel sein könne, um sicherzustellen, dass lediglich solche Personen an den öffentlichen Angelegenheiten mitwirken, die fähig seien, die Folgen ihrer Entscheidungen einzuschätzen und bewusste und rechtsbindende Entscheidungen zu treffen. Allerdings beanstandete der EGMR im Falle Ungarns die pauschale Einschränkung des Wahlrechts für Menschen mit geistiger Behinderung und Menschen mit psychischen Problemen. Der Gerichtshof sah es als problematisch an, die so erfassten Menschen als einheitliche Gruppe zu behandeln, und stellte klar, dass

---

101 Vgl. Lang et al. 2016.
102 Vgl. Palleit 2011, DIMR 2016, Schreiber 2017.
103 BVerfG, Beschluss vom 29. Januar 2019 – 2 BvC 62/14.
104 BVerfG, Urteil vom 15. April 2019 – 2 BvQ 22/19.

die Einschränkung ihrer Rechte einer strengen Prüfung bedürfe. Ein unter-schiedsloser Entzug des Wahlrechts ohne gerichtliche Individualprüfung, der sich ausschließlich auf eine partielle Vormundschaft stütze, böte keine hinrei-chende Rechtfertigung.

Weit rigoroser argumentiert der UN-Behindertenrechtsausschuss, der die UN-Behindertenrechtskonvention überwacht. Er lehnt jegliche Einschränkun-gen des aktiven wie passiven Wahlrechts für Menschen mit Behinderungen ab. Immer wieder ermahnte er die Vertragsstaaten, solche Bestimmungen in Verfas-sungen und Wahlgesetzen zurückzunehmen, welche behinderten Menschen das Wahlrecht verwehren. Bei der Überprüfung des deutschen Staatenberichts hat-te sich der UN-Behindertenrechtsausschuss in seinen *Abschließenden Bemerkun-gen* von 2015 dementsprechend auch besorgt über den im Bundeswahlgesetz (und in verschiedenen Ländergesetzen) seinerzeit noch vorgesehenen Aus-schluss von Menschen unter vollständiger Betreuung vom Wahlrecht gezeigt. Der Ausschuss empfahl Deutschland damals bereits, „alle Gesetze und sonstigen Vorschriften aufzuheben, durch die Menschen mit Behinderungen das Wahl-recht vorenthalten wird, sowie Barrieren abzubauen und angemessene Unter-stützung bereitzustellen".[105]

Interessanterweise entschied der UN-Behindertenausschuss – nach dem EGMR – auch über eine Beschwerde aus Ungarn: Sechs Personen, die aufgrund von *intellectual disability* durch richterlichen Beschluss unter (teilweiser oder völ-liger) Vormundschaft gestellt worden waren, waren dort automatisch aus dem Wahlregister gestrichen worden. Die Regierung brachte vor, dass dem Wahl-rechtsentzug – in Übereinstimmung mit der neuen Verfassung Ungarns, die im Januar 2012 in Kraft trat – eine richterliche Individualprüfung vorausgegangen wäre. Den Anforderungen des EGMR sei somit Genüge getan worden. Der UN-Behindertenrechtsausschuss sah indes die automatische Streichung aus dem Wahlregister infolge der (wenn auch) richterlichen Entscheidung über die Vormundschaft als eine Verletzung der UN-Behindertenrechtskonvention an. Bei den Parlamentswahlen 2018 in Ungarn blieb gleichwohl 49.259 Personen

---

105 CRPD/C/DEU/CO/1, 13. Mai 2015, Abs. 54. Inoffizielle Übersetzung durch das Deut-sche Institut für Menschenrechte. Auf dessen Website (www.institut-fuer-menschenrech te.de) ist das Dokument abrufbar.

mit geistigen Beeinträchtigungen das Wahlrecht verwehrt.[106] Die Kritik seitens des UN-Behindertenrechtsausschuss betraf übrigens auch eine weltweit wohl einzigartige Regelung in Paraguay, die unter bestimmten Bedingungen Gehörlosen *(sordomudos)*[107] das Wahlrecht vorenthält.[108]

Bei allen nationalen Widerständen wächst der Druck, entsprechende Wahlrechtsausschlüsse von Menschen mit geistiger Behinderung oder von Menschen, die nicht rechtsfähig sind, zu unterlassen. Der UN-Menschenrechtsrat sprach bereits 2011 eine entsprechende Empfehlung aus.[109] Im selben Jahr empfahl das Ministerkomitee des Europarats, allen Menschen mit Behinderungen die diskriminierungsfreie Nutzung des Wahlrechts zu ermöglichen *„[…] through the removal of restrictions on legal capacity, the abolition of voting tests, the introduction of legal provisions, specific forms of assistance, awareness raising and funding".*[110] Anknüpfend an Forderungen des UN-Behindertenrechtsausschusses empfehlen ODIHR-Wahlbeobachtungsberichte inzwischen regelmäßig die vielfach noch bestehenden Wahlrechtsausschlüsse wegen *„mental incapacity"* oder *„legal incapacity"* abzuschaffen, ganz unabhängig davon, ob diese pauschal oder per Gerichtsbeschluss verhängt werden. Zugleich wird der Kreis derjenigen Länder größer, die solche Wahlrechtsausschlüsse zurücknehmen.

Wahlpflicht – eher die Ausnahme

Sollte das allgemeine Wahlrecht auch mit einer Wahlpflicht einhergehen? Vergleichsweise weit verbreitet ist die Wahlpflicht in Lateinamerika. Sie besteht – zumindest auf dem Papier – etwa in Argentinien, Bolivien, Brasilien, Costa Rica, der Dominikanischen Republik, Ecuador, El Salvador, Guatemala, Honduras, Mexiko, Panama, Paraguay, Peru und Uruguay. Dort ist die Wahlpflicht Bestandteil einer verfassungsrechtlichen Tradition. Teils wurde die Wahlpflicht

---

106 Vgl. den ODIHR-Bericht zu den Wahlen in Ungarn 2018.
107 Wörtlich übersetzt: „Taubstumme". Angebrachter ist von „Gehörlosen" zu sprechen, da angebliche „Taubstumme" über eigene Sprachen verfügen und sich in diesen sehr wohl verständigen können. In Neuseeland ist die Gebärdensprache sogar die dritte offizielle Amtssprache.
108 CRPD/C/PRY/CO/1, 15. Mai 2013, Abs. 69. Siehe auch den OAS-Bericht zu den Wahlen 2018 in Paraguay.
109 UN-Doc A/HRC/RES/19/11, 23. April 2012.
110 CM/Rec(2011)14.

schon in der ersten Hälfte des 20. Jahrhunderts eingeführt und ist auch heute politisch wenig umstritten, selbst wenn sie in Venezuela (1998) und Chile (2012) wieder abgeschafft wurde. Allerdings wird die Wahlpflicht in Lateinamerika mitunter eher als Bürgerpflicht denn als eine zu sanktionierende Rechtspflicht verstanden, wie dies am ehesten noch in Argentinien, Bolivien, Brasilien, Peru, Ecuador und Uruguay der Fall ist.[111] Auch wird sie nicht immer auf alle Altersgruppen angewandt. Nach Senkung des Wahlalters haben 16- und 17-jährige Wahlberechtigte in Argentinien und Brasilien zwar das Recht, nicht aber die Pflicht, zur Wahl zu gehen. Hingegen bleibt für Wahlberechtigte ab 18 Jahren der Wahlgang verpflichtend – zumindest bis zu einem Höchstalter von z.B. 60 Jahren (Brasilien) oder 70 Jahren (wie in Argentinien und Peru). In Brasilien und Ecuador sind zudem sowohl Menschen mit Behinderung als auch Analphabeten von der Wahlpflicht ausgenommen.

In anderen Weltregionen ist die Wahlpflicht eher selten. Zu den Ausnahmen in Europa gehören: Belgien seit 1893, Luxemburg seit 1919, Liechtenstein seit 1922, Griechenland seit 1952 sowie der Kanton Schaffhausen in der Schweiz. In Bulgarien wurde – entgegen dem internationalen Trend – zwar im Jahr 2016 die Wahlpflicht eingeführt, doch das dortige Verfassungsgericht erachtete bereits ein Jahr später Sanktionen wegen des Verstoßes gegen die Wahlpflicht als verfassungswidrig. Zypern schaffte 2017 die Wahlpflicht ab, genau wie bereits 1967 die Niederlande und zu Beginn der 1990er Jahre Italien und Österreich. In Österreich war die Wahlpflicht 1918 als Paket gemeinsam mit dem allgemeinen Frauenwahlrecht eingeführt worden: Die Christlichsozialen hatten seinerzeit befürchtet, dass durch das Frauenwahlrecht die Sozialdemokratische Arbeiterpartei über Gebühr nutznießen würden, weil deren Anhängerinnen sich leichter mobilisieren ließen als konservativ eingestellte Frauen, die bei Wahlen eher zu Hause blieben. Mit der Wahlpflicht sollte dieser Nachteil ausgeglichen werden.[112]

Außerhalb Lateinamerikas und Europas finden wir die Wahlpflicht in Australien, dort bereits seit 1924, und in Nauru, Singapur und Thailand (vor 2014), im Libanon und der Türkei sowie in einigen wenigen afrikanischen Autokratien, etwa in Ägypten, Gabun und der Demokratischen Republik Kongo. Auch in diesen Ländern ist Wahlpflicht nicht gleich Wahlpflicht. Deren Einhaltung wird

---

111 Vgl. Ortíz 2019: 333.
112 Vgl. Rosenberger/Seeber 2008: 39, Rosenberger 2019.

nicht immer (streng) kontrolliert und sanktioniert. Dementsprechend groß sind auch die Unterschiede in der Wahlbeteiligung (die freilich auch noch von weiteren Bestimmungsgründen abhängt): Lateinamerikanische Staaten mit Wahlpflicht weisen teils eine hohe Wahlbeteiligung von über 80 % auf (z. b. Bolivien, Ecuador, Peru, Uruguay), teils aber auch eine wesentlich niedrigere (z. b. Costa Rica, Mexiko, Paraguay). Groß ist auch die Kluft zwischen den Ländern Europas mit Wahlpflicht: Die Wahlbeteiligung in Belgien und Luxemburg ist durchweg sehr hoch, in Bulgarien und Griechenland hingegen niedrig. Spitzenreiter unter den demokratischen Staaten mit Wahlpflicht sind Australien und Nauru mit Wahlbeteiligungsraten von über 90 %.

Obwohl eine Wahlpflicht international vergleichsweise wenig Anhängerschaft findet, wird in Deutschland mit schöner Regelmäßigkeit der Vorschlag eingebracht, mittels einer solchen Pflicht die Wahlbeteiligung zu erhöhen.[113] Befürworter gehen davon aus, dass dadurch die Wahlbeteiligung steigen und politikferne Gruppen wieder an die Wahlurne geholt werden. Dadurch würde sich die Legitimität der Wahlen erhöhen und – angesichts der bisherigen sozialen Selektivität der Wahlen[114] – das politische Gleichheitsversprechen der Demokratie (besser) eingelöst werden. Auch versprechen sie sich politische Bildungseffekte auf die Wahlberechtigten. Während Befürworter im Wählen eine demokratische Pflicht sehen, die eine Demokratie auch einfordern könne, stellen Gegner die Freiheit der Wahl in den Vordergrund, die eben auch die Freiheit einschließe, nicht zur Wahl zu gehen.[115] Ungeachtet demokratietheoretischer Argumente für oder gegen eine gesetzliche Wahlpflicht, stieße hierzulande die Einführung einer Wahlpflicht, zumal, wenn sie mit Sanktionen (etwa mit Bußgeldern) verbunden werden würde, wohl auf verfassungsrechtliche Bedenken, widerspricht es nach hiesigem Verfassungsverständnis doch dem Prinzip der freien Wahlen und der freien Wahlbetätigung, wenn die Wahlberechtigten gegen ihren Willen verpflichtet werden, am Wahlakt teilzunehmen.[116] Auch politisch greift der Vorschlag, eine Wahlpflicht einzuführen, zu kurz: Um Nichtwählende ins Wahllokal zu bekommen, gilt es, Interesse an Politik zu

---

113 Vgl. etwa Merkel/Petring 2011, Faas 2012, Bröning 2017, Kaeding 2017.
114 Vgl. Schäfer 2015.
115 Siehe auch Neu 2017.
116 Eine gegenteilige Ansicht vertritt beispielsweise Haack 2011.

wecken. Dazu gehören idealerweise politische Bildung, eine ansprechende Politikvermittlung sowie überzeugende inhaltliche und personelle Profile der kandierenden Parteien ebenso wie eine Politik, die gesellschaftliche Probleme anpackt und bewältigt. Das Erstarken vielfältiger sozialer Bewegungen weist auf Glaubwürdigkeits- und Handlungsdefizite der Politikgestaltung durch Parteien, Parlamente und Regierungen hin und steht für alternative Formen der gesellschaftspolitischen Mitwirkung. Zugleich spiegelt die im Vergleich zu den 1970er Jahren gesunkene Wahlbeteiligung auch den gesellschaftlichen Wandel wider. Nicht nur die Parteienidentifikation, sondern auch das „staatsbürgerliche Pflichtbewusstsein" gegenüber dem Wählen hat abgenommen. Die Zeiten, in denen die Wahlberechtigten in bester Sonntagsgarderobe am Wahltag ihrer Staatsbürgerpflicht nachkamen, sind für viele Menschen schlicht vorbei. Eine solche aber gesetzlich zu verordnen und ihre Nichteinhaltung zu sanktionieren, ist gesellschaftspolitisch schwer zu vermitteln. Bereits eine Studie aus dem Jahr 2014 ergab hierzulande nur eine geringe Akzeptanz für die Einführung einer zumal sanktionsbewehrten Wahlpflicht.[117]

Die Registrierung der Wahlberechtigten

Um das allgemeine Wahlrecht ausüben zu können, müssen die Wahlberechtigten für gewöhnlich registriert sein. Nur in Ausnahmenfällen – wie etwa bei den ersten Post-Apartheid-Wahlen in Südafrika 1994 – dürfen sie gegebenenfalls ohne Vorabregistrierung unter Vorlage von Personaldokumenten wählen. Entsprechend außergewöhnlich ist, dass beispielsweise in Lettland kein Wahlregister für Parlamentswahlen besteht. Wahlberechtigte können dort bei Vorzeigen ihres Passes (der dann gestempelt wird) oder einer Wahlkarte (bei Fehlen eines Passes) in allen Wahllokalen landesweit wählen, unabhängig von ihrem Wohnort. Sie werden dort handschriftlich in Wahllisten eingetragen. Dies widerspricht den Empfehlungen der Venedig-Kommission des Europarats.[118] Andernorts sind feste Wahlregister Usus, gibt es allenfalls Möglichkeiten für Zusatzlisten, die bei mangelhaften Registern Nachträge erlauben oder es ermöglichen, Personen aufzunehmen, die ihren Wohnort gewechselt oder das gesetzliche Wahlalter erst nach der endgültigen Veröffentlichung der Verzeichnisse erreicht

---

117 Vgl. Klein/Ballowitz/Holderberg 2014.
118 Siehe CDL-AD(2002)023rev2-cor, Abs. 1.2.

haben. Eine allgemeine, zusätzliche Möglichkeit der Registrierung am Wahltag wird hingegen kritisch bewertet.[119]

Alles in allem gehören die Erstellung, Pflege und Aktualisierung der Wahlregister zu den besonders schwierigen Problemen der Wahlorganisation. Die Kunst ist, dabei sicherzustellen, dass möglichst alle Wahlberechtigten registriert werden und wählen können, und zugleich zu vermeiden, dass fehlerhafte, nicht bereinigte Register (mit Mehrfachregistrierungen und den berüchtigten „Toten") bestehen, die Wahlbetrug ermöglichen. Im Extremfall kann die Durchführung ordnungsgemäßer Wahlen sogar an einer mangelhaften Registrierung scheitern. Besonders schwierig stellt sich die Registrierung der Wahlberechtigten in (Post-)Konfliktstaaten mit einer hohen Zahl von Binnenvertriebenen dar, zumal, wenn diese über keine gültigen Personaldokumente (mehr) verfügen. Solche Schwierigkeiten ergaben sich gerade auch bei den Wahlen nach den Bürgerkriegen im ehemaligen Jugoslawien.

Doch gerade die Wahlteilname von Binnenvertriebenen ist für eine Aussöhnung und eine friedliche Entwicklung unerlässlich.[120] Auch die UN-Leitprinzipien für Binnenvertriebene von 1998, eine Empfehlung des Ministerkomitees des Europararats von 2006[121] sowie die *Convention for the Protection and Assistance of Internally Displaced Persons in Africa* (Kampala-Konvention) von 2009 fordern die Staaten auf bzw. nehmen sie in die Pflicht, Binnenvertriebenen zu ermöglichen, ihr Wahlrecht zu nutzen. Entsprechende Anstrengungen wurden beispielsweise in der Ukraine nach 2014 unternommen. Problematisch ist dabei, dass in dem dort seinerzeit angewandten Grabenwahlsystem[122] Binnenvertriebene, die eine temporäre Wahladresse außerhalb ihres ursprünglichen Wahlkreises erhalten hatten, ihre Stimme nicht für Direktmandate im Wahlkreis, sondern nur für die proportional zu vergebenden Mandate auf den Parteilisten abgeben durften.[123]

Mit Ausnahme von Großbritannien, Irland und Zypern erfolgt in Europa, so auch in Deutschland, die Registrierung der Wahlberechtigten passiv auf Grundlage der Einwohnermelderegister, die im Idealfall kontinuierlich aktuali-

---

119   Vgl. etwa den ODIHR-Bericht zu den Parlamentswahlen 2020 in Aserbaidschan.
120   Vgl. etwa Durnyeva/Jepsen/Roberts 2019.
121   CM/Rec(2006)6.
122   Siehe das Kapitel zu Wahlsystemen.
123   Vgl. Durnyeva/Jepsen/Roberts 2019.

siert werden. Dort müssen sich allenfalls Wahlberechtigte, die im Ausland leben, aktiv um eine Registrierung bemühen. Auch in den Staaten der ehemaligen Sowjetunion und etlichen anderen Ländern weltweit werden die Verzeichnisse auf der Basis von Einwohnermelderegistern erstellt, einschließlich der damit verbundenen Fehlerquellen, wie der Nichtstreichung von Personen, die gestorben oder umgezogen sind. Eine höchst außergewöhnliche Regelung findet sich hierbei in Albanien, wo Wahlberechtigte, die über 100 Jahre alt sind, automatisch aus dem Wahlregister gestrichen werden, mutmaßlich, um etwaige verstorbene Personen nicht weiter auf der Liste zu führen. Leben die betagten Menschen noch (und wollen zur Wahl gehen), müssen sie sich aktiv um eine Wiederaufnahme in das Wahlregister bemühen.

In manch anderen Ländern wiederum ist eine allgemeine aktive Registrierung zu Wahlen nötig – und in einigen Fällen, wie etwa in Zypern, sogar verpflichtend. Die Wahlberechtigten müssen sich dann in beständig geführte oder eigens für die Wahlen erstellte oder aktualisierte Verzeichnisse eintragen lassen. In den USA beispielsweise können sich die Wahlberechtigten persönlich, auf dem Postweg oder durch eine autorisierte Person aktiv in den jeweiligen Bundesstaaten registrieren. Je nach Bundesstaat werden dabei unterschiedliche Dokumente zur Personenidentifikation akzeptiert, vom Sozialversicherungsausweis über den Führerschein bis (dem Hörensagen nach) zum Mitgliedsausweis der *National Rifle Organisation*. In etlichen Bundesstaaten ist inzwischen auch eine Onlineregistrierung möglich. Nicht ungewöhnlich für aktive Registrierungen ist jedoch, dass ein Teil der Wahlberechtigten sich nicht registriert. In den USA betraf dies bei den Wahlen 2016 schätzungsweise 35 Millionen von insgesamt 220 Millionen Wahlberechtigten. Teils ist dies dem fehlenden Willen der Wahlberechtigten geschuldet, teils aber auch den unzureichenden Informationen und den organisatorischen Problemen der Registrierung.

Auch in Indien, der „größten Demokratie der Welt", müssen sich die knapp 900 Millionen Wahlberechtigten aktiv zur Wahl registrieren. Sie registrieren sich zunehmend online, können dies aber auch per Post oder in entsprechenden Registrierungsstellen tun.[124] Trotz entsprechender Aufrufe kommen aber längst

---

124 Vgl. hierzu die online abrufbare Anleitung der *Election Commission of India, Systematic Voters' Education and Electoral Participation* (SVEEP): *How Do I Register and Vote. A Guide for General Voters*, New Delhi: SVEEP.

nicht alle Wahlberechtigten der Aufforderung nach. Ein Vergleich des Zensus mit den Wahllisten ergab beispielsweise, dass bei den Wahlen des Jahrs 2019 etwa 21 Millionen indische Frauen im Wahlalter nicht registriert waren, sodass sie ihr Wahlrecht nicht nutzen konnten. Über technische Probleme hinaus wurde das nicht zuletzt auf familiäre und gesellschaftliche Widerstände eines männlich dominierten sozialen Umfelds zurückgeführt.[125]

Sofern Wahlberechtigte kurz vor oder bei den Wahlen nicht im regulären Wahlregister auftauchen, können sie sich mancherorts in zusätzliche Listen *(supplementary voters lists)* eintragen lassen oder vorläufige Stimmen abgeben. Gerade bei unzuverlässigen Registern ermöglicht ein solches Verfahren, die Ausübung des allgemeinen Wahlrechts zu gewährleisten, erhöht aber auch die Gefahr der unzulässigen Mehrfachwahl. Als Standardverfahren für Länder, in denen eigentlich zuverlässige Wahlregister verfügbar sind (oder sein müssten), ist daher die Registrierung im Wahllokal zumindest ohne zusätzliche Sicherungsmaßnahmen bedenklich. Entsprechend kritisierten OSZE/ODIHR auch eine solche Möglichkeit bei den Präsidentschaftswahlen 2015 in Belarus und 2018 in Russland, beides Länder, in denen die Regierungen – zwecks Legitimierung der Wahlen – an einer hohen Wahlbeteiligung interessiert sind.

Zur Datenerfassung und Überprüfung empfiehlt sich ein zentrales Wahlregister, damit die zumeist dezentral erhobenen Angaben landesweit erfasst und abgeglichen werden. Diese bestehen selbst in westlichen Demokratien nicht überall. Die USA, Großbritannien und Irland verfügen beispielsweise nicht über ein solches Zentralregister. Auch in Staaten, die eine passive Registrierung von Wahlberechtigten vornehmen, erfolgt diese mitunter nur dezentral, in Europa etwa in Frankreich und der Tschechischen Republik. Vielerorts sind aber zentrale Wahlregister inzwischen üblich. In der Ukraine und Serbien wurden sie vor den Wahlen 2010 bzw. 2012 auf Drängen von OSZE/ODIHR und des Europarats eingeführt. Auch der neue Wahlgesetzentwurf in Usbekistan von 2018 hat entsprechende Empfehlungen aufgegriffen. Die Erstellung und Aktualisierung zentraler Wahlregister werden durch die heute verfügbaren Computertechnolo-

---

125 Die Studie (Roy/Sopariwala 2019) ist bislang nicht in englischer Sprache verfügbar. Vgl. aber das Interview mit den Autoren in dem indischen Magazin *Outlook* vom 7. März 2019; https://www.outlookindia.com/magazine/story/books-its-a-shame-21-million-wo men-cant-vote/301268.

gien maßgeblich erleichtert. Allerdings sind die digitale Datenerfassung und der kontinuierliche Datenabgleich technisch durchaus anspruchsvoll und müssen mit entsprechenden Sicherheitsvorkehrungen verbunden sein.

International empfohlen wird zudem, die (vorläufigen) Wahlregister einer Überprüfung durch die Wahlberechtigten zugänglich zu machen. In vielen Ländern werden entsprechende Listen zur öffentlichen Einsicht ausgelegt bzw. ausgehängt. Dies dient nicht nur der Kontrolle der Wahlverzeichnisse, sondern auch der Orientierung der Wählerinnen und Wähler. Sind die Listen nicht öffentlich zugänglich, stößt dies mitunter auf Kritik im Land oder wird sogar, wie bei den Wahlen 2019 in Guinea-Bissau, nachträglich erwirkt, in diesem Falle auf Betreiben der Westafrikanischen Wirtschaftsgemeinschaft (ECOWAS).[126] In anderen Ländern wiederum können die Wahlberechtigten die Richtigkeit der Angaben zur eigenen und/oder zu anderen Personen auf Antrag überprüfen. Den Wahlberechtigten soll es so möglich sein, fehlerhafte Eintragungen korrigieren zu lassen und sich bei fehlender Registrierung ins Verzeichnis nachtragen zu lassen, notfalls erwirkt per Verwaltungs- oder Gerichtsverfahren. Je nach Land wird allerdings das Verhältnis zwischen demokratisch erwünschten öffentlichen Kontrollmöglichkeiten und dem gleichwohl nötigen individuellen Datenschutz unterschiedlich bestimmt. So unterscheiden sich in den jeweiligen Ländern die Vorgaben dahingehend, wer Einsicht nehmen oder Kopien von Wahlregistern erhalten kann, welche Informationen diese enthalten, welche Informationen aus Gründen des Persönlichkeitsschutzes oder der Sicherheit zurückgehalten werden und ob es Beschränkungen hinsichtlich der kommerziellen Nutzung der Daten gibt.

In Deutschland wird der Datenschutz vorderhand vergleichsweise stark gewichtet. Aus Datenschutzgründen wurde 2001 die öffentliche Auslegung der Wählerverzeichnisse zur allgemeinen Einsichtnahme abgeschafft und durch ein Recht auf individuelle Einsichtnahme ersetzt. So dürfen zwar hierzulande Wahlberechtigte in einem bestimmten Zeitraum die Richtigkeit oder Vollständigkeit *ihrer eigenen* Daten im Wahlregister überprüfen. Zu einer entsprechenden Überprüfung der Daten von *anderen* Personen besteht jedoch nur dann Recht auf Einsicht, wenn Tatsachen glaubhaft gemacht werden können, aus denen sich die Unrichtigkeit oder Unvollständigkeit des Registers ergeben kann. Das Recht zu

---

126 Vgl. den Bericht der AU-Beobachtungsmission zu den Wahlen 2019.

Überprüfung entfällt zudem in Bezug auf Wahlberechtigte, die einen Sperrvermerk im Melderegister anbringen ließen, etwa wegen Gefahr für Leben, Gesundheit oder anderer schutzwürdiger Belange.[127] Das Bundesmeldegesetz (BMG) wiederum erlaubt jedoch, Gruppenauskünfte aus dem Melderegister zu erteilen, wenn dies im öffentlichen Interesse liegt. Um den Wahlberechtigten Wahlinformationen zukommen zu lassen, ist es daher kandidierenden politischen Parteien vor den Wahlen erlaubt, gegen eine Gebühr Melderegisterauskünfte (Name, Adresse) von den Einwohnerämtern einzuholen. So hat die AfD vor den Kommunalwahlen 2019 in Nürnberg beispielsweise an mehr als 3.160 Erstwählerinnen und Erstwähler Werbebriefe verschickt.[128]

Weit umfassender sind die Auskunftsrechte in den USA. In vielen der dortigen Bundesstaaten haben Einzelpersonen, Parteien und weitere Organisationen das Recht, kostenlos oder gegen eine Gebühr, Kopien der Verzeichnisse zu erhalten. In einigen US-Bundesstaaten enthalten die Informationen sogar die Parteizugehörigkeit der Wahlberechtigten. Parteien ist es so möglich, die verfügbar gemachten Daten gezielt für Wahlkampfzwecke zu nutzen. Während dies in den USA als legitim erachtet wird und auch in einigen europäischen Staaten (z.B. Irland, Monaco, Spanien) den kandidierenden Parteien und Kandidaten die Wählerlisten (in den jeweiligen Wahlkreisen) grundsätzlich zugänglich sind, haben ODIHR und der Europarat beispielsweise den Entwurf eines Wahlregistergesetzes in der Ukraine kritisiert, der politischen Parteien das Recht einräumte, elektronische Kopien der Verzeichnisse zu erhalten.[129] Auch in Nordmazedonien gab es Sorgen, dass politische Parteien die Daten nutzen, um auf Wahlberechtigte Druck auszuüben. Immerhin ist in den allermeisten Staaten, selbst in den USA, die Verwendung der Wahlregister für kommerzielle Zwecke verboten. Aber auch dort gibt es Ausnahmen, je nach Bundestaat.

---

127 Vgl. Schreiber 2017: 374 f.
128 „AFD schickt Post an tausende Erstwähler – Debatte über Datenschutz", in: *BR 24*, Artikel v. 14. Februar 2020. Online unter: https://www.br.de/nachrichten/bayern/afd -schickt-post-an-tausende-erstwaehler-debatte-um-datenschutz,RqOveMc.
129 CDL-AD(2007)026, Abs. 40.

6.

DAS PASSIVE WAHLRECHT – STANDARDS, KURIOSITÄTEN UND AUSSCHLÜSSE

Die Wählbarkeitsbedingungen für Parlamentsabgeordnete und schon gar für direkt gewählte Präsidentinnen oder Präsidenten sind für gewöhnlich anspruchsvoller als jene zur Wahrnehmung des aktiven Wahlrechts. Dahinter steht die – verständliche, aber im Einzelfall diskussionsbedürftige – Grundidee, dass gewählte Mandatsträger bestimmten Mindestanforderungen genügen sollen, wenn sie im Sinne des Gemeinwohls die Staatsgeschicke lenken. Diese betreffen nicht nur die Staatsbürgerschaft, das Wahlalter und die Aussetzung von Bürgerrechten für verurteilte Straftäterinnen und Straftäter, auf die nochmals gesondert eingegangen wird. Auch der ganz und gar übliche Ausschluss von Menschen mit geistigen Beeinträchtigungen vom passiven Wahlrecht wird oft unhinterfragt hingenommen, ebenso wie die Nichtwählbarkeit von Analphabeten (z. B. Brasilien) und so manche Bildungsvoraussetzung für Kandidaturen in einzelnen Staaten. So bedarf es beispielsweise für Parlaments- und/oder Präsidentschaftskandidaturen in einigen Ländern – etwa in Ägypten, Kasachstan, Tadschikistan, der Türkei, Uganda und Indonesien – eines höheren Bildungsabschlusses.

Gelegentlich sind Kandidaturen auch rechtlich daran geknüpft, dass eine der Amtssprachen beherrscht wird, so etwa in Sierra Leone (Englisch), Kamerun (Französisch oder Englisch) und Dschibuti (Französisch oder Arabisch). Auf den ersten Blick ist dies eine nachvollziehbare Forderung, doch in Vielvölkerstaaten mit einer großen Sprachvielfalt kann damit der ungewollte oder gewollte Ausschluss bestimmter Bevölkerungsgruppen vom passiven Wahlrecht einhergehen. In Kasachstan müssen beispielsweise Bewerberinnen und Bewerber für die Präsidentschaft der kasachischen Sprache mächtig sein, obwohl sie nicht von allen Staatsangehörigen beherrscht wird und dort auch Russisch die Amtssprache ist.

In Kasachstan wurde zudem 2017 die – internationalen Standards völlig widersprechende – Regelung eingeführt, dass Präsidentschaftskandidatinnen und -kandidaten mindestens fünf Jahre lang im öffentlichen Dienst oder in einem gewählten Regierungsamt tätig gewesen sein müssen. Damit wird nicht nur Verwaltungs- oder Regierungserfahrung eingefordert, sondern *de facto* auch Regimeloyalität. Ähnliches gilt in Singapur, wo Präsidentschaftskandidatinnen und -kandidaten sogar als Kabinettsmitglieder oder hochrangige Regierungsbeamtinnen oder -beamte fungiert haben müssen; bei den Wahlen 1999 und 2005 erfüllte nur ein Kandidat diese strikten Anforderungen.[130] Problematisch ist auch,

---

130 Vgl. Croissant/Lorenz 2018: 269.

wenn die Gewährung des Wahlrechts an die Ableistung bestimmter Pflichten gekoppelt ist, etwa an die Ableistung der Wehrpflicht, wie dies von Präsidentschaftskandidaten in der Türkei gefordert wird.

Schließlich kann auch die Religion eine Rolle spielen: In der theologischen Autokratie Irans wird die Bewerberliste für die Parlamentswahlen vom „Wächterrat", der zur Hälfte mit Geistlichen besetzt ist, geprüft – und wurde 2016 fast um die Hälfte der Bewerber gekürzt. Bei den Wahlen 2020 wurden „fast alle bekannten Bewerber aus den Reihen der Reformer, selbst der gemäßigten Konservativen" von der Wahl ausgeschlossen.[131] In Argentiniens Demokratie bestand bis zur Verfassungsreform von 1994 noch die Besonderheit, dass Präsidentinnen und Präsidenten der römisch-katholischen Konfession angehören mussten. In Indonesien müssen sich Bewerberinnen und Bewerber für die Präsidentschaft und für das Parlament zu einem religiösen Glauben bekennen. In etlichen anderen Ländern wiederum sind Priester ausdrücklich nicht wählbar. In Nicaragua müssen beispielsweise geistliche Würdenträger mindestens zwölf Monate vor den Wahlen ihr Amt abgegeben haben, um kandidieren zu dürfen. In Thailand gilt der Ausschluss von buddhistischen Geistlichen nicht nur für das aktive, sondern auch für das passive Wahlrecht.

Eine echte Kuriosität stellte bis zum Wahlrechtsänderungsgesetz von 2011 schließlich der sogenannte „Habsburger-Artikel" in Österreich dar. Bis dahin waren „Mitglieder regierender Häuser oder solcher Familien, die ehemals regiert haben", von der Wählbarkeit für das Präsidentenamt ausgeschlossen. Die Einschränkung war historisch bedingt und ging zurück auf die Abschaffung der Monarchie in Österreich nach dem Ersten Weltkrieg. Ebenfalls in geschichtlichen Erfahrungen begründet sind in Lateinamerika beispielsweise Wählbarkeitsausschlüsse von Personen, die an Staatsstreichen beteiligt waren oder nach Staatsstreichen Regierungsämter übernommen haben, wie sie etwa in Nicaragua bestehen. (Für erfolgreiche Revolutionäre gilt dies dort freilich nicht.) In Litauen wiederum werden all jene Personen, die eines öffentlichen Amts enthoben wurden, mit einem lebenslangen Kandidaturverbot belegt.

---

131 Willinger, Katharina: Wahl im Iran. „Es wird sich eh nichts ändern", in: *www.tagesschau. de*, Artikel v. 21. Februar 2020. Online unter: https://www.tagesschau.de/ausland/wahl -iran-127.html.

In Lettland wiederum dürfen Personen, die als bezahlte Mitarbeiterinnen und Mitarbeiter von Sicherheitskräften und Geheimdiensten eines fremden Lands oder der ehemaligen Sowjetunion tätig waren, nicht bei Parlamentswahlen antreten. Dasselbe gilt für ehemalige Mitglieder der Kommunistischen Partei der Sowjetunion oder der Republik Lettlands. Der Europäische Gerichtshof für Menschenrechte sah 2006 in dem Ausschluss ehemaliger Kommunisten zwar keine Verletzung der Europäischen Menschenrechtskonvention, forderte Lettland aber auf, diese Regelung einer ständigen Überprüfung auf ihre Notwendigkeit hin zu unterziehen.[132] Das lettische Verfassungsgericht bestätigte 2018 indes die Verfassungsmäßigkeit des Wahlrechtsausschlusses.

Einen faktischen Wahlrechtsausschluss können zudem Inkompatibilitätsnormen darstellen. Dies ist dann der Fall, wenn bestimmte Personengruppen (z. B. öffentliche Bedienstete), deren Ämter mit einem gewählten Mandat nicht vereinbar sind, schon lange vor den Wahlen ihre Stellung nicht nur ruhen lassen, sondern kündigen müssen, um kandidieren zu dürfen. Dann handelt es sich streng genommen nicht mehr nur um eine Frage der Inkompatibilität, also der Nichtvereinbarkeit von Ämtern, sondern bereits um eine Frage der Ineligibilität, also der Nichtwählbarkeit. Um ein Beispiel zu nennen: In der Mongolei – ein Land, das eine erstaunliche demokratische Öffnung erlebt hat – kann eine Parlamentskandidatur nicht nur an Schulden, Vorstrafen oder der Nichtableistung des Wehrdiensts scheitern. Öffentliche Bedienstete, die bei den Parlamentswahlen im Juni 2016 antreten wollten, mussten bereits zu Beginn des Wahljahrs ihr Amt aufgeben, das heißt, lange vor der eigentlichen Kandidatennominierung.[133] In Sierra Leone ist der geforderte Zeitraum sogar noch länger: Dort müssen Kandidatinnen und Kandidaten zwölf Monate vor den Präsidentschafts- und Parlamentswahlen von ihren öffentlichen Ämtern zurücktreten. In Liberia beläuft sich der Zeitraum, je nach Dienstgrad, sogar auf zwei bis drei Jahre vor den Präsidentschaftswahlen. Solche Erfordernisse widersprechen internationalen Wahlstandards.

In Deutschland berechtigen Unvereinbarkeitsbeschränkungen, also Inkompatibilitäten, von Amt und Mandat nicht zum Ausschluss von der Wählbarkeit. So dürfen sich beispielsweise Beamtinnen und Beamte, Angestellte des öffentli-

---

132 *Zdanoka v. Latvia* (2016), *Ādomsons v. Latvia* (2008).
133 Vgl. den ODIHR-Bericht zu den Parlamentswahlen 2016.

chen Diensts, Berufs- bzw. Zeitsoldatinnen und -soldaten sowie Richterinnen und Richter grundsätzlich um ein Bundestagsmandat bewerben, müssen sich aber, wenn sie gewählt werden, zwischen Amt und Mandat entscheiden. Den Betroffenen muss also möglich sein, zwischen Amt und Mandat zu wählen und die Entscheidung offenzuhalten, ein Mandat zu erwerben und wahrzunehmen.[134] Inkompatibilitäten bestehen in Deutschland dabei u.a. auch zwischen einem Bundestagsmandat und der Zugehörigkeit zu einer Landesregierung oder der Mitgliedschaft im Europäischen Parlament.[135]

Staatsbürgerschaft und Einbürgerung

Durchweg anerkannt ist, dass die Wahl in das nationale Parlament oder die Präsidentschaft an die Staatsbürgerschaft gekoppelt ist. Allerdings gibt es feine Unterschiede: In den USA müssen beispielsweise Präsidentschaftskandidatinnen und -kandidaten nicht nur die US-Staatsbürgerschaft besitzen, sondern auch von Geburt an US-Staatsangehörige *(natural born US-citizens)* sein. (Aus diesem Grund dürfte beispielsweise der frühere Gouverneur Arnold Schwarzenegger als gebürtiger Österreicher dort nicht für die Präsidentschaft kandidieren.) Entsprechende Vorschriften finden sich für Präsidentschaftskandidaturen auch in etlichen anderen Ländern, in Europa etwa in den semi-präsidentiellen Demokratien Finnland und Litauen. In Mexiko und den Philippinen sind nicht nur Präsidentschafts-, sondern auch Parlamentskandidaturen denjenigen Personen vorbehalten, die als Staatsangehörige geboren sind. In Thailand müssen Kandidatinnen und Kandidaten nicht nur im Land, sondern, sofern sie im Wahlkreis antreten, auch im Wahlkreis geboren sein. In Sierra Leone haben sie zusätzlich eine schwarzafrikanische Abstammung *(negro-African origin)* vorzuweisen. Das Gleiche gilt in Liberia für die dortige Staatsbürgerschaft und damit das passive Wahlrecht. Wie bereits erwähnt, verstößt Letzteres gegen internationale Wahl- und Menschenrechtsstandards.

Mitunter bleibt zudem Personen mit doppelter Staatsangehörigkeit das passive Wahlrecht verwehrt, etwa in Armenien, Aserbaidschan, Bulgarien, Malta und Litauen für Parlamentswahlen und in Aserbaidschan, Georgien und die Ukraine für Präsidentschaftswahlen. Auch in Tadschikistan findet sich mittler-

---

134 Schreiber 2017: 60, 359.
135 Siehe ausführlicher Schreiber 2017: 690 ff.

weile so ein Verbot. So können dort gebürtige Staatsangehörige, die möglicherweise aus politischen Gründen im Ausland leben und dort eine weitere Staatsbürgerschaft angenommen haben, nicht mehr kandidieren. Zu bedenken ist dabei, dass Wählbarkeitsvoraussetzungen, die sich an der Staatsbürgerschaft festmachen, gezielt auch zu Ausgrenzungen politischer Gegner verwendet werden können.

Nachdem in Sambia Frederick Chiluba 1991 die kompetitiven Wahlen seines Lands gegen den langjährigen Alleinherrscher Kenneth Kaunda (1964–1991) gewonnen und damit die Demokratisierung des Lands eingeleitet hatte, verhinderte er bei den Folgewahlen im Jahr 1996 die Kandidatur Kaundas. Dazu diente ihm eine Verfassungsreform, die vorsah, dass auch die Eltern von Präsidentschaftskandidaten per Geburt oder Abstammung Sambier sein müssten.[136]

Kurioserweise wurde die Frage der Staatsbürgerschaft nicht nur gegen ehemalige, sondern auch gegen amtierende Präsidenten verwendet. So sah sich der Autokrat Ali-Ben Bongo Ondimba in Gabun vor seiner Wiederwahl 2016 mit dem Vorwurf konfrontiert, dass er als Adoptivkind seines Vaters, des Langzeitautokraten Omar Bongo Ondimba, kein gebürtiger Gabuner sei. Das Verfassungsgericht unter dem Vorsitz seiner Schwiegermutter erkannte jedoch seine Kandidatur als gültig an.[137]

Wohnsitzauflagen für Kandidaturen

Nicht unüblich ist es zudem, dass die Kandidatinnen und Kandidaten ihren Wohnsitz im Land haben müssen. Dies ist zwar insofern sinnvoll, als dass sie in dem Land leben sollten, dessen politische Geschicke sie als gewählte Repräsentanten mitgestalten wollen, doch sollte aus Sicht des allgemeinen und gleichen Wahlrechts eine bestimmte Dauer der Ansässigkeit nicht überschritten werden. Der *Code of Good Practice* zieht die Grenze bei sechs Monaten (ausgenommen zum Schutz nationaler Minderheiten[138]). In Litauen und Georgien müssen aber

---

136 Vgl. den Sambia-Beitrag des Autors in: Nohlen/Krennerich/Thibaut 1999, 939–962, hier: 943.

137 Schikowski, Martina/Kostmann, Claire-Marie: „Wahlen in Gabun: Kaum Hoffnung auf Wandel", in: *Deutsche Welle*, Artikel v. 27. August 2016. Online unter: https://www. dw.com/de/wahlen-in-gabun-kaum-hoffnung-auf-wandel/a-19485795.

138 Siehe zum Minderheitenschutz die Entscheidung der Europäischen Menschenrechtskommission: *Polacco and Garafalo v. Italy (re. Trentino-Alto Adige)* (1997).

Präsidentschaftskandidatinnen und -kandidaten fünf Jahre im Land gelebt haben, in Georgien davon drei unmittelbar vor den Wahlen. In Aserbaidschan, der Republik Moldau, der Tschechischen Republik und der Ukraine sind zehn Jahre gefordert, teils spezifiziert als zehn (oder zehn von 15 Jahren) unmittelbar vor den Wahlen. In Kasachstan sind es 15 Jahre, in Myanmar 20 Jahre. Die Verfassungsreform von 2020 in Russland sieht sogar eine Erhöhung von 10 auf 25 Jahre vor. Auch in Afrika stieß die die 10-Jahre-Anforderung, wie sie in Angola und Liberia besteht, auf Bedenken, hier der Afrikanischen Union, die befürchtete, dass das passive Wahlrecht einiger potenzieller Kandidaten unterminiert werden könnte. Tatsächlich sind solche Vorschriften problematisch – zumal sie gezielt gegen politische Gegner verwandt werden können, wenn diese sich zeitweilig ins Ausland abgesetzt haben. In Staaten, aus denen zuvor viele Menschen geflohen sind, verstellen sie zudem Rückkehrenden die politische Mitwirkung am Wiederaufbau des Landes.

Alt genug, um gewählt zu werden?

Während sich in etlichen Ländern, so auch heute in Deutschland,[139] das Mindestalter für das aktive wie passive Wahlrecht für Parlamentswahlen nicht unterscheidet, wird in etlichen anderen Staaten für Parlamentskandidaturen, ohne ausdrückliche Begründung, ein höheres Alter verlangt. Dies gilt nicht nur für Österreich und Malta, wo Staatsangehörige zwar ab 16 wählen, doch erst ab 18 gewählt werden dürfen. Unter den Staaten des Europarats verlangen Bulgarien, Estland, Georgien, Irland, Lettland, Polen, Russland, San Marino, die Slowakei, die Tschechische Republik, die Ukraine und Zypern ein Mindestalter von 18 Jahren für das aktive Wahlrecht, aber von 21 Jahren für das passive Wahlrecht zum Parlament. In Rumänien liegt Letzteres bei 23 Jahren und in Armenien, Italien, Litauen, Monaco sogar bei 25 Jahren. Am größten ist die Kluft in Griechenland mit 17 Jahren für das aktive und 25 Jahren für das passive Wahlrecht.

Auch in anderen Weltregionen liegt das entsprechende Mindestalter, um ins Parlament bzw. Unterhaus gewählt werden zu können, gemeinhin zwischen

---

139 In Deutschland wurde 1970 das Mindestalter für das aktive Wahlrecht von 21 auf 18 Jahre gesenkt – und kam 1972 erstmals zur Anwendung. Das Mindestalter für das passive Wahlrecht wurde aber erst 1974 mit Senkung des Volljährigkeitsalters (von 21 auf 18 Jahren) jenem des aktiven Wahlrechts angeglichen.

18 und 25 Jahren. Zu den Ausnahmen gehört Jordanien mit 30 Jahren und Tadschikistan, wo das Mindestalter vor Kurzem – gegen den Trend – von 25 auf 30 Jahre angehoben wurde. Für Senats- und Präsidentschaftswahlen werden für gewöhnlich noch höhere Ansprüche an das Alter und damit an die Lebenserfahrungen der kandidierenden Personen gestellt. Bei direkten Präsidentschaftswahlen müssen die Kandidatinnen und Kandidaten weltweit zumeist mindestens 35 oder 40 Jahre alt sein. Besonders niedrig ist das Wählbarkeitsalter für das Präsidialamt in Frankreich und Finnland mit 18 Jahren oder auch in Nicaragua mit 25 Jahren.

Unüblich sind Altersbeschränkungen „nach oben". In Uganda wurde 2005 – im Gegenzug zur Abschaffung der Amtszeitbeschränkung des Staatsoberhaupts auf zwei Wahlperioden – zwar eine Altersgrenze von 75 Jahre für Präsidentschaftskandidaturen eingeführt. Doch der inzwischen in die Jahre gekommene Langzeitpräsident Yoweri Kaguta Museveni, der das Land seit 1986 regiert, ließ in einer umstrittenen Verfassungsreform (Dezember 2017) die Altersgrenze wieder abschaffen, sodass er auch 2021 wieder kandieren darf. Auch in der Republik Kongo (Brazzaville) ließ Präsident Denis Sassou-Nguesso, der das Land bereits von 1979 bis 1992 autoritär regiert hatte und sich seit seiner Rückkehr an die Macht (1997) in nicht demokratischen Wahlen bestätigen ließ, im Jahr 2015 die Altersbeschränkung von 70 Jahren in der Verfassung einfach aufheben.

Ausschluss wegen Strafverfolgung?

„Der Ausschluss von der Wählbarkeit kann weniger strengen Bedingungen unterliegen als der Ausschluss vom Wahlrecht, denn es geht um die Ausübung einer öffentlichen Funktion und es kann durchaus legitim sein, Personen davon fernzuhalten, deren Tätigkeit in dieser Aufgabe einem entscheidenden öffentlichen Interesse entgegensteht."[140] Wie steht es also um die Wählbarkeit von Strafgefangenen, denen vielerorts bereits das aktive Wahlrecht entzogen wird? Tatsächlich bestehen in den meisten Staaten – gleich ob Demokratien oder Wahlautokratien – Kandidaturausschlüsse für Personen, die Straftaten begangen haben und entsprechende Gefängnisstrafen verbüßen. Wichtig ist auch hier: ob es sich um pauschale Ausschlüsse handelt oder ob diese von der Art und Schwe-

---

140 Deutsche Übersetzung der *Leitlinien und des erläuternden Berichts* zum *Code of Good Practice in Electoral Matters*, CDL-AD(2002)023rev2-cor, 28. Juli 2016, S. 6.

re der Straftat abhängen; ob nur strafrechtlich verurteilte Personen oder auch Personen in Untersuchungshaft betroffen sind; und ob das Kandidaturverbot auch über die Gefängnisstrafe hinaus gilt.

In Deutschland geht der Ausschluss vom passiven Wahlrecht nicht nur mit dem Ausschluss vom aktiven Wahlrecht einher, der aufgrund bestimmter Straftaten (Hoch- und Landesverrat, Wahlbetrug, Sabotage etc.) von einem Gericht stets ausdrücklich angeordnet werden muss (und äußerst selten vorkommt). Das passive Wahlrecht büßen auch all jene Personen für fünf Jahre automatisch als „Nebenfolge" eines gerichtlichen Urteils ein, die wegen eines Verbrechens (das heißt für eine Freiheitsstrafe von mindestens einem Jahr) verurteilt wurden. Doch ist ein zumindest über die Haft hinaus dauernder Entzug des passiven Wahlrechts stark begründungsbedürftig. Zwar kann es der Legitimität von Wahlen und der gewählten Institutionen abträglich sein, wenn sich unter den zur Wahl antretenden Personen verurteilte Personen befinden, zumal, wenn diese Straftaten begangen haben, die das demokratische Gemeinwesen gefährdet haben. Doch kann ein Wählbarkeitsausschluss, der sich nur am Strafmaß festmacht und noch lange nach Verbüßung der Strafe greift, einen schwerwiegenden und möglicherweise unverhältnismäßigen Eingriff in das passive Wahlrecht darstellen.

Hinzu kommt: Mittels einer Kriminalisierung politischer Gegner lassen sich solche Wahlrechtsausschlüsse leicht politisch missbrauchen. Häufig werden in Wahlautokratien Strafverfahren gegen Oppositionelle eingeleitet, um deren Kandidatur zu verhindern. Dies ist insbesondere dann der Fall, wenn die Strafgerichte politisch beeinflusst werden, sie hohe Haftstrafen aussprechen und die Strafregister für lange Jahre nicht gelöscht werden – eine Löschung aber, wie etwa in Belarus, Kasachstan und Tadschikistan, eine Voraussetzung für die Wählbarkeit darstellt. Gleiches gilt für Russland. Dort durften bei den Präsidentschaftswahlen 2018 zudem Staatsangehörige selbst mit gelöschten Strafregistern für schwere oder besonders schwere Straftraten weitere zehn bzw. 15 Jahre nicht kandidieren. Die Regelungen ermöglichen der russischen Staatsgewalt, verurteilte Dissidenten von den Wahlen auszuschließen. Davon betroffen war 2018 auch Putins stärkster Widersacher, Alexei Nawalny, sodass nur noch sechs chancenlose Kandidaten und eine chancenlose Kandidatin gegen den Präsidenten antraten. Erfolglos klagte Nawalny vor dem Obersten Gericht gegen sein Kandidaturverbot.

Um Beispiele auch aus anderen Weltregionen zu nennen: In Kambodscha wurden mehrfach Oppositionsführer – so etwa Sam Rainsy und Kem Sokha von der „Nationalen Rettungspartei Kambodschas" (CNRP) – strafrechtlich verfolgt und damit von politischen Tätigkeiten ausgeschlossen. In Bangladesch gab es vor den Wahlen 2018 eine wahre Welle an Inhaftierungen von Oppositionellen, offenbar mit dem Ziel, sie von den Wahlen fernzuhalten.[141] Im Senegal durften 2019 weder der populäre Bürgermeister Dakars Khalifa Sall noch der Sohn des ehemaligen Präsidenten Abdoulaye Wade, Karim Wade, bei den Wahlen antreten, da sie bereits wegen Veruntreuung öffentlicher Gelder bzw. Korruption verurteilt worden waren. Damit waren zwei der stärksten Konkurrenten des amtierenden Präsidenten Macky Sall aus dem Rennen. Einige Beobachter glauben, dass die Justiz dort auf Betreiben der Regierung politisch selektiv vorging.[142]

Wiederwahlverbote – Schutz gegen Diktaturen

Die Amtszeiten direkt gewählter Präsidentinnen und Präsidenten belaufen sich in der Regel auf vier bis sechs Jahre, jene von gewählten Parlamentsabgeordneten zumeist auf vier bis fünf Jahre. Längere Amtszeiten gerade für direkt gewählte Präsidentinnen und Präsidenten sollten aufhorchen lassen. Es ist kein Zufall, dass Länder mit offiziell siebenjährigen Amtszeiten politisch mächtiger Präsidenten, wie etwa Aserbaidschan, Äquatorialguinea, Gabun, Kamerun, die Republik Kongo (Brazzaville) und Ruanda,[143] autoritär regiert werden.[144] Dies gilt umso mehr, wenn in den Ländern kein Wiederwahlverbot besteht oder dieses eigens abgeschafft wurde.

Gerade um Langzeitdiktaturen zu unterbinden, ist es in vielen Ländern verboten, dass direkt gewählte Präsidentinnen und Präsidenten nach einer oder zwei Amtszeiten erneut zur Wahl antreten. Bei solchen Wiederwahlverboten kann es sich um aufeinanderfolgende oder eine fixe Anzahl an Amtsperioden handeln. Solche Beschränkungen sind mit internationalen Standards vereinbar,

---

141 Vgl. Human Rights Watch 2018.

142 Vgl. Riedl/Samba Sylla 2019: 96 f.

143 In Ruanda wurde durch die Verfassungsreform 2015 die Amtszeit des Präsidenten zwar inzwischen von sieben auf fünf Jahre verkürzt, doch tritt die Verfassungsreform erst 2024 in Kraft.

144 In Irland beläuft sich die Amtszeit zwar auch auf sieben Jahre, doch ist dort die Präsidentschaft nur mit geringer politischer Macht ausgestattet.

wie auch die Venedig-Kommission des Europarats bestätigte.[145] Mehr noch: In etlichen Ländern sind solche Wiederwahlverbote in der Verfassung vorgeschrieben. Dazu gehören (immer noch) viele lateinamerikanische Staaten, in denen keine unmittelbare Wiederwahl möglich ist (z.B. Chile, El Salvador, Guatemala, Mexiko, Panama, Paraguay, Uruguay). In El Salvador ist das Wiederwahlverbot sogar an ein verfassungsmäßig garantiertes Widerstandsrecht geknüpft. In Costa Rica – ebenso wie bis 2014 in Mexiko – besteht zudem die Besonderheit, dass auch die Parlamentsabgeordneten nicht direkt, sondern erst nach dem Verstreichen einer Wahlperiode wiedergewählt werden dürfen. Das Verbot der unmittelbaren Wiederwahl dient in Lateinamerika traditionell dem Schutz vor diktatorialen Herrschaftspraktiken, kann allerdings auch die Kontinuität der – im Idealfall erfolgreichen – Regierungspolitik beeinträchtigen. Unter diesem Gesichtspunkt wiederum scheint eine Begrenzung auf zwei aufeinanderfolgende Amtsperioden sinnvoller, wie dies etwa in Argentinien, Brasilien oder den USA möglich ist (selbst wenn angesichts der gegenwärtigen Präsidenten Jair Bolsonaro und Donald Trump das Argument vorderhand nicht zu überzeugen vermag). Auch Finnland und Frankreich, um zwei europäische Beispiele zu nennen, haben dies so geregelt.

Werden solche Amtszeitbeschränkungen aufgehoben oder umgangen, gilt es sorgsam zu prüfen, ob dahinter autoritäre Machterhaltungsstrategien stehen. In Venezuela ermöglichte ein Verfassungsreferendum 2009 im zweiten Anlauf eine unbegrenzte Wiederwahl des Populisten Hugo Chávez, der insgesamt vier Mal siegreich aus Präsidentschaftswahlen hervorging. Ihm machte es Daniel Ortega in Nicaragua nach, der während des sandinistischen Revolutionsregimes bereits zwischen 1985 und 1990 das gewählte Präsidentenamt innehatte. Nach seiner Wahl 2006 konnte er auch 2011 und 2016 wiedergewählt werden. Zuvor hatte er erfolgreich vor dem Obersten Gerichtshof gegen das Wiederwahlverbot geklagt und per Verfassungsreform 2014 schließlich die unbeschränkte Wiederwahl durchgesetzt.[146] Beide Länder drifteten in den Autoritarismus ab. Auch im Nachbarland Honduras entschied der dortige Oberste Gerichtshof im Jahr 2015, dass das in der Verfassung verankerte Wiederwahlverbot[147] nicht anwend-

---

145 CDL-AD(2018)10.
146 Vgl. Nolte 2015.
147 Art. 4 der Verfassung von 1982 schreibt vor, dass der Wechsel in der Ausübung des Präsidentenamts verpflichtend ist.

bar sei, sodass dem amtierenden Präsidenten Juan Orlando Hernández eine erneute Kandidatur bei den Wahlen 2017 möglich war. In Ecuador erlaubt die Verfassungsreform von 2015 eine unbegrenzt häufige Wiederwahl des Präsidenten ab 2021 – nachdem dem ehemaligen Präsidenten Rafael Correa 2017 noch eine erneute Wahl verwehrt geblieben war. In Paraguay ließ der Präsident Horacio Cartes im Jahr 2017 erst nach heftigem Bürgerprotesten von dem Vorhaben der Wiederwahl ab. Evo Morales, der Bolivien ab 2005 regierte, hatte hingegen mit Hilfe des Verfassungsgerichts die Verfassung gebeugt, um 2019 zum vierten Mal hintereinander bei den Präsidentschaftswahlen antreten zu dürfen, und setzte sich so über das Ergebnis eines Verfassungsreferendums aus dem Jahr 2016 hinweg, die Amtszeitbeschränkung nicht aufzuheben. Er scheiterte freilich mit seinem Versuch, sich bereits im ersten Wahlgang als Sieger ausrufen zu lassen. Infolge von Massenprotesten gegen mutmaßlichen Wahlbetrug und auf Betreiben des Militärs trat er zurück.

Mit der Gefahr einer autokratischen Entwicklung argumentierte auch die Venedig-Kommission, als sie die Amtszeitbeschränkung in Kirgistan begrüßte und deren Aufhebung in Belarus und Aserbaidschan kritisierte. Nachdem der 1994 gewählte belarussische Präsident Lukaschenka bereits 1996 mittels eines Verfassungsreferendums seine fünfjährige Amtszeit bis 2001 verlängert hatte (indem diese mit Inkrafttreten der Verfassungsreform neu berechnet wurde), ließ er über ein neuerliches Referendum die verfassungsmäßige Beschränkung auf zwei Wahlperioden im Jahr 2004 aufheben. 2015 wurde er inzwischen zum fünften Mal in Folge gewählt. In Aserbaidschan hielt Ilham Aliyev im Jahr 2009 ein entsprechendes Referendum ab und trat nach den Wahlen 2018 seine vierte Amtszeit an. Subtiler ging Wladimir Putin in Russland vor: Nach zwei aufeinanderfolgenden Amtsperioden zwischen 2000 und 2008 als gewählter Staatspräsident nahm er zwischen 2008 und 2012 das Amt des Ministerpräsidenten ein und überließ Dmitri Medwedew die Präsidentschaft. Danach rochierten die beiden wieder im Amt, und Putin konnte sich 2012 und 2018 erneut verfassungsgemäß zum Präsidenten wählen lassen. Die Verfassungsreform von 2020 ermöglicht ihm nun, 2024 und 2030 erneut zur Wahl anzutreten. Den Präsidenten in den zentralasiatischen Autokratien Tadschikistan, Turkmenistan und Usbekistan wiederum ist – anders als in Kirgistan – inzwischen die unbeschränkte Wiederwahl erlaubt. In Turkmenistan ernannte das Parlament 1999 sogar den damaligen Präsidenten fast schon „in nordkoreanischer Weise"[148] gleich auf Lebenszeit. Diese endete jedoch bereits 2006. Auf den fernöstlichen Philippinen, wo der Präsident ebenfalls direkt gewählt wird, bleibt abzuwarten, ob Duerte wirklich 2022 verfassungsgemäß nicht erneut zur Wahl antritt.[149] Immerhin hat er eine komfortable Parlamentsmehrheit für eine Verfassungsänderung hinter sich. Noch besteht dort, wie etwa auch in Indonesien, eine Beschränkung der Amtszeit auf zwei Wahlperioden.

In Afrika südlich der Sahara sind im Zuge der Einführung von Mehrparteienwahlen in den 1990er Jahren in 34 Ländern Wiederwahlverbote eingeführt worden, darunter auch in etlichen Wahlautokratien. Noch immer ist dort die Begrenzung auf zwei aufeinanderfolgende Amtsperioden gebräuchlich und wird auch teilweise eingehalten. Als positive Beispiele können etwa Ghana angeführt werden, wo es seit der Wiedereinführung von Mehrparteienwahlen in den 1990er Jahren mehrfach zu Regierungswechseln und auch einem Machtwechsel per Wahlen kam, oder Namibia, wo sich die Präsidenten der seit 1989 regierenden SWAPO an die Amtszeitbeschränkungen halten. Selbst die Amtsinhaber in Angola, Mosambik und Tansania haben trotz aller Einschränkungen politischer Rechte das Wiederwahlverbot nach zwei Amtszeiten beachtet. Versuche, das Wiederwahlverbot aufzuheben, scheiterten etwa in Sambia, wo Frederick Chiluba nach zwei erfolgreichen Wahlen (1991, 1996) erfolglos versuchte, die Verfassung zu ändern, um ein drittes Mal kandidieren zu dürfen. In Burkina Faso verhinderten Massenproteste 2014 die Versuche des langjährigen Präsidenten Blaise Compaoré, sich per Verfassungsreform eine weitere Amtszeit zu genehmigen. Dort wurde 2015 mit Roch Marc Kaboré ein neuer Präsident gewählt. Ein neuer Verfassungsentwurf sieht eine Beschränkung auf zwei aufeinanderfolgende Amtsperioden vor. Eine solche wurde 2016 auch in Côte d'Ivoire per Verfassungsreform eingeführt.

Selbst in Togo verabschiedete das Parlament 2019 eine Verfassungsänderung, die eine Beschränkung auf zwei Amtszeiten vorsieht (die 2005 aufgehoben worden war), doch gilt diese nicht rückwirkend. So konnte sich der seit 2005 regierende Präsident Faure Gnassingbé auch im Jahr 2020 wiederwählen lassen

---

148 Hartmann 2006: 246.
149 So etwa Thompson 2019: 150.

und darf 2025 erneut kandidieren.[150] Die Dauerherrschaft der Familie Gnassingbé, die seit über 50 Jahren (als längste Dynastie Afrikas) das Land regiert, hält also an. Andere Autokraten ignorierten, wie in Burundi (2015), trotz aller Proteste einfach das Wiederwahlverbot oder hoben es, wie in Uganda (2005), Kongo-Brazzaville (2015), Ruanda (2015) und Guinea (2020), per Verfassungsreform auf. Die dortigen Präsidenten begehen bereits ihre dritte bzw. fünfte (gewählte) Amtszeit. Auch im Tschad trat Idriss Déby nach den Wahlen 2016 inzwischen seine fünfte Amtsperiode an. In Kamerun war und ist ein Wiederwahlverbot erst gar nicht in Sicht. Der dort seit 1982 regierende Langzeitpräsident Paul Biya ließ sich zunächst in Einparteiwahlen (1984, 1988) und danach in nicht demokratischen Mehrparteienwahlen (1992, 1997, 2004, 2011, 2018) wählen. In Nordafrika wiederum hebelte der – 2014 und 2018 mit jeweils (verdächtigen) 97 % der Stimmen gewählte – ägyptische Präsident Abdel Fattah al-Sisi erst vor Kurzem das in der Verfassung vorgesehene Wiederwahlverbot nach zwei Amtszeiten aus. Eine Verfassungsreform, die im April 2019 in einer Volksabstimmung angenommen wurde, verlängerte seine eigentlich 2022 endende zweite Amtsperiode um zwei Jahre und ermöglicht ihm eine Wiederwahl für weitere sechs Jahre.

Nun könnte eingewandt werden, dass auch in Deutschland frühere Bundeskanzler mitunter sehr lange im Amt waren und die jetzige Bundeskanzlerin es ihnen gleichtut. Konrad Adenauer (1949–1963) brachte es auf 14 Jahre, Helmut Kohl (1982–1998) gar auf 16 Jahre, und Angela Merkel (seit 2005) wird, wenn sie bis 2021 im Amt bleiben sollte, ebenfalls 16 Jahre an der Spitze der Regierung gestanden haben. Tatsächlich sind so lange Regierungszeiten eine kritische Diskussion wert. Allerdings unterscheiden sich die Regierungschefs in parlamentarischen Systemen von direkt gewählten Präsidentinnen und Präsidenten in präsidentiellen Systemen bereits darin, dass sie stets vom Vertrauen des Parlaments und *de facto* auch von den sie tragenden Parteien und Parteibündnissen abhängig sind und jederzeit aus politischen Gründen abgesetzt werden können, in Deutschland etwa mittels eines konstruktiven Misstrauensvotums. Solange die Parlamente in parlamentarischen Systemen ihre demokratischen Wahl- und Kontrollfunktionen erfüllen, ist eine Analogie zu Wiederwahlverboten in präsidentiellen Systemen daher nicht angebracht.[151]

---

150 Vgl. Preuss 2020.
151 Siehe auch: CDL-AD(2018)010.

Präsidentielle Systeme zeichnen sich hingegen „im Normalbetrieb" dadurch aus, dass die Präsidentinnen und Präsidenten über eine eigenständige Legitimation verfügen, also nicht auf eine Parlamentsmehrheit angewiesen sind und nicht vom Parlament abgesetzt werden können, es sei denn durch ein Amtsenthebungsverfahren. Ein solches *impeachment*-Verfahren benötigt aber für gewöhnlich qualifizierte parlamentarische Mehrheiten und sollte nur in besonderen Ausnahmesituationen (z.B. Amtsmissbrauch) zur Anwendung kommen – selbst wenn es zugegebenermaßen in Lateinamerika schon des Öfteren benutzt wurde, um den Präsidenten abzusetzen.[152] Doch selbst dort stellt es einen außergewöhnlichen Versuch dar, unter einer (verfassungsrechtlich mitunter umstrittenen) Ausnutzung eines institutionellen Kontrollverfahrens eine politische Krise zu meistern. Selten besteht zudem die Möglichkeit für *recall*-Referenden, auf die am Ende des Buchs noch kurz eingegangen wird. Verbunden mit der oft großen Macht von Präsidentinnen und Präsidenten als Staats- und Regierungschefs in präsidentiellen Systemen dienen daher Wiederwahlverbote dazu, einer auf Dauer angelegten Machtkonzentration vorzubeugen.

Auf eine kleine Besonderheit sei abschließend noch hingewiesen: Da es ein geschicktes Manöver sein kann, Familienmitglieder in höchste Ämter wählen zu lassen, um die Macht innerhalb der Familie zu sichern oder auch Wiederwahlverbote zu umgehen, gibt es in einzelnen Ländern Nepotismusklauseln. In Guatemala ist es beispielsweise dem Ehepartner eines aktuellen oder ehemaligen Präsidenten verwehrt, sich um das Amt zu bewerben. Erst nach ihrer Scheidung vom ehemaligen Präsidenten Álvaro Colom Caballeros (2008–2012) konnte daher Sandra Torres bei den dortigen Präsidentschaftswahlen 2018 antreten, wenn auch ohne Erfolg. Weit verbreitet sind solche Klauseln allerdings auch in Lateinamerika nicht: In Argentinien wechselten sich beispielsweise vor nicht allzu langer Zeit Nestór Kirchner (2003–2007) und seine Ehefrau Cristina Fernández de Kirchner (2007–2015) im Präsidentenamt ab. 2019 wurde Fernández de Kirchner zudem als Vizepräsidentin wiedergewählt. Tatsächlich sind in vielen Staaten weltweit Wahlen geradezu *family affairs*. Dazu gehören Demokratien wie Indien und schon gar zahlreiche Autokratien. In Tadschikistan, um nur ein Beispiel zu nennen, hat Präsident Emomalij Rahmon seine gesamte Familie in einflussreiche Positionen gebracht, um sein Erbe – und seine Straflosigkeit –

---

152 Vgl. Krennerich 1999, Pérez-Liñán 2007.

zu sichern. Mitten in Europa bereitete der belarussische Präsident Lukaschenka seinen Sohn auf die Übernahme des höchsten Staatsamts vor – angesichts der Proteste 2020 wohl vergeblich.

Die Zulassung politischer Parteien

Für eine demokratische Wahl unabdingbar ist, dass Personen, die über das passive Wahlrecht verfügen, auch *de facto* zu Wahlen antreten können. Bei nationalen Wahlen, schon gar jenen zum Parlament, sind diese für gewöhnlich in politischen Parteien organisiert oder werden von Wählervereinigungen unterstützt. Daher geht mit dem passiven Wahlrecht aufs Engste auch die Vereinigungsfreiheit einher. Die Wahlberechtigten müssen sich in politischen Parteien und Wählervereinigungen frei organisieren können.

Der eigentlichen Wahlregistrierung von Parteien vorgeschaltet sind dabei die Fragen, welchen rechtlichen Status politische Parteien in den jeweiligen Ländern innehaben und unter welchen Bedingungen sie anerkannt werden. Für gewöhnlich haben Demokratien (und formal auch viele Wahlautokratien) nicht nur die Vereinigungsfreiheit verfassungsrechtlich garantiert, sondern etliche Verfassungen nehmen mittlerweile auch ausdrücklich auf politische Parteien Bezug. Der Prozess einer solchen *party constitutionalization*[153] hat – mit einer Handvoll Ausnahmen wie etwa Belgien, Dänemark, Irland und den Niederlanden – die meisten Länder Europas erfasst. Dabei unterscheiden sich die Verfassungen allerdings erheblich darin, wie umfassend sie auf Parteien eingehen. Während die Verfassungen einiger Staaten die Parteien nur kurz erwähnen (z. B. Island, Lettland), enthalten sie andernorts (z. B. Portugal, Griechenland) zahlreiche Bestimmungen zu ihnen. Unter den „Frühstartern" der Konstitutionalisierung von Parteien in Europa (Island, Österreich, Italien, Bundesrepublik Deutschland) verankert das deutsche Grundgesetz die politischen Parteien besonders deutlich. „Die Parteien wirken bei der politischen Willensbildung des Volkes mit", lautet der erste Satz von Art. 21 (1) des Grundgesetzes, dem etliche allgemeine Regelungen für Parteien folgen. Auffällig ist: Gerade in europäischen Staaten mit einer autoritären oder totalitären Vergangenheit wird vielfach bereits in den Ver-

---

153 Unter *party constitutionalization* versteht van Biezen (2014: 94) die ausdrückliche Referenz auf politische Parteien, sei es als direkte oder indirekte Subjekte, in nationalen Verfassungen.

fassungen die Bedeutung von politischen Parteien für demokratische Prinzipien, wie etwa Partizipation, Pluralismus und Volkssouveränität, hervorgehoben.[154]

Auch eigenständige Parteiengesetze[155] sind weltweit ein vergleichsweise junges Phänomen.[156] Hier nahm das Parteiengesetz (1967) der Bundesrepublik Deutschland eine echte Vorreiterrolle ein, auch wenn es weltweit nicht das erste seiner Art war. Diese Ehre kommt mutmaßlich dem *Ley de Partidos Políticos, Reuniones Públicas y Manifestaciones* (1964) in Venezuela zu.[157] Ähnlich wie bei der „Konstitutionalisierung" der Parteien stieg in Europa die Zahl der Parteiengesetze vor allem im Rahmen der Unabhängigkeits- und Demokratisierungsprozesse in Ostmitteleuropa. Allerdings verfügen nicht alle Demokratien (oder Wahlautokratien) in Europa und anderen Weltregionen über eigenständige Parteiengesetze. Für eine funktionierende Demokratie ist dies aber auch nicht unbedingt vonnöten, solange notwendige Vorschriften, etwa bezüglich der Parteien- und Wahlkampffinanzierung, an anderer Stelle gesetzlich geregelt sind und gewährleistet ist, dass sich die Menschen in politischen Parteien frei organisieren dürfen und politische Parteien effektiv an der demokratischen Willensbildung mitwirken können. Ein pluralistischer Parteienwettbewerb, vor allem auch bei Wahlen, sollte garantiert sein und weder *de jure* noch *de facto* unzulässig eingeschränkt werden. Schlanke Parteiengesetze können dabei sogar von Vorteil sein, weil Parteiengesetze eben nicht nur Rechte beinhalten, die eine freie Gründung und Betätigung von politischen Parteien ermöglichen, sondern für gewöhnlich auch Vorschriften, die benutzt werden können, um Parteien nicht zu registrieren oder gar zu verbieten.

Keine Verletzung der Vereinigungsfreiheit stellt grundsätzlich das Erfordernis dar, dass sich politische Vereinigungen registrieren lassen müssen, um einen legalen Status als politische Partei zu erhalten. Dies ist gerade dann sinnvoll, wenn politische Parteien rechtliche Privilegien, etwa im Zusammenhang mit Wahlen, genießen und staatliche Zuschüsse erhalten, die andere Vereinigungen nicht bekommen. Allerdings müssen die Registrierungsbedingungen dem Verfahren und der Sache nach angemessen sein. Vor allem die Gründe für eine

---

154 Van Biezen 2014: 103 f.

155 Hier sind ausgewiesene Parteiengesetze im engeren Sinne gemeint und nicht etwa rechtliche Regelungen zu Parteien, die sich in anderen Gesetzen finden.

156 Vgl. Karvonen 2007 und für Lateinamerika: Bareiro/Soto 2019a.

157 Vgl. Casal Bértoa et al. 2014: 122.

Nichtanerkennung von Parteien sind rechtlich verbindlich festzulegen und müssen legitime Ziele verfolgen.

In der Bundesrepublik Deutschland, dem „*heartland of Party Law*",[158] bekräftigt das Parteiengesetz nicht nur, dass die Parteien „ein verfassungsrechtlich notwendiger Bestandteil der freiheitlichen demokratischen Grundordnung" sind (§ 1 (1), Satz 1 PartG). Das Grundgesetz verlangt auch von den Parteien, dass ihre innere Ordnung demokratischen Grundsätzen entspricht und dass sie über die Herkunft und Verwendung ihrer Mittel sowie über ihr Vermögen öffentlich Rechenschaft geben. Auch dürfen sie gemäß dem Wortlaut des Grundgesetzes in ihren Zielen oder in ihrem Verhalten die freiheitliche demokratische Grundordnung weder beeinträchtigen noch beseitigen oder den Bestand der Bundesrepublik Deutschland gefährden. Das Parteiengesetz erkennt dabei nur solche „Vereinigungen von Bürgern" als Parteien an, „die dauernd oder für längere Zeit für den Bereich des Bundes oder eines Landes auf die politische Willensbildung Einfluss nehmen und an der Vertretung des Volkes im Deutschen Bundestag oder einem Landtag mitwirken wollen, wenn sie nach dem Gesamtbild der tatsächlichen Verhältnisse, insbesondere nach Umfang und Festigkeit ihrer Organisation, nach der Zahl ihrer Mitglieder und nach ihrem Hervortreten in der Öffentlichkeit eine ausreichende Gewähr für die Ernsthaftigkeit dieser Zielsetzung bieten" (§ 2 (1) PartG). Ausländische Staatsangehörige dürfen laut Parteiengesetz zwar hierzulande Parteimitglieder sein, doch dürfen sie nicht die Mehrheit der Mitglieder oder des Vorstands stellen, soll die Vereinigung als Partei anerkannt werden. Außerdem darf die Vereinigung nicht ihren Sitz oder ihre Geschäftsleitung außerhalb Deutschlands haben. Ihre Rechtsstellung als Partei verliert eine Vereinigung, wenn sie sechs Jahre lang weder an einer Bundestagswahl noch an einer Landtagswahl mit eigenen Wahlvorschlägen teilgenommen hat oder sechs Jahre lang keine Rechenschaftsberichte vorgelegt hat. Zugleich enthält das Parteiengesetz eine Reihe von Bestimmungen, welche beispielsweise die innere Ordnung, die Aufstellung von Wahlbewerbern und die Rechenschaftslegung betreffen.

Die Verfassungen, Parteiengesetze oder anderweitigen Registrierungsvorschriften für Parteien innerhalb und außerhalb Europas[159] betreffen teils ähnli-

---

158 Müller/Sieberer 2005: 435.
159 Für Lateinamerika ausführlich: Bareiro/Soto 2019a.

che Bereiche, unterscheiden sich aber hinsichtlich Inhalt, Reichweite und Regelungsdichte mitunter erheblich. Das fängt bereits bei der Parteiidentifikation an. So können ausdrücklich solche Parteinamen untersagt sein, die bereits bestehenden Namen ähneln, oder solche, die bereits im Namen etwa zu Gewalt oder Rassismus aufrufen.[160] Auch bestimmte Symbole, etwa nationaler oder religiöser Art, sind mitunter nicht erlaubt. In einigen Staaten, in Europa etwa in Albanien und Bulgarien, sind „ethnische Parteien" verboten. Andernorts, etwa in Rumänien und Ungarn, wiederum werden Parteien nationaler Minderheiten rechtlich ausdrücklich zugelassen.[161] Für gewöhnlich müssen Parteien auch ihr Statut und ihr Programm vorlegen. Hier kann es Vorgaben zur internen Struktur der Partei, ihren Mitgliedern und ihren Entscheidungsprozessen geben. Ebenso wie in Deutschland ist etwa in der Tschechischen Republik, Spanien, Polen und Portugal eine demokratische interne Struktur gefordert. Dasselbe gilt für etliche lateinamerikanische Staaten, von denen einige interne Parteiwahlen verpflichtend vorschreiben.[162]

In vielen Demokratien weltweit wird zudem politischen Parteien das programmatische Bekenntnis zu Demokratie abverlangt und eine antidemokratische Ausrichtung verboten. Häufig ist die Anerkennung von Parteien auch an die Bedingung gebunden, dass diese keinen Hass und keine Gewalt propagieren und die verfassungsmäßige Ordnung oder die nationale Einheit nicht gefährden. Weiterhin ist der legale Status von politischen Parteien oft abhängig vom: Antreten bei Wahlen, dem Erlangen einer Mindestanzahl an Stimmen oder dem Nachweis einer bestimmten Zahl an Mitgliedern oder Unterstützern. Damit einher geht in einigen Fällen auch der Nachweis über eine gewisse geografische Präsenz im Land, um *regionalism* entgegenzuwirken und nationale Parteien zu fördern. Mögliche wirtschaftliche Vorgaben wiederum betreffen – neben der Zahlung von Registrierungsgebühren – etwa Rechenschaftspflichten oder das

---

160 Im Falle der Kommunistischen Partei der Türkei entschied allerdings der Europäische Gerichtshof für Menschenrechte, dass ein unangemessener Name nicht als Begründung für ein Parteienverbot ausreicht; *United Communist Party of Turkey and Others v. Turkey* (1998).

161 Siehe Rashkova/Spirova 2014 sowie das Kapitel zur Repräsentation nationaler Minderheiten. Auch darf dies nicht darüber hinwegtäuschen, dass die Roma-Minderheiten in beiden Ländern ansonsten teils rechtlich, teils faktisch massiv diskriminiert werden.

162 Für Lateinamerika ausführlich: Freidenberg 2019.

Verbot ausländischer Unterstützung. Eine Finanzierung aus dem Ausland sowie das Überschreiten von Einnahmen- oder Ausgabenbegrenzungen im Wahlkampf können in einigen Ländern zum Entzug des legalen Parteistatus führen.

Während die gesetzlichen Regelungen zu Parteien unterschiedlich liberal oder restriktiv ausfallen können, gilt dies schon gar für die Anwendung solcher Gesetze. So können allzu strikte oder stark auslegungsbedürftige Vorgaben auch dazu genutzt wurden, den Parteienwettbewerb unzulässig einzuschränken. Diese Absicht wird etwa Präsident John Magufuli in Tansania unterstellt; er plant im Vorfeld der Wahlen im Herbst 2020 eine Reform des Parteiengesetzes, das die Registrierung so mancher Oppositionspartei gefährden könnte. Anfällig für Missbrauch sind auch die Regelungen in Ruanda, das von Paul Kagame mit straffer Hand regiert wird. Infolge des Genozids von 1994 ist es dort politischen Parteien verboten, *„basing themselves on race, ethnic group, tribe, lineage, region, sex, religion or any other division which may lead to discrimination.*"[163] Zusätzlich ermöglichen dort stark auslegungsbedürftige Vorschriften des Parteiengesetzes, Parteien zu verbieten, etwa, wenn diese das Image Ruandas beschädigen, sich auf diskriminierende Weise äußern, in ihren Reden Intoleranz befördern oder eine *„genocide ideology"* vertreten.[164]

Parteiverbote – nur mit guten Gründen

Parteiverbote im engeren Sinne sind weitreichender als die Nichtgewährung oder der Entzug der Parteienregistrierung. Sie betreffen nicht nur den Rechtsstatus der Parteien, sondern deren gesamte Existenz. Wurden in den früheren Autokratien oft alle Parteien (mit Ausnahme der etwaigen Regimepartei) verboten, werden in heutigen Wahlautokratien Parteiverbote weit selektiver angewandt. Dabei führen die autokratischen Machthaber oft Gründe an, die auch in Demokratien als Rechtsgrundlage für Parteienverbote gelten können, etwa die Gefährdung der friedlichen Ordnung und der nationalen Einheit, die von extremistischen Parteien ausgeht. In Tadschikistan beispielsweise sind in den vergangenen Jahren verschiedene Oppositionsparteien als extremistische und terroris-

---

163 Art. 7 (1) Organic Law N°10/2013/0LOF 11/07/2013 Governing Political Organizations and Politicians, Official Gazette no Special of 12/07/2013.
164 Ebd. Art. 39.

tische Organisationen verboten worden.[165] Allein: Solche Verbote halten in Autokratien für gewöhnlich keiner Verhältnismäßigkeitsprüfung statt und die Gründe werden oft vorgeschoben, um selbst friedliche Regimekritik zu unterbinden.

Ein deutliches Beispiel für ein rechtlich erwirktes, aber politisch motiviertes Parteienverbot bietet Kambodscha. Dort ließ der seit 1985 amtierende Ministerpräsident Hun Sen im Jahr 2017 das Parteiengesetz ändern. In dessen Folge können all jene politischen Parteien aufgelöst werden, die angeblich zur nationalen Desintegration anstiften und die liberale Mehrparteiendemokratie untergraben. Eine weitere Gesetzesänderung verbot Parteien, „die Stimme, das Bild, schriftliche Dokumente oder Aktivitäten" einer strafrechtlich verurteilten Person zu nutzen und konspirative Pläne von Personen zu unterstützen, die sich gegen die Interessen des Königreichs Kambodscha richten. Im November 2017 löste der Oberste Gerichtshof daraufhin die wichtigste Oppositionspartei auf, die 2013 insgesamt 55 von 123 Parlamentssitzen erlangt hatte. Bei den Wahlen 2018 nahmen zwar 19 Oppositionsparteien, aber keine ernsthafte Opposition mehr teil und die Regierungspartei gewann alle der nunmehr 125 Mandate. Laut Morgenbesser (2019) war damit der Schritt von einem „kompetitiven Autoritarismus" zu einem „hegemonialen Autoritarismus" besiegelt.[166]

Angesichts der autoritären Praxis, missliebige Parteien zu verbieten, ist es umso wichtiger, dass gerade in Demokratien die Begründung und Verhältnismäßigkeit von Parteiverboten – als dem schwersten Eingriff in das Recht, sich frei in Parteien zu vereinigen – besonders streng geprüft werden. In der Bundesrepublik Deutschland kann nur das Bundesverfassungsgericht (auf Antrag des Bundestags, des Bundesrats oder der Bundesregierung) über die Verfassungswidrigkeit einer Partei und damit ein Parteiverbot entscheiden. Die Anforderungen sind allerdings sehr hoch: Für ein Verbot bedarf es des Nachweises einer aggressiven kämpferischen Haltung gegenüber den grundlegenden Prinzipien der freiheitlichen demokratischen Grundordnung der Bundesrepublik Deutschland und eines aktiven Handelns, das die Beseitigung dieser Grundordnung bezweckt

---

165 Vgl. den ODIHR-Bericht im Vorfeld der Parlamentswahlen 2020.

166 Der Begriff der „Kompetitivität" wurde hier im Sinne des Bestehens eines parteilichen Wettbewerbs benutzt, nicht aber – wie in dem vorliegenden Buch – als Ausdruck für demokratischen Wahlen.

und möglich erscheinen lässt. In der Geschichte der Bundesrepublik Deutschland hat das Bundesverfassungsgericht bislang zwei Parteiverbote ausgesprochen, namentlich gegen die Sozialistische Reichspartei (SRP) im Jahr 1952 und gegen die Kommunistische Partei Deutschlands (KPD) im Jahr 1956.[167] NPD-Verbotsanträge waren bisher nicht erfolgreich. Das NPD-Urteil von 2017 hob hervor, dass die Zielsetzung einer Partei allein nicht ausreicht, sondern, dass es gerade auch darauf ankommt, dass deren Handeln eine tatsächliche Bedrohung darstellt.[168]

Auch die Mehrzahl der anderen europäischen Staaten hat rechtliche Vorkehrungen getroffen, um solche politischen Parteien zu verbieten, von denen eine ernsthafte Gefahr für den öffentlichen Frieden, die demokratische Ordnung oder die Einheit des Staats ausgehen. In etlichen Fällen kam es auch zu entsprechenden Parteiverboten. Teils spiegelten diese den Bruch mit der totalitären oder autoritären Vergangenheit wider: In Österreich und Italien wurden nach dem Zweiten Weltkrieg nationalsozialistische Parteien verboten und später entsprechende Verbotsverfahren gegen einzelne Nachfolgeparteien durchgeführt oder angestrengt. In Norwegen, Belgien und den Niederlanden betrafen Verbote einige Parteien, die mit den Nazis kooperiert hatten, sowie später (in den beiden letztgenannten Ländern) weitere rechtsextreme Parteien. Einzelne linksextreme Parteien wurden in Griechenland, Frankreich und Rumänien verboten. Die postkommunistischen Staaten Lettland, Litauen, Moldawien und die Ukraine untersagten 1991 prosowjetische kommunistische Parteien, weil sie in ihnen eine Gefahr für die Konsolidierung der gerade unabhängig gewordenen Staaten sahen. In Kroatien wurde 1995 eine serbische Partei verboten. Gegen sezessionistische Bestrebungen richteten sich das Verbot einer Partei der mazedonischen Minderheit in Bulgarien (2001) sowie das Verbot zweier Parteien in der Ukraine (2014), die für eine (Teil-)Integration des Lands in die Russische Föderation eintraten. Unter dem Vorwurf, separatistische und/oder terroristische Organisationen zu unterstützen, kam es zu Verboten einzelner Parteien in Frankreich, Großbritannien und Spanien. Vor allem aber in der Türkei wurden und sind etliche Parteien verboten, weil sie angeblich den kurdischen Nationalismus oder den Terrorismus förderten und die nationale Einheit bedrohten. Etliche Urteile

---

167 BVerfGE 2, 1; BVerfGE 5, 85.
168 BVerfG Urteil v. 17. Januar 2017 – 2BvB 1/13.

des Europäischen Gerichtshofs für Menschenrechte sahen in den dortigen Verboten eine Verletzung der EMRK.[169]

Die Wahlregistrierung von Kandidatinnen, Kandidaten und Parteien

Selbst wenn sich die Registrierungsvorschriften für die Anerkennung von Parteien und für die Wahlteilnahme von Parteien teilweise überschneiden, sind, systematisch betrachtet, beide Prozesse voneinander zu trennen. Demensprechend ist die Zahl der registrierten Parteien und der bei Wahlen zugelassenen Parteien oft nicht identisch. Ebenso wie bei der Parteienregistrierung bestehen hinsichtlich der Zulassung zu Wahlen eine Reihe von Ähnlichkeiten, aber auch etliche Unterschiede zwischen den Ländern. So unterscheiden sich selbst demokratische Staaten bereits dahingehend, ob politische Parteien über das Monopol der Kandidatenaufstellung verfügen, wie dies in Lateinamerika beispielsweise noch in Argentinien, Brasilien, Costa Rica und Uruguay der Fall ist, während ein solches Monopol in anderen Ländern der Region, u.a. in Bolivien, Chile, der Dominikanischen Republik, Honduras, Kolumbien, Panama und Paraguay, inzwischen aufgebrochen wurde, in Paraguay sogar auf Grundlage eines Urteils des Obersten Gerichtshofs. Mehr und mehr lateinamerikanische Länder lassen unabhängige Kandidaturen für Präsidentschafts- und/oder Parlamentswahlen zu, wobei sie sich allerdings darin unterscheiden, ob diese sich selbst aufstellen dürfen *(candidatos independientes)* oder von Wählervereinigungen *(candidatos no partidarios)* aufgestellt werden müssen.[170] Vorzüge und Nachteile eines Kandidaturmonopols der Parteien werden in der Region durchaus kontrovers diskutiert: Während in dem Aufbrechen des Monopols einerseits die Gefahr gesehen wird, politische Parteien und deren Repräsentationskraft (noch mehr) zu schwächen, wird andererseits auf das passive Wahlrecht hingewiesen, dessen Nutzung auch ohne Parteibindung möglich sein sollte. Der Interamerikanische Gerichtshof für Menschenrechte hielt 2008 im Rechtsstreit *Castañeda Gutman v. Estados Unidos Mexicanos* beide Varianten mit der Amerikanischen Menschenrechtskonvention vereinbar.

---

169 *Socialist Party and Others v. Turkey* (1998); *Freedom and Democracy Party (ÖZDEP) v. Turkey* (1998); *Yazar, Karatas, Aksoy and the People's Labour Party (HEP) v. Turkey* (2002); *HADEP and Demir v. Turkey* (2010); *Party for a Democratic Society (DTP) and Others v. Turkey* (2016).

170 Vgl. Fernández Segado/Cuéllar/Rodriguez R. 2019.

ODIHR-Wahlbeobachtungsmissionen wiederum fordern, dass Kandidaturen von Einzelpersonen bei nationalen Wahlen erlaubt sein sollen. Sie können sich hierbei auf das *Dokument des Kopenhagener Treffens der Konferenz über die menschliche Dimension der KSZE* von 1990 berufen. Mit diesem verpflichteten sich die KSZE- bzw. OSZE-Staaten, das Recht der Bürger zu achten, „sich ohne Benachteiligung um politische oder öffentliche Ämter zu bewerben, sei es als Einzelperson oder als Vertreter politischer Parteien oder Organisationen" (Abs. 7.5). Allerdings sind unabhängige Kandidaturen von Einzelpersonen bei Parlamentswahlen in wahlsystematischer Hinsicht[171] nicht überall sinnvoll. Bei einer Verhältniswahl mit starren Parteilisten in großen Wahlkreisen oder auf nationaler Ebene beispielsweise haben Einzelbewerber so gut wie keine Chance, bei der Mandatsvergabe berücksichtigt zu werden. In Ländern hingegen, in denen Parlamentsmandate ganz oder teilweise in Einerwahlkreisen (oder kleinen Mehrpersonenwahlkreisen) vergeben werden, sind parteiunabhängige Kandidaturen von Einzelpersonen gut möglich.

Dies gilt schon gar für Präsidentschaftswahlen, bei denen einzelne Personen gewählt werden. Auch hier können funktionale Gesichtspunkte, denen zufolge es sinnvoll ist, dass Präsidentschaftskandidatinnen und -kandidaten sich auf die Nominierung durch Parteien oder Wahlbündnisse und damit deren politischen Rückhalt stützen können, in Konflikt mit dem passiven Wahlrecht geraten. In diesem Sinne empfahl die EU-Wahlbeobachtungskommission der EU beispielsweise vor kurzem El Salvador, unabhängige Kandidaturen für die Präsidentschaftswahlen zuzulassen.[172] Und selbst dort, wo Parteien über ein Kandidaturmonopol verfügen, darf dieses nicht allzu streng angewandt werden. Besonders restriktiv und problematisch ist die Regelung in Indonesien: Nachdem die Präsidentschafts- und Parlamentswahlen für 2019 erstmals zusammengelegt wurden, dürfen nur Parteien oder Parteienkoalitionen, die mindestens 20 % Parlamentsmandate oder 25 % der Stimmen bei den *vorangegangenen* Parlamentswahlen erzielt haben, auch Präsidentschaftskandidatinnen und -kandidaten aufstellen. Umgekehrt ist es allerdings auch problematisch, wenn das Wahlrecht nur

---

171 Siehe das Kapitel zu Wahlsystemen.
172 Siehe die Presseerklärung der EU-Wahlbeobachtungsmission zu den Präsidentschaftswahlen 2019 in El Salvador.

parteiunabhängige Kandidaturen zulässt, wie dies etwa bei den Wahlen in Singapur der Fall ist.

Vielfach müssen die Parteien und Personen, die bei Wahlen antreten, ein gewisses Maß an Rückhalt vorweisen, um zu belegen, dass es sich um ernsthafte, unterstützungswürdige Bewerbungen handelt. Während von im Parlament vertretenen Parteien ein solcher Nachweis oft nicht mehr verlangt wird, bedürfen außerparlamentarische Parteien häufig einer bestimmten Anzahl an Unterschriften von Wahlberechtigten. Gemäß internationalen Wahlstandards sollte jedoch die erforderliche Zahl nicht zu hoch sein, um keine unzulässigen Hindernisse für Wahlbewerbungen aufzubauen. 1 % der Wahlberechtigten des jeweiligen lokalen, regionalen oder nationalen Wahlkreises stellt das Limit dar, das beispielsweise die Venedig-Kommission des Europarats – zugegebenermaßen willkürlich – gesetzt hat. Umstritten ist dabei, ob Wahlberechtige jeweils nur auf einer oder zugleich auf mehreren Unterstützungslisten unterschreiben dürfen, wie dies ODIHR etwa im Falle Nordmazedoniens und Sloweniens angemahnt hat.[173] Für Letzteres spricht die Idee, dass Wahlberechtigten, selbst wenn sie nur eine Partei wählen können, ermöglicht wird, mit ihren Unterschriften einen pluralistischen Wahlwettbewerb zu befördern.

In manchen Ländern liegt die erforderliche Anzahl an Unterschriften höher als 1 %, so etwa in Montenegro, wo für Präsidentschaftkandidaturen Unterschriften von 1,5 % der registrierten Wählerinnen und Wähler nötig sind, oder, um einige lateinamerikanische Beispiele zu nennen, in Peru, Ecuador und Venezuela, wo 4 % bis 5 % der eingeschriebenen Wahlberechtigten für unabhängige Kandidaturen vorgesehen sind. Um das passive Wahlrecht nicht zu unterminieren, ist es oft ratsam, die Kandidaturvoraussetzungen zu senken. In dem ohnehin restriktiv gehandhabten Registrierungsprozess Russlands, wo 2018 rund 109 Millionen Wahlberechtigte registriert waren, wurde auf Betreiben von ODIHR beispielsweise im Mai 2012 die nötige Zahl an Unterstützungsunterschriften für Präsidentschaftskandidaturen von 2 Millionen auf 300.000 für selbsternannte Kandidaturen und auf 100.000 für Kandidaturen von außerparlamentarischen Parteien gesenkt. Kandidatinnen und Kandidaten der im Parlament vertretenen Parteien benötigten dort hingegen keinen entsprechenden Nachweis. Aus Sicht

---

173 Vgl. die ODIHR-Berichte zu den Wahlen in Slowenien 2017 und Nordmazedonien 2019.

des allgemeinen passiven Wahlrechts sind jedoch allzu große Anforderungsunterschiede zwischen parlamentarischen und nicht parlamentarischen Parteien problematisch, selbst wenn damit sichergestellt werden soll, dass die Kandidaturen ein Mindestmaß an gesellschaftlicher Unterstützung genießen.

Dies gilt umso mehr, als die Überprüfung der Unterstützungsunterschriften nicht nur zeitaufwendig, sondern auch anfällig für Missbrauch ist. Das ist besonders dann der Fall, wenn nicht alle, sondern nur ein im Wahlgesetz vorgeschriebener Anteil der Unterschriften (in Russland: 20%) geprüft und die gesamte Liste bei einem gewissen Anteil an ungültigen Unterschriften (in Russland: 5% der geprüften Unterschriften) annulliert wird. Angesichts oft lückenhafter Angaben oder anderer kleinerer technischer Mängel auf den Unterschriftenlisten kann dies rasch zu Kandidaturausschlüssen führen und von autokratischen Machthabern missbraucht werden, um den Wahlwettbewerb in ihrem Sinne zu „strukturieren". Bei den russischen Präsidentschaftswahlen 2018 reichten 36 Personen ihre Bewerbungsunterlagen ein. Lediglich 19 wurde erlaubt, Unterschriften zu sammeln. Von den übrigen erhoben fünf Personen erfolglos Klage gegen ihren Ausschluss. Von den 16 Bewerberinnen und Bewerbern, die letztlich Unterschriftenlisten vorlegten, wurden sechs zugelassen. Hinzu kamen zwei Kandidaten von im Parlament vertretenen Parteien.[174]

Einen einzigartigen Fall stellen die geplanten Präsidentschaftswahlen in Algerien von Juli 2019 dar. Nachdem der dortige Langzeitherrscher Abd al Aziz Bouteflika aufgrund von Massenprotesten seinen Rücktritt erklärt hatte, mussten die vom „Algerischen Verfassungsrat" für den 4. Juli 2019 angesetzten Wahlen verschoben werden, da nur zwei (kaum bekannte) Bewerber ihre Kandidatur angemeldet hatten, die beide nicht die nötigen Unterschriften vorlegen konnten. Das Problem lag freilich weniger an allzu hohen Kandidaturvoraussetzungen, namentlich einer geforderten Unterstützung von 60.000 Staatsangehörigen oder 600 Amtsträgern. Ein Teil der Bevölkerung lehnte vielmehr eine Wahl unter der Ägide der alten Elite ab. Dementsprechend kam es auch bei den im Dezember 2019 wiederholten Wahlen, bei denen fünf Kandidaten, allesamt Vertraute des ehemaligen Machthabers, antraten, zu Protesten.

Ohnehin ist zu bedenken, dass Wahlberechtigte mit ihrer Unterschrift preisgeben, welche Personen oder Parteien sie unterstützen. Dies kann gerade in au-

---

174 Vgl. den ODIHR-Bericht zu den Präsidentschaftswahlen 2018.

toritären Kontexten nicht unproblematisch sein. Eine in etlichen Staaten praktizierte Alternative besteht darin, dass kandidierende Personen und Parteien keine Unterstützungsunterschriften vorlegen, sondern eine Gebühr bezahlen müssen, die nicht rückerstattet wird, oder (weit öfter) eine Kaution hinterlegen müssen, die sie bei der Erlangung eines festgelegten Mindestanteils an Stimmen zurückerhalten. Auch dies soll sicherstellen, dass die Kandidatur ernsthaft erfolgt und keine „Spaßkandidatur" ist. Da die Probleme von Unterstützungsunterschriften damit vermieden werden, wird dieses Verfahren mitunter von internationalen Wahlbeobachtungsteams bevorzugt. Doch wird die Kanditatur dann von finanziellen Möglichkeiten abhängig gemacht und nicht von der politischen Unterstützung. Deswegen gilt, dass die Gebühr oder Kaution nicht zu hoch sein sollte, ebenso wie der nötige Stimmenanteil zur Rückerstattung der Kaution.

In Sierra Leone sind aber beispielsweise die Gebühren für Kandidaturen so hoch, dass sie, verbunden mit den ungleichen finanziellen Ressourcen von Parteien und Kandidatinnen, offenkundig große Parteien, wohlhabende Personen und Männer bevorteilen.[175] Ähnliches gilt für manch andere Länder, wie etwa den Libanon. Besonders hohe Kautionen werden auch in Malaysia und Singapur gefordert.[176] Um Frauen die Kandidatur zu erleichtern, hat Malawi eine interessante Maßnahme ergriffen: Dort wurden die Gebühren für Kandidatinnen um 50 % gesenkt. Auch erstattete eine dortige grassroots-Kampagne *(50-50 campaign)* in einigen Wahlkreisen Frauen die Kandidaturgebühren zurück.[177] Besonders niedrig liegen die Kandidaturvoraussetzungen hingegen etwa in Großbritannien, Irland und Malta. Auf Malta wurde für eine Kandidatur bei den Parlamentswahlen 2016 nur die Unterstützung von vier Personen im Wahlkreis und eine Kaution von 90 Euro benötigt; in Großbritannien war bei den Parlamentswahlen von 2019 die Unterstützung von zehn registrierten Wahlberechtigten und eine Kaution von 500 britischen Pfund nötig, in Irland 2020 von 30 Wahlberechtigten und eine Kaution von 500 Euro.

Die Entscheidung darüber, ob die Voraussetzung für die Registrierung von Kandidatinnen und Kandidaten sowie von Parteien zu Wahlen erfüllt sind, tref-

---

175 Vgl. den EU-Bericht zu den Wahlen 2018 in Sierra Leone.
176 Barnes, Jordan: „Malaysia's elections process explained", in: *malaymail*, Artikel v. 23. März 2018. Online unter: https://www.malaymail.com/news/malaysia/2018/03/23/malaysias -election-process-explained/1605467 sowie Croissant/Lorenz 2018: 269.
177 Siehe den Bericht der Afrikanische Union zu den Wahlen 2019 in Malawi.

fen für gewöhnlich die Wahlbehörden oder Wahlkommissionen, wobei die Entscheidung auch einer gerichtlichen Überprüfung zugänglich ist oder sein sollte. In Ländern jedoch, in denen die Wahlautoritäten und Gerichte nicht professionell arbeiten oder nicht unabhängig entscheiden können, kann es leicht zu politisch bedingten Kandidaturausschlüssen kommen. Bezugnehmend auf die Voraussetzungen des passiven Wahlrechts sowie der Zulassung von Wahlkandidaturen schränken Wahlautokratien häufig bereits lange vor dem Wahltag den Wahlwettbewerb empfindlich ein. Russland ist hierfür, wie erwähnt, ein überzeugendes Beispiel. Dies bestätigten erneut die Kommunal- und Regionalwahlen des Jahrs 2019, bei denen etliche Personen, die kandidieren wollten, wegen angeblicher Formfehler nicht antreten durften. Weitaus eingeschränkter ist der politische Wettbewerb jedoch in Belarus. Bei den dortigen vorgezogenen Parlamentswahlen von 2019 wurden – offiziell ebenfalls wegen „Formfehlern" – selbst den beiden einzigen Oppositionspolitikerinnen im Parlament die neuerliche Kandidatur verwehrt. Die restriktive Zulassung von Kandidaturen stellte dort schon im Vorfeld der Wahlen sicher, dass das Parlament vollends mit regimeloyalen Abgeordneten bestückt wird. Da braucht es keinen Wahlbetrug am Wahltag mehr.

Mitunter kommt es auch zur Deregistrierung von Kandidatinnen und Kandidaten. Zum einen können offizielle Stellen die Registrierung selbst kurz vor den Wahlen wieder rückgängig machen, wegen tatsächlicher oder angeblicher Verstöße gegen das Wahlgesetz. Dabei kann es sich beispielsweise um angeblich falsche Angaben zu dem offenzulegenden Vermögen und Einkommen handeln oder um angebliche Verstöße gegen Wahlkampfregeln. Zum anderen kommt es auch immer wieder zum Rückzug bereits registrierter Kandidatinnen und Kandidaten nach Einschüchterungen und Drohungen. Im Norden des Kosovo schüchterten – laut internationalen Beobachtungsmissionen bei den Wahlen 2017 – beispielsweise Kosovo-Serben einzelne Wahlbewerberinnen und Wahlbewerber ein und forderten diese auf, ihre Kandidatur zurückzuziehen und sich nicht gegen die *Sprska Lista* zu stellen, die von der serbischen Regierung in Belgrad unterstützt wurde.[178] Es kann sich aber auch um einen „strategischen Rückzug" handeln, wie etwa bei den ungarischen Parlamentswahlen von 2018. Dort zogen kurz vor den Wahlen insgesamt 194 oppositionelle Kandidatinnen und

---

178 Vgl. den EU-Wahlbeobachtungsbericht zu den Wahlen im Kosovo.

Kandidaten ihre Bewerbung in den Einerwahlkreisen zurück, um eine gemeinsame Front gegen die Regierungspartei zu ermöglichen. Die Frist hierfür endete erst einen Tag vor den Wahlen. Die Namen der von der Kandidatur zurückgetretenen Personen mussten von den Stimmzetteln gestrichen und auf Postern in den Wahllokalen veröffentlicht werden, um die Wählerschaft zu informieren.[179]

Eine Merkwürdigkeit sei noch erwähnt: Während in etlichen Ländern die Wählerregistrierung und/oder der Wahlgang Pflicht ist, gibt es für gewöhnlich keine Pflicht, sich als Kandidatin oder Kandidat registrieren oder gar wählen zu lassen. Eine höchst ungewöhnliche Ausnahme hiervon lässt sich in Norwegen finden: Dort dürfen Wahlberechtigte nicht nur ohne ihre Zustimmung aufgestellt werden, sie sind – mit Ausnahmen – auch verpflichtet, eine etwaige Wahl anzunehmen. Diese historisch begründete Bürgerpflicht ist zwar in der Praxis kaum mehr relevant, aber immerhin beantragten bei den Parlamentswahlen von 2013 einige Personen vergebens, sich von der Kandidaturliste streichen zu lassen. Die ODIHR-Empfehlung, die Kandidaturpflicht zu überdenken, wurde für die Wahlen 2017 nicht aufgegriffen[180] und steht immer noch im Wahlgesetz.

179 Vgl. den ODIHR-Bericht zu den Parlamentswahlen 2018.
180 Vgl. die ODIHR-Berichte zu den Parlamentswahlen 2013 und 2017.

7.

WAHLKREISZIEHUNG, STIMMENGEWICHT UND MANIPULATIONEN

Sofern Parlamentsmandate in Wahlkreisen vergeben werden,[181] ist die Ziehung der Wahlkreise für die Gleichheit der Wahl wichtig. Um zu gewährleisten, dass jede Wählerstimme gleich viel zählt (gleiches Stimmengewicht oder Zählwertgleichheit) und die Kandidatinnen und Kandidaten, je nach Wahlkreis, nicht sehr unterschiedlich hohe Stimmenzahlen für den Mandatsgewinn benötigen, ist sicherzustellen, dass das Verhältnis zwischen der Zahl der Einwohnerinnen und Einwohner/Wahlberechtigten und der Mandatszahl in den jeweiligen Wahlkreisen möglichst gleich ist.[182] Hierzu ist eine regelmäßige Anpassung von Wahlkreisen an die Bevölkerungsentwicklung notwendig. Problematisch ist, wenn eine solche Überprüfung und Anpassung ausbleibt: In Grenada beispielsweise erfolgte zuletzt im Jahr 1974 eine Neuziehung der Wahlkreise, welche die Grundlage bildete für die bis 2018 abgehaltenen neun Wahlen.[183]

Dem *Code of Good Practice in Electoral Matters* des Europarats zufolge sollte die Höchstabweichung (vom Einteilungskriterium) nicht 10 % und auf keinen Fall 15 % übersteigen und eine Wahlkreisanpassung mindestens alle zehn Jahre vorgenommen werden – und zwar möglichst außerhalb von Wahlzeiten (um die Gefahr politischer Manipulationen einzudämmen). In etlichen Ländern innerhalb und außerhalb Europas liegt jedoch ein Missverhältnis zwischen der Zahl der Wahlberechtigten und der Mandate in den jeweiligen Wahlkreisen *(malapportionment)* vor. Bei den Parlamentswahlen von 2019 in Spanien wich beispielsweise in über 30 Wahlkreisen die Bevölkerungszahl mehr als 15 % vom Durchschnitt ab. In der Türkei reichte 2018 – bei durchschnittlich 93.871 registrierten Wahlberechtigten pro Wahlkreis – die Spannbreite der Wahlkreise von 32.145

---

181 Dies trifft nicht nur für Mehrheitswahlsysteme, sondern auch für die meisten Verhältniswahlsysteme und kombinierten Wahlsysteme zu; siehe das Kapitel zu Wahlsystemen.

182 Dabei geht es wohlgemerkt um den „Zählwert" der Stimmen, nicht um den „Erfolgswert", der sich je nach Wahlsystem unterscheidet. So fallen in Mehrheitswahlsystemen bei der Mandatsvergabe letztlich all jene Stimmen „unter den Tisch", die in den jeweiligen Wahlkreisen nicht für den Gewinner oder die Gewinnerin abgegeben wurden. Selbst bei Verhältniswahlsystemen bleiben bei der Mandatsverteilung die Stimmen für jene Parteien unberücksichtigt, die unter die gesetzlichen Sperrklauseln fallen oder nicht die faktischen Hürden nehmen, die sich bei der Verhältniswahl in Wahlkreisen durch die jeweilige Wahlkreisgröße ergeben. Allein bei der – eher selten vorkommenden – „reinen Verhältniswahl", bei der letztlich die Mandatsvergabe auf Grundlage der nationalen Gesamtstimmenzahl (und damit im nationalen Wahlkreis) erfolgt, besteht, so weit wie mathematisch möglich, ein gleicher Erfolgswert der Stimmen.

183 Siehe den OAS-Bericht zu den dortigen Wahlen im Jahr 2018.

bis 117.301.[184] Noch ungleicher ist der Zählwert der Stimmen in Malaysia. Bei den Parlamentswahlen 2018 umfasste der größte Einerwahlkreis neun Mal so viele Wahlberechtigte pro Mandat wie der kleinste Einerwahlkreis. Allerdings können Versuche, möglichst gleich große Wahlkreise zu schaffen, auch erhebliches Konfliktpotenzial bergen. Hiervon zeugt selbst die parteipolitische Auseinandersetzung um die *Boundary Review 2018* in Großbritannien, wo unabhängige *Boundary Commissions* für die Wahlkreisziehung verantwortlich sind.[185] In manch anderen Staaten ist die Wahlkreiseinteilung noch weit konfliktiver.

Besonders problematisch ist die nach parteipolitischen Gesichtspunkten vorgenommene Ziehung der Wahlkreisgrenzen, das sogenannte *gerrymandering*. Das bedeutet, dass die Wahlkreisgrenzen manipulativ zugunsten einer bestimmten Partei gezogen werden. Entsprechende Vorwürfe wurden etwa bezüglich der Parlamentswahlen in Malaysia und Singapur vorgebracht[186] – und beispielsweise auch in Ungarn laut.[187] Im Zuge einer grundlegenden Wahlsystemreform hatte die dortige Regierung Orbán die Neuziehung offenbar gezielt zu ihren eigenen Gunsten genutzt. Auch in den USA, wo alle zehn Jahre auf Grundlage eines nationalen Zensus die Wahlkreise neu gezogen werden (sollen), gab und gibt es immer wieder Vorwürfe, dass in die Wahlkreisziehung parteipolitische Erwägungen einfließen. Mitunter führte dies dort zu „bizarren Grenzverläufen" einzelner Wahlkreise.[188] Gerade bei der Neuziehung der Wahlkreisgrenzen nach dem Zensus 2010 soll die Zahl der sogenannten *partisan gerrymander* merkbar angestiegen sein.[189] Dabei ging es nicht nur darum, möglichst viele sichere Wahlkreise für die eigenen Kandidatinnen und Kandidaten zu schaffen, sondern auch möglichst wenige eigene Stimmen zu vergeuden – und umgekehrt darauf hinzuwirken, dass der politische Gegner just dies tut. Solche *wasted votes* entstehen dann, wenn eine Partei entweder übergroße Stimmenmehrheiten oder aber

---

184 Vgl. die jeweiligen ODIHR-Wahlberichte.

185 Vgl. https://boundarycommissionforengland.independent.gov.uk/2018-review/.

186 Statt vieler: Croissant/Lorenz 2018: 157 und 270.

187 Siehe den ODIHR-Wahlbericht.

188 Denkler, Thorsten: So werden unerwünschte Wähler vom Wählen abgehalten, in: *Süddeutsche Zeitung*, Artikel v. 6. November 2018. Online unter: https://www.sueddeutsche. de/politik/usa-midterms-wahl-wahlmanipulation-1.4192865.

189 Adorf 2019 (hier: 859). Dort finden sich auch entsprechenden Urteile des US Supreme Court zu dem Thema und eine abgewogene Einschätzung der Wirkungen der Wahlkreisziehung, die in der Diskussion mitunter etwas überhöht wird.

knappe Stimmenminderheiten im Einerwahlkreis erzielt. Im ersten Fall (wenn beispielsweise eine Partei 80 % der Stimmen im Wahlkreis erzielt) sind viele Stimmen nicht nötig, um bei relativer Mehrheitswahl das Mandat im Einerwahlkreis zu gewinnen. Im zweiten Fall sind alle jene Stimmen verloren, welche die unterlegene Partei im Einerwahlkreis erzielt.

In Deutschland lässt sich zwar über die Wahlkreiseinteilung die parteipolitische Zusammensetzung des Bundestags kaum beeinflussen, zumal etwaige Überhangmandate inzwischen durch Ausgleichsmandate kompensiert werden.[190] Allenfalls für Kleinparteien und unabhängige Wahlkreisbewerberinnen und -bewerber ist die Wahlkreisziehung von Bedeutung, da von der proportionalen Mandatsverteilung nur jene Parteien profitieren können, welche die Fünf-Prozent-Hürde genommen oder drei Wahlkreismandate gewonnen haben. Die Stimmen für unabhängige Kandidatinnen und Kandidaten bleiben zudem bei der Vergabe von Listenmandaten unberücksichtigt. Doch für die Zählwertgleichheit der Stimmen in den Wahlkreisen ist die Wahlkreiseinteilung auch hierzulande nach wie vor bedeutsam. Dabei schreibt das Wahlgesetz vor, dass die Bevölkerungszahl eines Wahlkreises nicht mehr als 15 % (nach oben oder unten) von der durchschnittlichen Bevölkerungszahl der Wahlkreise insgesamt abweichen soll; beträgt die Abweichung mehr als 25 %, ist eine Neuabgrenzung vorzunehmen.[191] Bei der Ermittlung der Bevölkerungszahlen wird die ausländische Wohnbevölkerung nicht berücksichtigt.

Mit dem gleichen Stimmengewicht wird mitunter jedoch auch bewusst gebrochen, um eine Repräsentation nationaler Minderheiten oder bevölkerungsarmer Wahlkreise zu sichern. Beides trifft beispielsweise auf Kanada zu, das die relative Mehrheitswahl in Einerwahlkreisen bei Parlamentswahlen anwendet. Das dortige Wahlgesetz erlaubt verhältnismäßig große Wahlkreisabweichungen, um etwa indigene Gruppen zu schützen oder historisch gewachsene administrative Einheiten zu berücksichtigen. Die sogenannte *grandfather clause* garantiert zudem den Provinzen mindestens so viele Sitze im *House of Commons* wie sie 1985 besaßen, was ebenfalls zu Verzerrungen führt. Auch in Malaysia ist beispielsweise die Wahlkommission angehalten, dünn besiedelte Wahlkreise überproportional zu repräsentieren.

---

190 Siehe das Kapitel zu Wahlsystemen.
191 § 3 (1) 3 BWahlG.

8.

DAS WERBEN UM STIMMEN – DER WAHLKAMPF

Der Wahlkampf ist das Herzstück des politischen Wahlwettbewerbs. Er soll den kandidierenden Personen und Parteien die Möglichkeit geben, der Wahlbevölkerung ihre politischen Programme und Ziele zu vermitteln. Weiterhin soll er die politische Mitwirkung anregen und den Wahlberechtigten die Bedeutung ihrer Wahlentscheidung verdeutlichen. Umso mehr verwundert, dass sich in den Wahlgesetzen mancher etablierten Demokratien keine oder kaum Regelungen zum Wahlkampf finden lassen. Allerdings wurden im Zuge von politischen Öffnungs- und Demokratisierungsprozessen in einer wachsenden Zahl von Staaten gesetzliche Regeln für den Wahlkampf aufgestellt.[192] Darunter fallen beispielsweise das Verbot von Wahlwerbung anonymer Art oder bestimmter Personengruppen (öffentliche Funktionsträger, Polizei und Militärs, religiöse Würdenträger etc.) oder das Verbot bestimmter Formen der Wahlwerbung. Allerdings ist zu bedenken, dass allzu strikte Wahlkampfregeln auch dazu genutzt werden können, um die Opposition zu behindern oder zu schikanieren. Insgesamt unterscheidet sich die Regelungsdichte des Wahlkampfs nach Ländern erheblich.

Wann darf Wahlkampf betrieben werden?

Dies betrifft bereits die Wahlkampfdauer, die ganz unterschiedlich oder in seltenen Fällen gar nicht geregelt ist. Indes ist es sinnvoll, den Zeitraum für den offiziellen Wahlkampf festzulegen. Zum einen sollte er nicht zu kurz sein, um den kandidierenden Personen und Parteien hinreichende Möglichkeiten zu geben, um Stimmen zu werben. Eine offizielle Wahlkampfperiode von neun Tagen, wie sie in Singapur besteht, ist beispielsweise völlig unzureichend. Kurze Wahlkampfperioden bevorteilen, gerade in Autokratien, zumeist die Amtsinhaber, die auch außerhalb des Wahlkampfs im politischen Leben und den Medien stark präsent sind. Zum anderen ist es sinnvoll, den Wahlkampf zeitlich zu begrenzen, damit das Land nicht im Dauerwahlkampf versinkt. Meist liegt der Zeitraum nicht über drei Monate. Vergleichsweise lang ist mit sechs Monaten der offizielle Wahlkampf etwa in der Tschechischen Republik.

Um einen möglichst freien Wahlgang und eine möglichst freie Wahlentscheidung zu ermöglichen, ist es zudem in den meisten Staaten – von Lettland über Lesotho bis Indonesien – untersagt, am oder kurz vor dem Wahltag Wahl-

---

192 Für Lateinamerika: Crespo Martínez/Villaplana Jiménez 2019: 798.

kampfveranstaltungen durchzuführen. In Lateinamerika dauert diese *período de reflexión* oder *período de descanso* zwischen einem Tag (Dominikanische Republik) und fünf Tagen (Honduras), liegt aber meist bei zwei oder drei Tagen.[193] Einige wenige Staaten, in Europa etwa Dänemark und die Tschechische Republik, wiederum verzichten auf solche „Wahlkampfruhephasen" und erlauben noch am Wahltag, wenn auch nicht im Wahllokal, Wahlkampf zu betreiben. Auch das Wahlgesetz im Libanon, das die dortigen Wahlen 2018 regelte, verbot am Ende der dreimonatigen Wahlkampfphase nicht grundsätzlich Wahlwerbung am Wahltag, sondern nur jene innerhalb und in der Nähe von Wahllokalen. Ähnliches gilt für Namibia, wo gesetzlich keine Wahlkampfperiode vorgeschrieben ist.

In vielen anderen Ländern ist zwar der Zeitraum für den offiziellen Wahlkampf festgelegt und Wahlwerbung am Wahltag ein Tabu, doch nicht immer halten sich die politischen Kontrahentinnen und Kontrahenten daran. Bei den Parlamentswahlen 2017 auf Malta monierten beispielsweise Wahlbeobachterinnen und Wahlbeobachter, dass Kandidatinnen und Kandidaten der beiden führenden Parteien am Wahltag Textnachrichten an Wahlberechtigte verschickten und Parteianhängerinnen und Parteianhänger außerhalb der Wahllokale Wahlwerbung betrieben. Auch bei den Präsidentschaftswahlen 2018 in Zypern sollen Wahlberechtigte noch am Wahltag angerufen worden sein.[194] Ohnehin ist es in vielen Staaten, etwa Lateinamerikas und Afrikas, üblich, dass überzeugte Parteianhängerinnen und Parteianhänger in den Farben ihrer Partei zur Wahl gehen. Im Unterschied zu dem ruhigen Wahlgang in Deutschland herrscht mancherorts mächtiger Wahltrubel, lassen die Wahlberechtigten selbst am Wahltag oft keinen Zweifel daran, für wen sie ihre Stimme abgeben. Vor allem aber wird die Wahlkampfruhe auf Internetplattformen und in sozialen Medien oft nicht eingehalten, denen inzwischen eine große Bedeutung im Wahlkampf zukommt. Sofern an solchen Ruhephasen festgehalten werden soll, besteht hier erheblicher Regulierungs- und Handlungsbedarf.

193 Crespo Martínez/Villaplana Jiménez 2019: 787.
194 Siehe die ODIHR-Berichte zu den jeweiligen Wahlen.

Level playing field – Chancengleichheit im Wahlkampf

Ein demokratischer Wahlkampf und seine Regeln müssen sich an dem Prinzip der Chancengleichheit zwischen den kandidierenden Personen und Parteien ausrichten, selbst wenn *de facto* niemals eine vollständige Chancengleichheit gegeben sein wird. Damit ein fairer Wahlkampf zwischen den Kontrahentinnen und Kontrahenten aufkommt, bedarf es, wie die Briten sagen, eines „ebenen Spielfelds" *(level playing field)*. So wird beim Rugby vermieden, dass eine Mannschaft bergauf und das andere Team bergab spielt. Dazu gehören: die staatliche Neutralität im Wahlkampf, die ungestörte Wahrnehmung politischer Rechte, ein politisches Klima möglichst frei von Desinformationen, *hate speech* und Gewalt, Medienfreiheit und eine ausgeglichene Berichterstattung sowie eine dem Gleichheitsprinzip verpflichtete Parteien- und Wahlkampffinanzierung. Auf all diese Aspekte wird im Folgenden eingegangen werden. Zuvor sei aber erwähnt, dass es auch nationalen Minderheiten erlaubt sein sollte, in ihrer Sprache Wahlkampf zu betreiben, wie dies beispielsweise in Albanien möglich ist und betrieben wird. Dies fördert gerade auch die Mitwirkung von Minderheiten an öffentlichen Angelegenheiten. Aus diesem Grund wurde etwa ein Artikel des Wahlgesetzes in Bulgarien kritisiert, der für den Wahlkampf die Verwendung der bulgarischen Sprache vorschreibt.[195]

Staatliche Neutralitätspflicht

Mit dem Prinzip fairer Wahlen ist es nicht vereinbar, wenn die Amtsinhaberinnen und Amtsinhaber und ihre Anhängerinnen und Anhänger staatliche Ressourcen für ihren Wahlkampf nutzen. Eine Datenbank von International IDEA weist zwar allein 109 Staaten aus, in denen die Verwendung öffentlicher Ressourcen für oder gegen eine kandidierende Partei oder Person ausdrücklich verboten ist.[196] Doch gerade dies ist gängige Praxis in vielen Ländern, zumal in jenen mit einem ausgeprägten politischen Klientelismus. Als deutliche Beispiele in Lateinamerika können hier einmal mehr die Wahlen unter den Präsidenten Chávez und Maduro in Venezuela dienen, bei denen unverhohlen staatliche Institutionen und Ressourcen für Wahlkampfzwecke genutzt wurden. Auch im

---

195 CDL-AD(2011)013.
196 https://www.idea.int/data-tools/data/political-finance-database.

subsaharischen Afrika, wo eine große Anzahl neopatrimonialer Regime besteht, gilt der Zugang zu staatlichen Ressourcen im Wahlkampf als einer der Gründe, warum Amtsinhaber, wenn sie wieder antreten, in den meisten Fällen die Wahlen gewinnen.[197]

Als Beispiel seien die Wahlen in Uganda herausgegriffen. Bei den dortigen Mehrparteienwahlen wurde der Amtsinhaber 2001, 2006, 2011 und 2016 wiedergewählt. Die Regierungspartei war untrennbar mit dem Staat verbunden, wurde offen vom Militär und den öffentlichen Institutionen unterstützt und nutzte ausgiebig öffentliche Gelder für den Wahlkampf. Kurioserweise verbieten dort die wahlgesetzlichen Regelungen für die Präsidentschaftswahlen zwar, dass keine kandidierenden Personen oder Parteien öffentliche Mittel für Wahlkampfzwecke nutzen dürfen, schließen aber ausdrücklich den amtierenden Präsidenten von dem Verbot aus, soweit er die Mittel im Rahmen seiner Amtsgeschäfte verwendet: „[...] *a candidate who holds the office of President may continue to use Government facilities during the campaign, but shall only use those Government facilities which are ordinarily attached to and utilised by the holder of that office.*"[198] So nutzte der Präsident nicht nur den Fuhrpark und die Flugbereitschaft im Wahlkampf, sondern auch ausgiebig öffentliche Gelder. Im selben Jahr stellte die Wahlbeobachtungsmission der Afrikanischen Union in Sambia nüchtern fest: „*The abuse of incumbency in particular contributed to the absence of a levelled playing field.*"[199]

Aber auch in den Ländern des Europarats beanstanden internationale Wahlbeobachtungen regelmäßig den Missbrauch von öffentlichen Ämtern und Ressourcen für den Wahlkampf, mit der Folge, dass die Venedig-Kommisison und ODIHR eigens „*Joint Guidelines for preventing and responding to the misuse of administrative ressources during electoral process*" erarbeitet haben.[200] Deutlich sichtbar war das Problem bei jüngsten Wahlen etwa in Albanien, Aserbaidschan, Bosnien und Herzegowina, Georgien, Moldawien, Polen, Russland, Serbien, Türkei und in der Ukraine. Für für Autokraten wie Aljaksandr Lukaschenka in Belarus, Ilham Aliyev in Aserbaidschan oder Schavkat Mirsijojev in Usbekistan,

---

197 Vgl. Grauvogel/Heyl 2017: 4.
198 Commonwealth Observer Mission 2016: 15.
199 Bericht der African Union Commission zu den Wahlen 2016 in Sambia.
200 CDL-AD(2016)04.

um einige weitere Beispiele zu nennen, ist der Rückgriff auf staatliche Ressourcen im Wahlkampf ohnehin eine selbstverständliche Praxis. Ebenso wenig scheute sich der türkische Präsident Erdoğan bei den Präsidentschaftswahlen 2018, den Staatsapparat weithin zum Zwecke seiner Wiederwahl zu nutzen. Die ODIHR-Wahlbeobachtungsmission forderte dementsprechend dort eine strikte Trennung zwischen Staat und Regierungspartei, eine wirksame Bestrafung des Missbrauchs öffentlicher Gelder im Wahlkampf sowie die Gewährleistung gleichberechtigter Wahlkampfbedingungen. Auch wenn Erdoğans Kontrahenten einen aktiven Wahlkampf betreiben konnten, waren sie letztlich stark benachteiligt gegenüber dem allseits präsenten Präsidenten. Ähnliches gilt für Ungarn, wo sich bei den Parlamentswahlen 2018 (diffamierende) Regierungskampagnen und Wahlwerbung der Regierungspartei stark überlappten. Gleichzeitig kündigte die Regierung kurz vor den Wahlen an, Gutscheine an Rentner zu verteilen und die Betriebskosten für Haushalte zu senken.[201] Die Vergabe von Wohltaten der Regierung an die Bevölkerung oder auch nur die Einweihung prestigeträchtiger Regierungsvorhaben unmittelbar vor Wahlen sind eine beliebte Strategie von Amtsinhabern, ihre Wahlchancen zu steigern.

In einigen Ländern ist dies zwar ausdrücklich verboten. So untersagt beispielsweise das argentinische Wahlgesetz – und seit einer Reform im Jahr 2017 auch jenes in Panama – für einen bestimmten Zeitraum vor Wahlen die Einweihung öffentlicher Bauten durch Kandidatinnen und Kandidaten.[202] Ähnliches gilt für Spanien.[203] Doch ist und bleibt dies vielerorts gängige Praxis. Nicht selten werden kurz vor dem Wahltag seitens der Regierungen sogar großzügige Wahlgeschenke verteilt. *„Elecciones de guaro y nacatamales"* wurden einst die Wahlen unter der Somoza-Diktatur (1936–1979) in Nicaragua genannt, weil die Wählerbeeinflussung mit Schnaps und Speisen zu den damals gängigen Wahlkampfmaßnahmen gehörte. Das in vielen lateinamerikanischen Staaten traditionell bestehende Verkaufsverbot von Alkohol *(ley seca)*, das bereits vor dem Wahltag gilt, dient dementsprechend nicht nur zur Aufrechterhaltung der Ordnung, sondern auch der Vermeidung von Stimmenkauf.

---

201 Vgl. den ODIHR-Bericht zu den Wahlen 2018 in Ungarn.
202 Vgl. Crespo Martínez/Villaplana Jiménez 2019: 794 f. sowie den vorläufigen OAS-Bericht zu den Wahlen in Panama 2019.
203 Siehe Art. 50 des spanischen Wahlgesetzes.

Auch in anderen Weltregionen gibt es Gesetze gegen unzulässige Wahlgeschenke. In Usbekistan verbietet beispielsweise ein neuer Wahlgesetzentwurf
ausdrücklich die Verteilung kostenloser Güter und Dienstleistungen sowie von
Bargeld im Wahlkampf.[204] Das Problem beheben solche Gesetze aber mitnichten, weder in Usbekistan noch in anderen Ländern, in denen Regierungen staatliche Ressourcen einsetzen, um das Wohlverhalten der Wahlberechtigten zu sichern. Nehmen wir als afrikanisches Beispiel Zimbabwe. Selbst bei den 2018er
Wahlen, bei denen der Langzeitautokrat Mugabe nach 37 Jahren erstmals nicht
mehr antrat, nutzte die Regierungspartei ZANU-PF noch weidlich staatliche
Ressourcen und verteilte Nahrung, Saatgut und Dünger gezielt unter ihrer Anhängerschaft in ländlichen Regionen. Auch traditionelle Chiefs und einige religiöse Führer erhielten dort *incentives* für die Unterstützung der ZANU-PF.[205]

In der Bundesrepublik Deutschland haben das Bundesverfassungsgericht
sowie Landesverfassungs- und Verwaltungsgerichte die grundsätzliche Neutra-
litätspflicht des Staats gerade während des Wahlkampfs bekräftigt. Dahinter
steht der Gedanke, dass die amtliche Wahlbeeinflussung einem offenen, demokratischen Meinungs- und Willensbildungsprozess im Vorfeld der Wahlen entgegenläuft und zugleich die Chancengleichheit der kandidierenden Personen
und Parteien sowie die Wahlfreiheit der Wahlberechtigten beeinträchtigt. In der
juristischen und der politischen Praxis sind zwar die Unterscheidungen zwischen
zulässiger amtlicher Öffentlichkeitsarbeit und unzulässiger staatlicher Wahlwerbung sowie zwischen amtlichem und privatem Handeln von Amtsinhabern
nicht immer leicht zu ziehen. Sofern allerdings Amtsträger offenkundig nicht als
Parteimitglieder und Privatpersonen, sondern in ihrer amtlichen Eigenschaft
(mit behördlichem Briefkopf, in Amtsblättern, mit öffentlichen Haushaltsmit-
teln etc.) Wahlwerbung betreiben, ist dies unzulässig.[206] Gegen das strikte Neu-
tralitätsgebot für Regierungsmitglieder verstießen nach Ansicht des Bundesverfassungsgerichts sowohl die Bundesbildungsministerin Johanna Wanka, als sie
mit einer Pressemitteilung „Rote Karte für die AfD" sich gegen einen Demons-
trationsaufruf der AFD wandte,[207] als auch Bundesinnenminister Horst See-

---

204 Vgl. CDL-AD(2018)027.

205 Vgl. Magaisa 2019 sowie den EU-Bericht zu den Wahlen 2018.

206 Zur rechtlichen Debatte siehe beispielsweise Studenroth 2000.

207 BVerfG, Urteil des Zweiten Senats vom 27. Februar 2018 – 2 BvE 1/16 –, Rn. 1–81.

hofer, als er in einem auf der Ministeriums-Homepage veröffentlichten Interview der AFD staatzersetzendes Verhalten vorwarf.[208] Dem Bundesverfassungsgericht zufolge verletzten beide, da sie nicht als Parteipolitiker, sondern als Regierungsmitglieder handelten, das Recht der AFD auf Chancengleichheit im politischen Wettbewerb, in diesen Fällen allerdings nicht im Wahlkampf.

Einschränkungen politischer Rechte und Gewalt

Ein offensichtlicher Ausdruck undemokratischer Wahlen besteht dann, wenn die Opposition im Vorfeld der Wahlen und während des Wahlkampfs in ihren Rechten beschnitten wird. Dabei sind nicht nur Einschränkungen von Wahlkampfauftritten und Wahlwerbung von Oppositionsparteien in den Blick zu nehmen, sondern auch legale und faktische Einschränkungen der Vereinigungs-, Versammlungs-, Meinungs- und Informationsfreiheit vor, während und nach den Wahlen.

Solche Einschränkungen sind für gewöhnlich ein Grundproblem von Wahlen in Autokratien, und zwar von A wie Aserbaidschan bis Z wie Zimbabwe. Im Falle der Parlamentswahlen 2020 in Aserbaidschan stellte beispielsweise die ODIHR-Wahlbeobachtungsmission unmissverständlich fest, dass die rechtlichen und politischen Rahmenbedingungen – trotz einer Vielzahl an Kandidatinnen und Kandidaten – die Durchführung tatsächlich kompetitiver Wahlen verhinderten. Besonders schlimm ist die Lage, um nur einige Beispiele zu nennen, etwa in Äquatorialguinea, der Zentralafrikanischen Republik oder auch in Tadschikistan und Turkmenistan, wo die bürgerlichen und politischen Rechte massiv eingeschränkt und notwendige politische Rahmenbedingungen für politisches Opponieren im Umfeld von Wahlen so gut wie nicht vorhanden sind. In vielen weiteren Staaten finden Wahlen in einem Klima der Repression statt, ob dies nun Ägypten, Venezuela oder inzwischen selbst Tansania ist. Auch im Fall der russischen Präsidentschaftswahlen von 2018 kritisierte ODIHR restriktive Regelungen in Bezug auf politische Versammlungen und Nichtregierungsorganisationen sowie Antiterrorgesetze, die weitreichende Eingriffe in politische Rechte erlaubten.

Gegenüber der Türkei wurden ebenfalls solche Einschränkungen beanstandet, dies umso mehr während des regelmäßig verlängerten Ausnahmezustands

---

208 BVerfG, Urteil des Zweiten Senats vom 9. Juni 2020 – 2 BvE 1/19 –, Rn. 1–97.

nach dem Putschversuch von Juli 2016, der auch bei den Wahlen 2018 noch in Kraft war. In einem Viertel der Provinzen, insbesondere im Osten und Südosten des Lands, schränkten die Gouverneure die Versammlungs-, Meinungs- und Bewegungsfreiheit während des Wahlkampfs ein. Dem Wahlklima abträglich war zudem, dass nach dem Putschversuch rund 100.000 Menschen verhaftet und etwa 150.000 aus dem öffentlichen Dienst entlassen worden waren. Auch saßen etliche Abgeordnete der kurdischen Partei „Demokratische Partei der Völker" (HDP) in Haft.

Staatlich ausgeübte Repression und Gewalt im Kontext von Wahlen sind eine Methode der Wahlmanipulation.[209] Statistische Analysen weisen darauf hin, dass *election violence* die Siegeschancen der Amtsinhaber erhöht – allerdings auch die Wahrscheinlichkeit von Protesten nach den Wahlen.[210] Einem freien und fairen Wahlwettbewerb abträglich ist ein Klima der politischen Gewalt allemal. In Wahlautokratien geht die Gewalt oft von staatlichen und parastaatlichen Akteuren aus. Doch können auch Oppositionelle zur Gewalt greifen oder Gruppen, welche die Wahlen boykottieren. In Bangladesch eskalierte die Gewalt vor den Wahlen 2018 schon kurz nach Bestätigung der Kandidaturlisten und dem Beginn des Wahlkampfs, wobei von Gewaltübergriffen besonders die Opposition betroffen war.[211] Mitunter sind wie in Mexiko auch andere Gewaltakteure, etwa Drogenbanden, involviert. Dort wurden offiziellen Angaben zufolge über 100 politische Aktivistinnen und Aktivisten in den neun Monaten vor den Kongress- und Kommunalwahlen vom 1. Juli 2018 ermordet.[212] Zudem beklagten dort Kandidatinnen und Kandidaten immer wieder Bedrohungen und Einschüchterungen. Ähnliches lässt sich aus etlichen anderen Ländern berichten, in denen gewaltsame Konflikte bestehen oder politische Gegner und ihre Anhängerschaft zu Gewalt greifen, um den Wahlausgang zu beeinflussen.

Besonders ausgeprägt ist die Wahlgewalt in Afrika, wobei es selbstredend auch dort friedliche Wahlgänge gibt. In mehr als der Hälfte der afrikanischen Staaten war es jedoch seit den 1990er Jahren zu Gewalt im Zusammenhang mit Wahlen gekommen, vielfach auch vor dem Wahltag. Forscher des *Nordic Africa*

---

209 So bereits Hermet/Rouquié/Linz 1978; vgl. auch u.a. Schedler 2002a, Birch 2011, Bekoe 2013, Bhasin/Gandhi 2013, Daxecker 2012.
210 Vgl. Hafner-Burton/Hyde/Jablonski 2016.
211 Vgl. Human Rights Watch 2018.
212 OEA 2018: 3.

Institute (NAI) in Uppsala (Schweden) haben jüngst eigens einen Sammelband herausgeben, der sich mit *„everyday politics of electoral violence in Africa"* beschäftigt, namentlich in Kenia, Uganda, Côte d' Ivoire, Burundi, Sierra Leone, Nigeria, Liberia und im Norden Ghanas.[213] *„Electoral violence"* wird dabei verstanden *„as violent or coercive acts carried out for the purpose of affecting the process or results of an election".*[214] Allerdings gibt es auch eine Reihe positiver Beispiele, wie selbst nach Bürgerkriegen friedliche Wahlkämpfe möglich sind, so etwa in Liberia 2017 und in Angola 2017, auch wenn es dort nach den Wahlen zu Protesten kam.

Diffamierungen, *negative campaigning* und *hate speech*

Angeheizt wird politische Gewalt im Wahlkampf nicht zuletzt durch Diffamierungen und Hassreden, mit denen politische Gegner überzogen werden. Nicht nur in Wahlautokratien, sondern auch in vielen Demokratien liefern sich die Spitzenkandidaten zu nationalen Präsidentschafts- und Parlamentswahlen regelrechte Schlammschlachten. Das OAS-Wahlbeobachtungsteam betrachtete beispielsweise 2018 mit Sorge, wie sich im brasilianischen Wahlkampf einige Kandidatinnen und Kandidaten einer Sprache voller rassistischer, misogyner und homophober Stereotype bedienten. Vor allem der siegreiche Präsidentschaftskandidat, der Rechtspopulist Jair Bolsonaro, dämonisierte geradezu seine politischen Gegner. In den USA steht gerade Donald Trump für eine Verrohung der politischen Kultur im Wahlkampf mit seinen herabwürdigenden, giftigen Tweets. Dort ist mittlerweile der überwiegende Teil der Wahlwerbung negativer Natur und von Häme und Diffamierungen durchzogen.

In Europa sei Viktor Orbán in Ungarn als Beispiel herausgegriffen. „Sich selbst und die eigene Politik mit dem ganzen Land gleichzusetzen und so die zersplitterte Opposition als Verräter zu diffamieren – diese populistische Inszenierung hat wieder funktioniert und kaum jemand in Europa beherrscht sie so gut wie Viktor Orbán", schrieb Martin Kolb in der *Süddeutschen Zeitung*.[215] Vor

---

213 Söderberg Kovacs/Bjarnesen 2018.

214 Söderberg Kovacs 2018: 5.

215 „Viktor Orbán – Meister der populistischen Inszenierung", in: *Süddeutsche Zeitung*, Artikel v. 9. April 2018. Online unter: https://www.sueddeutsche.de/politik/viktor-orban-meister-der-populistischen-inszenierung-1.3937051.

der als „Schicksalswahl" aufgebauschten Parlamentswahl 2018, bei der angeblich wieder einmal die Zukunft Ungarns und des christlichen Abendlands auf dem Spiel stand, hatte Orbán den aus Ungarn stammenden Investor, Philanthropen und Holocaust-Überlebenden George Soros als Feindbild aufgebaut (obwohl dieser gar nicht an den Wahlen teilnahm) und Oppositionelle rundum als gekaufte Soros-Söldner verunglimpft. Sowohl die Regierung als auch die Regierungspartei wetterten unverhohlen rassistisch und antisemitisch gegen Flüchtlinge und deren Unterstützergruppen, gegen Soros sowie gegen die Europäische Union und die Vereinten Nationen.

Besonders problematisch ist, wenn regelrechte Hassreden Einzug in den Wahlkampf halten, sei es durch oder gegen die Personen, die sich zur Wahl stellen. Maßnahmen gegen *hate speech* zu ergreifen, ist eine menschenrechtliche Pflicht, die sich aus der UN-Antirassismus-Konvention (Art. 4) und dem Internationalen Pakt über bürgerliche und politische Rechte (Art. 20 Abs. 2) sowie (indirekt) aus weiteren globalen und regionalen Menschenrechtsabkommen ergibt. Auf nationaler Ebene schließen die Verfassungen einiger Länder Aufstachelungen zu Gewalt und Hass ausdrücklich von dem Recht auf Meinungs(äußerungs)freiheit aus oder nehmen sogar, wie etwa die Verfassung von Fidschi, den Staat explizit in die Pflicht, Personen und Gruppen vor *hate speech* zu schützen. Etliche Staaten, etwa Kanada, Norwegen und die Tschechische Republik, haben zudem *hate speech* ausdrücklich unter Strafe gestellt. In Deutschland greift hier gegebenenfalls der Straftatbestand der Volksverhetzung (§ 130 StGB). Auch können die Straftatbestände der Beleidigung (§ 185 StGB), der üblen Nachrede (§ 186 StGB), der Nötigung (§ 240 StGB), der Bedrohung (§ 241 StGB) und der Verwendung von Kennzeichen verfassungswidriger Organisationen (§ 86a StGB) betroffen sein.

So wichtig klare Verbote sind, sollte das Strafrecht, als schärfstes Schwert der Justitia, jedoch in hitzigen Wahlkampfzeiten mit großer Vorsicht und nur unter strikter Beachtung der Verhältnismäßigkeit angewandt werden. Allzu wichtig ist die Meinungsäußerungsfreiheit im Wahlkampf, und allzu groß ist die Missbrauchsgefahr gerade, aber nicht nur in autoritären Regimen. Verbote von Beleidigung, übler Nachrede und Verleumdung werden vielerorts genutzt, um Regimekritik zu sanktionieren, während gleichzeitig die Amtsinhaber und Regierungskandidaten weiterhin politische Oppositionelle und kritische Medienschaffende verunglimpfen. Internationale Wahlbeobachtungsmissionen stehen daher entsprechenden Strafrechtsparagraphen und deren Anwendung oft kritisch gegenüber. Selbst im Falle von Hassrede lassen sich unterhalb der Ebene des Strafrechts gegebenenfalls mildere, ordnungsrechtliche Maßnahmen ergreifen, wie dies beispielsweise in Deutschland im Falle rassistischer Wahlplakate vorgeschlagen wurde.[216]

Darüber hinaus gibt es eine Reihe nicht rechtlicher Maßnahmen, die es erlauben, nicht nur strafrechtlich relevante, sondern auch sonstige verbale Auswüchse im Wahlkampf zu adressieren. Um Verhaltensregeln für den Wahlkampf aufzustellen bzw. zu garantieren, können sich die politischen Kontrahentinnen und Kontrahenten beispielsweise zu rechtlich nicht bindenden Verhaltenskodizes *(Codes of Conduct)* verpflichten. Vor den Parlamentswahlen 2019 haben die Parteien selbst im beschaulichen Dänemark mit seinem traditionell eher moderaten Wahlkampf erstmals einem solchen Verhaltenskodex zugestimmt. Auch dort war durch das Aufkommen und Erstarken rechtspopulistischer Parteien der Ton harscher geworden. Mit dem *Code of Conduct* griff Dänemark eine Praxis auf, die schon in vielen anderen Staaten weltweit Fuß gefasst hat. In Lateinamerika lassen sich hier beispielsweise Panama und Uruguay nennen. In Malawi gab es zu den Wahlen 2019 gleich drei Verhaltenskodizes, einen für die Parteien, einen für die Medien und einen für die traditionellen „Chiefs". Entsprechende Selbstverpflichtungen betreffen aber nicht nur Parteien und die traditionellen Medien, sondern auch soziale Plattformen, die weit stärker ihre Verantwortung wahrnehmen müssten, als dies bislang der Fall ist.

Viel gewonnen wäre zudem, wenn *hate speech*-Vorfälle systematisch dokumentiert würden und sich die Wahlkommissionen, die Regierungen, die Parteien, prominente Persönlichkeiten des öffentlichen Lebens, religiöse Autoritäten sowie die Medien und die Zivilgesellschaft deutlich gegen *hate speech* positionieren (anstatt sie möglicherweise zu befördern). Nicht minder wichtig sind kurzfristige Gegenkampagnen, Hilfe für Betroffene und langfristige Bildungsarbeit. Der Europarat hat eigens eine „No Hate Speech"-Bewegung gegründet, welche die Akzeptanz von Hassrede im Internet verringern und ihre „Normalisierung" stoppen soll. Er setzt dabei gerade auf Menschenrechtsbildung. Ob solche Maßnahmen jedoch ergriffen werden und tatsächlich greifen, hängt stark vom politischen Willen der *stakeholders* und der politischen Kultur in dem Land ab. Skep-

---

216 Vgl. etwa Schmahl 2015, Cremer 2017.

sis, zumal gegenüber isolierten Maßnahmen, ist vielerorts angebracht. In El Salvador verhinderte beispielsweise ein von allen politischen Parteien unterzeichneter *Pakt zur Gewährung der Rechte von salvadorianischen Frauen bei den Wahlen 2019* mitnichten verbale, sexistische Aggression, die während des Wahlkampfs gegen Kandidatinnen ausgeübt wurde.

Besonders schwierig ist die Eindämmung von *hate speech* im Internet. Dies hat die Regierung in Deutschland dazu verleitet, ein „Netzwerkdurchsetzungsgesetz" (NetzDG) zu verabschieden, das große internationale Aufmerksamkeit erlangte und möglicherweise Nachahmer in anderen (möglicherweise auch autokratischen) Ländern findet. Das am 1. Januar 2018 in Kraft getretene NetzDG verpflichtet Anbieter großer sozialer Netzwerke (wie Facebook, Twitter und YouTube), „offensichtlich rechtswidrige Inhalte" binnen 24 Stunden nach Eingang einer Beschwerde zu entfernen oder zu sperren. Für nicht offensichtlich rechtswidrige Inhalte besteht eine Sieben-Tage-Frist. In Deutschland ist eine heftige Debatte darüber entbrannt, ob das NetzDG verhältnismäßig, geeignet und wirksam ist, Straftatbestände wie Beleidigung, Verleumdung und Volksverhetzung im Internet zu bekämpfen.[217] Inzwischen hat die Bundesregierung eine Verschärfung des NetzDG beschlossen. Demnach müssen Morddrohungen, Volksverhetzung und andere schwere Vergehen künftig nicht nur gelöscht, sondern auch beim Bundeskriminalamt (BKA) gemeldet werden.[218] Doch ist zu betonen, dass es nicht nur um die Verfolgung strafrechtlich relevanter Äußerungen geht: Nicht alles, was strafrechtlich nicht geahndet wird, sollte in Demokratien ordnungsrechtlich oder gar politisch akzeptiert werden. So geht es auch um die fehlende gesellschaftspolitische Verantwortung jener, die im Internet Hetze betreiben, verbreiten und konsumieren – und so zu einer Verrohung der politischen Kultur beitragen.

---

217 Vgl. hier etwa die Stellungnahmen von Reporter ohne Grenzen zum NetzDG oder auch die Aussprache vom 12. Dezember 2019 im Bundestag über Berichte des Ausschusses für Recht und Verbraucherschutz zu verschiedenen Oppositionsanträgen und Gesetzesentwürfen.

218 „Bundesregierung beschließt strengere Regeln für soziale Netzwerke", in: *ZEIT ONLINE*, Artikel v. 1. April 2020. Online unter: https://www.zeit.de/digital/internet/2020 -04/netzwerkdurchsetzungsgesetz-soziale-netzwerke-bundesregierung-nutzerrechte.

Cyber-Angriffe und Desinformationen

Cyber-Angriffe können nicht nur die technischen Infrastrukturen von Wahlprozessen beschädigen und dadurch die Verfügbarkeit, Sicherheit und Verlässlichkeit eingesetzter Wahltechnologien, etwa bei der Wählerregistrierung, dem Internet-Voting, der elektronischen Stimmenzählung oder der Übermittlung von Wahldaten, beeinträchtigen.[219] Durch das „Hacken" und Veröffentlichen vertraulicher Daten kandidierender Personen und Parteien *(doxing)* sowie über gezielte Verleumdungen und Desinformationen *(malinformation, disinformation)*, die online verbreitet werden, können auch der Wahlwettbewerb sowie die Legitimität der Wahlen beeinflusst werden.

Wie aber ist mit „Fake News"[220] – oder besser: Desinformationen[221] – umzugehen, die sich zwar auch in traditionellen Medien finden lassen, aber vor allem im Internet und dort gerade auch in sozialen Medien kursieren, wo sie sich leicht verbreiten lassen? Der Bundesregierung zufolge bezeichnet Desinformation „[…] nachweislich falsche oder irreführende Informationen, die mit dem Ziel der vorsätzlichen Beeinflussung oder Täuschung der Öffentlichkeit verbreitet werden".[222] Im Falle der US-Präsidentschaftswahlen 2016 bezweckten solche Manipulationsversuche aus Russland die Beschädigung der Präsidentschaftskandidatin Hillary Clinton und der Demokratischen Partei. Bei den Wahlen 2017 wurden später in Frankreich online, auch über russische TV-Portale, kompromittierende Falschinformationen über Emmanuel Macron verbreitet, die zuvor im Internet kursiert waren. Weniger prominente Beispiele für Cyber-Manipulationen bei Wahlen betreffen beispielsweise einige baltische und osteuropäische Staaten, allen voran die Ukraine.

Online verbreitete Desinformationskampagnen aus dem Inland wie Ausland werden vielfach als Gefahr für eine ausgewogene und sachliche öffentliche Meinungsbildung angesehen, gerade auch im Kontext von Wahlen. *„Disinforma-*

---

219 Vgl. hierzu van der Staak/Wolf 2019.

220 Der Begriff ist nicht nur vage, sondern wurde und wird gerade auch von Politikern, prominent etwa von Donald Trump, genutzt, um die Reputation und Glaubwürdigkeit kritischer Journalistinnen und Journalisten sowie Medien zu untergraben.

221 Im Englischen wird mitunter zwischen *misinformation, malinformation* und *disinformation* unterschieden. In der deutschen Sprache lässt sich die Unterscheidung so nicht wiedergegeben.

222 Deutscher Bundestag, Drs. 19/17073, S. 2.

tion distorts democracy" stellte ein UNESCO-Bericht plakativ fest.[223] Die Möglichkeiten mittels des internationalen Rechts das Problem in den Griff zu bekommen, sind jedoch beschränkt,[224] zumal oft schwer nachzuweisen ist, wer hinter Cyber-Angriffen letztlich steckt. Daher sind viele Staaten dazu übergegangen, auf nationaler Ebene Gegenmaßnahmen zu ergreifen.

Dies drückt sich teils in programmatischer Entschlossenheit aus. Eine in Kanada verabschiedete *Digital Charter* besagt beispielsweise, dass die Regierung die Meinungsfreiheit verteidigen und gegen Onlinebedrohungen und Desinformation schützen wird, die darauf abzielen, die Integrität von Wahlen und demokratischen Institutionen zu unterhöhlen.[225] Ihren institutionellen Ausdruck finden Bemühungen um einen besseren Cyber-Schutz dabei in der Bildung von Arbeitsgruppen oder anderen Einheiten meist auf (inter-)ministerieller Ebene. Eigens für Wahlen wurde beispielsweise in Australien 2018 eine *Election Integrity Assurance Task Force* eingerichtet, die potenzielle Cyber-Angriffe und ausländische Einflussnahme auf die Wahlen aufspüren soll.[226]

Konkrete Maßnahmen, um den Einfluss digitaler Desinformationskampagnen im Inland und aus dem Ausland einzudämmen, heben u.a. darauf ab, diese zu erkennen und öffentlich zu machen *(flagging, labelling, blacklisting)*. Auch wird, so etwa in Schweden, den Desinformationen verstärkt mit Richtigstellungen und Fakten begegnet *(fact checking)*. Hierzu dienen u.a. Websites à la *„Stop Fake News"* in Belgien.[227] Auch in anderen Ländern und Weltregionen werden inzwischen von öffentlicher und privater Seite Faktencheck-Websites betrieben. Solche reaktiven Maßnahmen lassen sich mit einer vorbeugenden Sensibilisierung und Aufklärung der Öffentlichkeit verbinden (Stichwort: *media and information literacy)*. In Australien soll beispielsweise eine *Stop and Consider*-Kampagne den Wahlberechtigten helfen, Informationsquellen kritisch zu prüfen und so eine informierte Wahlentscheidung zu treffen. Auf Transparenz, einer Stärkung der Medienkompetenz und ein „Empowerment" von Nutzern und Medienschaffenden setzt auch der *Bericht mit Empfehlungen zum Umgang mit Fake News*

---

223 Vgl. UNESCO 2019.
224 Vgl. etwa Sander 2019.
225 Vgl. https://www.ic.gc.ca/eic/site/062.nsf/eng/h_00108.html.
226 Vgl. www.aec.gov.au.
227 www.stopfakenews.be

und Desinformation (2018), den die EU-Kommission erarbeiten ließ. Gesetze zur Bekämpfung von Desinformation schlägt der Bericht indes nicht vor.

Dennoch haben etliche Länder innerhalb wie außerhalb der Europäischen Union gesetzliche Regelungen ergriffen oder verschärft. Ein in Frankreich 2018 verabschiedetes Gesetzespaket sieht beispielsweise vor, dass sich in den drei Monaten vor einer nationalen Wahl kandidierende Personen und Parteien gegen die öffentliche Verbreitung von Falschinformationen wehren und diese durch richterliche Eilbeschlüsse unterbinden lassen können. Außerdem müssen dort Internetanbieter wie Facebook und Twitter transparenter mit der bezahlten Verbreitung von Inhalten umgehen und Instrumente bereitstellen, um Fehlinformationen anzuzeigen und ihre Weiterverbreitung zu verhindern. Die Medienaufsicht kann zudem die Verbreitung ausländisch finanzierter Fernsehsender unterbinden, sofern diese mittels Falschinformationen den Wahlausgang zu beeinflussen versuchen.

Gesetze gegen *Fake News* sind jedoch nicht unproblematisch – gerade aus Sicht des Menschenrechts auf Meinungsäußerungsfreiheit, das im Unterschied zu mancher Verfassungsordnung nicht nur die Äußerung von Meinungen im engen Sinne umfasst, sondern auch Tatsachenmitteilungen, selbst wenn es sich um unrichtige Behauptungen handelt.[228] Die Sonderberichterstatter zur Meinungsäußerungsfreiheit der Vereinten Nationen, der OSZE, der OAS sowie der Afrikanischen Menschenrechtskommission betonten zwar in einer gemeinsamen Erklärung, dass bestimmte Formen der Desinformation und Propaganda die Reputation und Privatheit von Personen verletzen sowie zu Gewalt und Diskriminierung aufstacheln können, lehnten aber allgemeine Verbote ab: *„General prohibitions on the dissemination of information based on vague and ambiguous ideas, including ‚fake news‘ or ‚non-objective information‘, are incompatible with international standards for restrictions on freedom of expression, […] and should be abolished“.*[229]

Dementsprechend kritisch sieht der Europarat auch ein im Januar 2020 angekündigtes Gesetzesvorhaben in der Ukraine zur „Bekämpfung von Desinformation und der Regulierung von Medienaktivitäten, welche die Meinungsfrei-

---

228 Für das in der EMRK verankerte Recht auf freie Meinungsäußerung siehe etwa Grabenwarter/Pabel 2016: 382 ff.

229 „Joint Declaration on Freedom of Expression and ‚Fake News‘, Disinformation and Propaganda“, 3. März 2017. Online unter: https://www.osce.org/fom/302796?download=true.

heit beschränken".[230] Dieses zielt zwar vor allem auf die Eindämmung von Desinformation aus Russland ab, könnte aber aus Sicht des ukrainischen Journalistenverbands auch die Berichterstattung behindern. Besonders problematisch ist, dass mittlerweile in zahlreichen Autokratien Gesetze gegen „Falschinformationen" erlassen wurden und dazu benutzt werden, Regimekritik zu unterbinden. In Belarus beispielsweise erlaubt eine Mediengesetzreform aus dem Jahr 2018, Personen strafrechtlich zu verfolgen, wenn diese Falschinformationen online verbreiten. Auch die Regierung Malaysias stellte 2018 das Teilen von *misinformation* unter Strafe. So wurden und werden in etlichen Autokratien Strafverfahren gegen Personen wegen angeblicher Desinformation eingeleitet und durchgeführt.[231] Sie ergänzen dort oft auch Verbote von *hate speech*, die inzwischen weltweit bestehen.

---

230 Vgl. Platform to promote the protection of journalism and safety of journalists. Online unter: https://www.coe.int/en/web/media-freedom.
231 Vgl. „A guide to anti-misinformation actions around the world". Online unter: www. poynter.org/ifcn/anti-misinformation-actions/.

9. DIE MEDIEN IM WAHLKAMPF

Wettbewerbsverzerrungen, Einschränkungen politischer Kommunikationsrechte sowie Diffamierung, „Hassrede" und Desinformation setzen sich mitunter auch im Medienbereich fort oder spiegeln sich dort wider. Dies ist umso problematischer, als die Medien eine wichtige Rolle für die Wahlen und den Wahlwettbewerb spielen. Zum einen berichten die Medien über Kandidaturen, Parteien und inhaltliche Streitpunkte bei Wahlen. Zum anderen ermöglichen sie den kandidierenden Personen und Parteien, für sich und ihre Programme zu werben. Ohne verlässliche Informationen und ohne Informations- und Meinungsvielfalt ist eine freie Wahlentscheidung nicht möglich. Eine pluralistische Medienlandschaft ist daher eine unerlässliche Voraussetzung dafür, dass sich die Bevölkerung aus unterschiedlichen und verlässlichen Quellen über Wahlen und den Wahlwettbewerb informieren kann.

In einer Reihe von Staaten bestehen indes keine oder kaum Regeln für die Medien im Wahlkampf. Teils werden diese nicht für nötig erachtet, teils setzt man auf Selbstregulierung der Medien und ihrer Verbände. Sofern gesetzliche Vorschriften bestehen, kann sich wiederum die Regelungsdichte erheblich unterscheiden. Hier spielen Unterschiede in der politischen Kultur eine wesentliche Rolle. In den USA, in denen Medien buchstäblich als ein „Marktplatz" der Ideen angesehen werden, hält sich der Staat traditionell mit Regulierungen weit stärker zurück als etwa in Europa, wo staatliche Vorgaben eher dazu dienen, eine ausgewogene Berichterstattung und eine faire Medienpräsenz der politischen Kontrahenten zu gewährleisten. Eine besondere Problematik ergibt sich inzwischen durch die wachsende Bedeutung digitaler Medien, bei denen althergebrachte Regulierungen nicht oder nur bedingt greifen. Umso wichtiger ist eine gesellschaftspolitische Diskussion über Regeln und Verantwortlichkeiten sozialer Medien allgemein und in Zeiten von Wahlen.

Wahlwerbung in den Medien

Es entspricht internationalen Standards, dass Personen und/oder Parteien, die zu Wahlen antreten, auch über die Medien Wahlwerbung betreiben dürfen. So ist es Teil einer weithin ausgeübten indirekten staatlichen Wahlkampffinanzierung, wenn Parteien in öffentlichen Medien kostenlos Werbezeiten erhalten oder Werbeanzeigen schalten können. Auch hier gilt es, den Gleichheitsgrundsatz zu beachten. In einem strikten Sinne verstanden, ist demnach allen kandidierenden

Parteien ein gleicher Anteil an Werbemöglichkeiten einzuräumen. Allerdings wird vielerorts das „proportionale" Prinzip angewandt, demzufolge Parteien mit unterschiedlich großer Unterstützung in der Bevölkerung, gemessen an Mandats- oder Stimmenanteilen, auch unterschiedlich behandelt werden. (Höchst ungewöhnlich und fraglich ist jedoch, wenn Umfragewerte als Grundlage für die proportionale Zuteilung von Werbezeiten herangezogen werden.) Mitunter erhalten auch nur Parteien kostenlose Werbemöglichkeiten, nicht aber unabhängige Kandidatinnen und Kandidaten, die zur Wahl antreten. Dies wurde etwa von ODIHR im Falle Bulgariens kritisiert. Ferner ist es wichtig, darauf zu achten, wann, wo und wie lange kandidierende Personen und Parteien in öffentlichen Medien Wahlwerbung betreiben können. Hier gibt es viele Möglichkeiten der Vorteilsnahme oder Benachteiligung. Etliche Staaten verbieten, zusätzlich zu der eingeräumten Werbezeit in den öffentlichen Medien bezahlte Wahlwerbung zu schalten.

Zur Wahrung der Meinungsfreiheit sollte, so fordert der *Code of Good Practice in Electoral Matters* des Europarats, zudem gesetzlich vorgesehen sein, dass private Medien den verschiedenen Teilnehmerinnen und Teilnehmern an den Wahlen im Hinblick auf den Wahlkampf und die Werbung einen Mindestzugang sicherstellen. Während dies in einigen Ländern (auch außerhalb Europas, z.B. in Paraguay und Peru) so geregelt ist, geht eine solche Forderung Vertretern eines marktliberalen Verständnisses von Wahlwerbung zu weit. Aus dieser Perspektive sind selbst Begrenzungen gekaufter Werbezeiten oder Werbeflächen in privaten Medien abzulehnen. Dort, wo Wahlwerbung in privaten Medien geschaltet wird, sollte jedoch der Chancengleichheit halber von allen kandidierenden Personen bzw. Parteien für die gleiche Werbeleistung auch derselbe Preis verlangt werden. Vor allem aber sollte bezahlte Werbung auch als solche deutlich ausgewiesen werden, um sie von dem redaktionell-inhaltlichen Teil der Berichterstattung zu trennen.

Da ein Gutteil der Wahlwerbung und der Informationen über die Wahlen und die Wahlbewerberinnen und -bewerber inzwischen im virtuellen Raum verbreitet wird, ist es zudem dringend vonnöten, dass die Wahlkampfregeln an das digitale Umfeld angepasst werden. Dies gilt umso mehr, als in weitgehend unregulierter Form offene wie verdeckte Wahlwerbung aus dem Inland und Ausland betrieben wird. Hier bedarf es eines verantwortlichen Handelns der politischen Kontrahenten (um ethische Standards einzuhalten), der Betreiber von Internetplattformen (um politische Werbung deutlich auszuweisen) sowie von öffentlichen Institutionen (um Wahlkampfregeln an die online-Entwicklungen anzupassen).[232] Dabei muss auch die mit dem Internet stark an Bedeutung gewonnene personalisierte Wahlwerbung geregelt werden. Dank ausgefeilter Methoden der Datengewinnung werden inzwischen oft Persönlichkeitsprofile von Wahlberechtigten erstellt, die ohne deren Zustimmung für individuell zugeschnittene Wahlinformationen und Wahlwerbungen genutzt werden und deren Wahlentscheidung beeinflussen oder gar manipulieren.

Medien auf Regierungslinie?

Über die eigentliche Wahlwerbung hinaus spielt zudem die allgemeine Berichterstattung über die kandidierenden Personen und Parteien oft eine immens große Rolle, zumal dann, wenn sich die Medien nicht dem Grundsatz einer unabhängigen und neutralen Berichterstattung verpflichtet fühlen. Medienmacht bedeutet letztlich Meinungsmacht. In zahlreichen Ländern mangelt es jedoch an echter Medienvielfalt, besteht ein hohes Maß an Medienkonzentration. Ausgesprochene Medienoligopole bestehen mitunter selbst in Demokratien, beispielsweise in Brasilien oder auch in Mexiko, wo die Medien von einigen superreichen Unternehmern weitgehend beherrscht werden. Im Falle Mexikos spricht „Reporter ohne Grenzen" von einer „ungezügelten Konzentration von Medienmacht in den Händen weniger Unternehmer und Politiker.“[233] Die Organisation hat eigens einen *Media Ownership Monitor* entwickelt, um die Transparenz von Besitzverhältnissen nationaler Massenmedien herzustellen. Im Falle der Türkei zeigte „Reporter ohne Grenzen" beispielsweise auf, dass bereits vor dem Putschversuch von Juli 2016 und der anschließenden Repressionswelle die dortige Medienkonzentration die Freiräume für einen unabhängigen Journalismus eingeengt haben. Die politischen und wirtschaftlichen Verflechtungen vieler wichtiger Medienbesitzer hätten eine kritische Berichterstattung im Keim erstickt.[234]

---

232 Vgl. Koffi Anan Foundation 2020.
233 Media Ownership Monitor Mexiko, online unter: https://www.reporter-ohne-grenzen. de/mom/projektlaender/mexiko/.
234 Media Ownership Monitor Türkei, online unter: https://www.reporter-ohne-grenzen. de/mom/projektlaender/tuerkei/.

Besonders problematisch ist, wenn die wichtigsten Medien unter staatlicher Kontrolle sind und die Regierung dies weidlich nutzt, um sich einen Wahlvorteil zu verschaffen, indem etwa über die Amtsinhaber *in extenso* berichtet wird, während die Opposition selbst in Wahlzeiten kaum (positive) Medienaufmerksamkeit erhält. Stark ausgeprägt ist dies in einigen „harten" Wahlautokratien wie Tadschikistan oder Turkmenistan der Fall, wo die Regierung so gut wie alle Medien kontrolliert und die Opposition im Wahlkampf kaum präsent ist. Nur geringfügig besser ist die Lage in Belarus, wo staatliche Medien als Propagandawerkzeug der Regierung dienen. Wenig ausgeglichen ist die Medienberichterstattung auch in Russland. Dort befinden sich zahlreiche Medien, darunter die populärsten Fernsehsender, im Besitz des Staats oder werden (halb-)staatlich finanziert und vertreten offen die Regierungslinie. Negative Entwicklungen weisen auch einige Demokratien auf. In Polen etwa hat die seit 2015 amtierende national-konservative Regierung die öffentlichen Medien unter Kontrolle und die Berichterstattung auf ihre Linie gebracht[235] – und nutzte dies auch bei den Parlamentswahlen 2019 und den Präsidentschaftswahlen 2020.[236]

Aufgrund der großen Bedeutung von Massenmedien für den Wahlwettbewerb beschäftigen seriöse Wahlbeobachtungsmissionen eigene *media analysts*, die eine Medienbeobachtung im Vorfeld der Wahlen durchführen.[237] Sie untersuchen dabei u.a. den Umfang und die Art der Berichterstattung über die konkurrierenden Personen und Parteien. Traditionell konzentrieren sie sich dabei weitgehend auf Fernsehen, Radio und Printmedien. Zwar rücken verstärkt Internetauftritte und soziale Medien in den Blickpunkt, doch ist das Monitoring der vielfältigen Onlineinhalte bei Wahlen noch unterentwickelt. So ist es dringend nötig, dass auch die Medienbeobachtung durch Wahlbeobachtungsmissionen, nationale Wahlbehörden und Medienverbände verstärkt „online geht". Noch mangelt es aber an entsprechenden Standards, Richtlinien, guten Praxisbeispielen sowie Ressourcen für das Monitoring von und den Umgang mit sozialen Medien und Online-Inhalten bei Wahlen.[238] Unerlässlicher Bestandteil der

---

235 https://www.reporter-ohne-grenzen.de/Polen/.
236 Vgl. die ODIHR-Berichte zu den Wahlen.
237 Siehe etwa das entsprechende Handbuch von OSCE/ODIHR 2012.
238 Vgl. Wagner 2020.

Prüfung ist allerdings bereits jetzt, inwieweit bei Wahlen die Medien frei agieren können und das Internet frei zugänglich ist.

Behinderung regierungskritischer Medien

Tatsächlich ist es in etlichen Staaten nicht gut um die Medien- und oft auch die Internetfreiheit bestellt. Dies zeigen etwa die Berichte von „Reporter ohne Grenzen", „Freedom House" oder anderer Organisationen, welche allgemein die Meinungs-, Presse- und Internetfreiheit untersuchen und die stärker auf Wahlen fokussierten Medienanalysen von Wahlbeobachtungsmissionen ergänzen. Vor allem in Autokratien wird Regierungskritik, die offline oder online geäußert wird, mehr oder minder stark sanktioniert. Professioneller Journalismus und der z. B. von Bloggern ausgeübte „Bürgerjournalismus" sind dort häufig mit großen Gefahren verbunden, wenn die Regierung kritisiert oder die Interessen mächtiger Personen in Politik, Gesellschaft und Wirtschaft verletzt werden.

Im Extremfall werden Medienschaffende von staatlichen oder nicht staatlichen Akteuren mit dem Tod bedroht und sogar ermordet. Hinzu kommen oft Strafanzeigen und Inhaftierungen, sei es wegen angeblicher Störung der öffentlichen Ordnung, Aufstachelung zu Gewalt oder Unterstützung von Terrororganisationen, oder sei es auch „nur" wegen Beleidigung, Verleumdung oder irgendeines anderen Vorwands (Steuerhinterziehung, Drogenbesitz etc.). „Reporter ohne Grenzen" und andere Organisationen führen eigens Listen mit ermordeten und inhaftierten Medienschaffenden. Auch der Europarat unterhält eine webbasierte *Platform to promote the protection of journalism and safety of journalists*.[239] Große Wirkung – wenn auch weniger internationale Aufmerksamkeit – erzielen zudem unzählige bürokratische Schikanen, Schadensersatzklagen sowie Entlassungen kritischer Medienschaffender, die ein Klima der Einschüchterung und Selbstzensur erzeugen.

Zu den Ländern mit – zumindest formal – Mehrparteienwahlen, in denen die Meinungsfreiheit am stärksten beschränkt ist, zählen in Osteuropa Belarus, im Kaukasus Aserbaidschan, in Zentralasien Turkmenistan und Tadschikistan sowie in Vorderasien die Türkei, der Irak und der Iran. Als fernöstliches Beispiel kann einmal mehr Kambodscha angeführt werden, wo Premierminister Hun

---

239 https://www.coe.int/en/web/media-freedom.

Sen im Vorfeld der Parlamentswahlen von 2018 massiv gegen regierungskritische Medien vorging. Unter den afrikanischen Staaten wiederum schneiden Äquatorialguinea, Ägypten, Burundi und Ruanda besonders schlecht ab, in Lateinamerika Venezuela (Kuba führt keine Mehrparteienwahlen durch). Ein nur leicht verändertes Bild ergibt sich *in puncto* Internetfreiheit. Von den Ländern mit Mehrparteienwahlen ergreifen beispielsweise die Regierungen Ägyptens, Russlands und Venezuelas umfassende Maßnahmen, um unliebsame Inhalte zu blockieren, regierungskritische Seiten zu sperren (oder zu hacken) sowie Blogger und Internetnutzerinnen und -nutzer gegebenenfalls strafrechtlich zu verfolgen.[240]

Während eine beschränkte, manipulierte oder gar gleichgeschaltete öffentliche Meinung geradezu ein Merkmal von Autokratien ist, ist es für Demokratien essenziell, eine vielfältige, kritische Öffentlichkeit zuzulassen und abzusichern. Leider ist dies nicht immer der Fall, zumal nicht in solchen Demokratien, die gravierende Funktionsprobleme aufweisen und noch nicht konsolidiert sind. Mexiko, das der Bertelsmann Transformationsindex als eine „defekte" Demokratie ausweist,[241] gehört „Reporter ohne Grenzen" zufolge weltweit zu den gefährlichsten Ländern für Medienschaffende.[242] Selbst in etablierten Demokratien liegt mitunter einiges im Argen. Prominente Fälle sind die Ermordung des investigativen Journalisten Ján Kuciak in der Slowakei im Jahr 2018 sowie, einige Monate zuvor, die Ermordung der investigativen Journalistin Daphne Caruana Galizia auf Malta, wo Medienschaffende, die zu Korruption arbeiten, immer wieder bedroht, angefeindet und wegen Verleumdung angezeigt wurden.

Hinzu kommt, dass selbst Spitzenpolitiker und ihre Anhänger mitunter unliebsame Pressevertreter beschimpfen und mit ihren Verbalattacken das feindselige Klima für eine kritische Medienberichterstattung befeuern. Die Liste der Länder, in denen dies vorkommt, ist lang. Besonders dramatisch ist, dass inzwischen auch Demokratien dazu zählen. Präsident Donald Trump in den USA ist hierfür ein beredtes Beispiel. In Brasilien führt ein Beraterteam – ein „Hasskabinett" – um Präsident Bolsonaro groß angelegte Beleidigungs- und Droh-

240 Vgl. Freedom House: Freedom on the Net 2019. Online unter: https://freedomhouse.org/report/freedom-net.
241 https://www.bti-project.org/de/berichte/country-dashboard-MEX.html.
242 www.reporter-ohne-grenzen.de/Mexiko/.

kampagnen gegen unliebsame Journalistinnen und Journalisten durch.[243] In Indien hetzen Millionen „*Yoddhas*" (Krieger) des indischen Ministerpräsidenten Modi in sozialen Netzwerken gegen Kritikerinnen und Kritiker von dessen hindu-nationalistischer Regierung.[244] Aber auch Rechtspopulisten in Europa scheuen sich nicht, kritische Medien(-schaffende) zu verunglimpfen, weder, wenn sie an der Macht sind, noch, wenn sie aus der Opposition heraus agieren. Die Erfahrungen nicht nur in Ungarn und Polen, sondern auch während des Intermezzos der türkisblauen Regierungskoalition in Österreich zeigen dies ebenso wie die Medienhetze („Lügenpresse"), welche rechte Gruppen in Deutschland und andernorts betreiben. Wie rasch Verbalattacken in Gewalt umschlagen können, zeigen hierzulande die zunehmenden Drohungen und Übergriffe gegenüber Menschen, die journalistisch tätig sind oder sich (lokal-)politisch engagieren.[245]

Obgleich im Einzelfall jeweils zu prüfen ist, inwieweit Einschränkungen der Meinungs-, Presse- und Internetfreiheit sowie Übergriffe gegenüber Medienschaffenden die Berichterstattung über Wahlen beeinflussen, steht die regierungskritische Presse in politisch bedeutsamen Wahlkampfzeiten mancherorts im Fadenkreuz von Kritik, Verunglimpfungen und Bedrohungen. Beispielsweise nahm vor den Wahlen 2019 in Indien die Zahl der Angriffe auf Journalistinnen und Journalisten durch Unterstützer des Premierministers Narendra Modi deutlich zu.[246] Gleichzeitig finden Verbalattacken gegen Politikerinnen und Politiker gerade auch in den Medien und über die Medien statt. Medien(-schaffende) sind nicht nur Leidtragende etwaiger Einschränkungen der Pressefreiheit und von „Medienschelte", sondern auch Erzeuger von Plattformen für Diffamierungen und Desinformationen. Dies gilt in einigen Ländern bereits für das „traditionelle" TV, Radio und die Printmedien. Abgesehen davon, dass private und selbst öffentliche Medien mitnichten alle unabhängig, überparteilich und fair über die kandidierenden Personen und Parteien berichten, beteiligen sie sich

---

243 https://www.reporter-ohne-grenzen.de/aktivitaeten/feinde-des-internets/jair-bolsona ros-hasskabinett/.

244 https://www.reporter-ohne-grenzen.de/aktivitaeten/feinde-des-internets/modis-krieger/.

245 Vgl. „Rangliste der Pressefreiheit 2019. Nahaufnahme Deutschland". Online unter: https://www.reporter-ohne-grenzen.de/fileadmin/Redaktion/Downloads/Ranglisten/Ranglis te_2019/190417_Nahaufnahme2019_FINAL.pdf.

246 Vgl. www.reporter-ohne-grenzen-de/Indien/.

mitunter an „Schmierkampagnen" gegen politische Gegner. Erheblich verstärkt hat sich das Problem durch das Internet und soziale Medien, in denen ungefiltert gehetzt werden kann, sei es durch echte Nutzer, Bots oder „Trolle". Während das Internet und soziale Medien in Wahlkampfzeiten dazu dienen können, sich zu informieren und auszutauschen, bieten sie, wie bereits ausgeführt, leider auch die Möglichkeit, die öffentliche Meinung und die Wahlen maßgeblich zu beeinflussen, wenn nicht gar zu manipulieren.

10.

PARTEIEN- UND WAHLKAMPFFINANZIERUNG

Es ist weithin akzeptiert, dass Wahlkämpfe Geld kosten. Kandidaten und Parteien können für ihre Ansichten und Programme nicht werben, wenn ihnen dafür keine finanziellen Mittel zur Verfügung stehen. So ist eine angemessene Wahlkampffinanzierung ein wichtiger Bestandteil von Wahlen in modernen Demokratien. Allerdings kann der Einfluss von Geld zu Korruption und unfairen Wettbewerbsbedingungen führen. Daher ist es wichtig, dass die Wahlgesetze oder auch die Parteien(finanzierungs)gesetze klare Regeln zur Wahlkampf- und Parteienfinanzierung enthalten. In einigen Ländern fehlt jedoch ein solcher rechtlicher Rahmen. In manch anderen wiederum sind die Vorschriften so komplex, dass sich Parteien mitunter schwertun, die bürokratischen Anforderungen zu erfüllen.

Zugegebenermaßen ist die Regulierung von Wahlkampf- und Parteienfinanzierungen eine schwierige Aufgabe. Weltweit bestehen dementsprechend sehr unterschiedliche rechtliche Vorschriften. Manche betreffen die Finanzierung von Parteien mitsamt all ihrer Parteiaktivitäten, andere beziehen sich nur auf die Wahlkampffinanzierung. In einigen Ländern erhalten die Parteien für ihre Wahlkämpfe öffentliche Zuschüsse, in anderen sind sie – ausschließlich oder vornehmlich – auf private Gelder angewiesen. Häufig besteht ein gemischtes System. In einigen Ländern sind die Einnahmen und/oder die Ausgaben „gedeckelt", in anderen wiederum nicht. Auch können bestimmte Einnahmen und Ausgaben untersagt sein. Schließlich unterscheiden sich die Rechtsvorschriften erheblich darin, ob und inwieweit die Partei- und Wahlkampffinanzen aufgeschlüsselt werden müssen. Die große Vielfalt erschwert es, gemeinsame Standards in diesem Bereich zu etablieren.

Staatliche Parteien- und Wahlkampffinanzierung

Im Sinne der Chancengleichheit erscheint es jedoch angebracht, dass der Staat (in Maßen) öffentliche Wahlkampfzuschüsse gewährt, damit alle kandidierenden Personen und Parteien, unabhängig von ihren (möglicherweise geringen) finanziellen Mitteln für ihre politischen Ansichten und Programme werben können. Dies fordert auch die Venedig-Kommission des Europarats – akzeptiert aber zugleich, dass ein Mindestanteil an Stimmen Voraussetzung für direkte öffentliche Zuwendungen an Parteien sein kann.[247] Damit trägt die Kommission

---

247 CDL-INF (2001) 8, Abs. 8.

der Tatsache Rechnung, dass in etlichen Ländern die Gewährung staatlicher Parteien- und/oder Wahlkampfunterstützung nicht nur an die Parteiregistrierung oder die Wahlteilnahme gebunden ist, sondern auch an den Gewinn von Mandaten oder eines definierten Stimmenanteils.

Die Datenbank von International IDEA weist 63 Staaten mit einer staatlichen Parteienfinanzierung aus, weitere 41 Staaten, die zusätzlich auch direkte öffentliche Wahlkampfzuschüsse vorsehen, und nochmals 14 Staaten, in denen sich staatliche Zuwendungen auf den Wahlkampf beschränken.[248] Zu Letzteren zählen Kanada, die USA, Australien und Neuseeland. 50 Staaten sind in der Datenbank erfasst, die keinerlei staatliche Parteien- oder Wahlkampffinanzierung gewähren. Zu ihnen gehören etablierte Demokratien wie Italien und Indien, junge (teils „defekte") Demokratien wie Bolivien, Ghana und Sierra Leone sowie Wahlautokratien wie Ägypten, Iran, Pakistan oder auch Belarus. In Belarus mussten bei den Parlamentswahlen 2016 die Kandidaten erstmals auf staatliche Wahlkampfunterstützung verzichten und ihre Wahlwerbung auf eigene Kosten oder mittels (gedeckelter) privater Spenden bestreiten.

Sofern öffentliche Zuschüsse gewährt werden, ist das Prinzip der Chancengleichheit zu beachten. Es kann in einem strengen Sinne angewandt werden, sodass alle Kandidatinnen und Kandidaten bzw. Parteien die gleichen Zuschüsse erhalten. Praktiziert wird dies sowohl in Staaten, in denen kompetitive Wahlen stattfinden (wie den USA, Paraguay, Tunesien und der Mongolei) als auch in Staaten, in denen der Kompetitivitätsgrad der Wahlen (stark) eingeschränkt ist (z.B. Angola, Gabun, Kambodscha und Tadschikistan). Weit häufiger jedoch werden staatliche Zuschüsse proportional zur Stärke der Parteien auf Stimmen- oder Mandatsebene verteilt. Im Falle von Geldzuwendungen heißt dies vereinfacht ausgedrückt: Je mehr Stimmen oder Mandate die Partei erzielt (hat), umso höher fallen die öffentlichen Zuschüsse oder Wahlkampfkostenerstattungen aus. Der *Code of Good Practice in Electoral Matters* des Europarats lässt die Anwendung des Gleichheitsgrundsatzes sowohl in seinem strikten als auch in diesem „proportionalen" Sinne zu. Dasselbe gilt für indirekte öffentliche Zuschüsse, etwa für kostenlose Werbezeiten in öffentlichen Medien.

---

248 Political Finance Database. Online unter: https://www.idea.int/data-tools/data/political -finance-database.

In Deutschland finanzieren sich die politischen Parteien durch Mitglieds- und Mandatsträgerbeiträge, eingeworbene Spenden von natürlichen und juristischen Personen, Einnahmen aus Vermögen, Veranstaltungen, Vertrieb und anderen einkommensschaffenden Aktivitäten sowie aus staatlichen Zuwendungen. Die staatliche Teilfinanzierung erhalten die Parteien für die ihnen nach dem Grundgesetz obliegenden und im Parteiengesetz konkretisierten Tätigkeiten. Dazu gehört auch und gerade die Beteiligung an Wahlen. Maßstab für die Verteilung der staatlichen Mittel ist dabei die Verwurzelung der Parteien in der Gesellschaft. Gemessen wird diese zum einen am Wahlerfolg bei Europa-, Bundestags- und Landtagswahlen, zum anderen am Umfang von Mitglieds- und Mandatsträgerbeiträgen sowie der eingeworbenen Parteispenden seitens natürlicher Personen. Dabei darf die Höhe der staatlichen Teilfinanzierung die Summe der Einnahmen der Parteien nicht überschreiten (relative Obergrenze). Auch ist das Gesamtvolumen für die Finanzierung der Parteien „gedeckelt" (absolute Obergrenze) (§ 18 PartG). Die deutsche Regelung ist insofern interessant, als sie eine Balance zwischen Eigeneinwerbung und staatlicher Unterstützung, wahlerfolgs- und zuwendungsbezogenen staatlichen Beiträgen sowie relativen und absoluten Obergrenzen anstrebt.

Anspruch auf staatliche Teilfinanzierung haben grundsätzlich diejenigen Parteien, die nach dem endgültigen Wahlergebnis der jeweils letzten Europa- oder Bundestagswahl mindestens 0,5 % oder bei einer der jeweils letzten Landtagswahlen 1 % der abgegebenen gültigen Stimmen für ihre Listen erreicht haben. Weitere Anspruchsvoraussetzung ist die Abgabe der jeweils fälligen Berichte, mittels derer die Parteien jährlich über Einnahmen, Ausgaben und Vermögen Rechenschaft ablegen. Seit einer Grundgesetzreform von 2017 sind zudem verfassungsfeindliche (aber nicht unbedingt verbotene) Parteien, „die nach ihren Zielen oder dem Verhalten ihrer Anhänger darauf ausgerichtet sind, die freiheitliche demokratische Grundordnung zu beeinträchtigen oder zu beseitigen oder den Bestand der Bundesrepublik Deutschland zu gefährden" von staatlicher Finanzierung ausgeschlossen. „Wird der Ausschluss festgestellt, so entfällt auch eine steuerliche Begünstigung dieser Parteien und von Zuwendungen an diese Parteien" (Art. 21 Abs. 3). Die Entscheidung hierüber trifft das Bundesverfassungsgericht. Im Juli 2019 stellten Bundestag, Bundesrat und Bundesregierung einen gemeinsamen Antrag, die NPD von der Parteienfinanzierung auszuschließen.

Die Regulierung privater Spenden

Wie lassen sich nun private Geldzuwendungen regeln, die, soweit erlaubt, in vielen Ländern weit bedeutsamer sind als die öffentlichen Zuwendungen? In den USA werden beispielsweise die Wahlkämpfe vorrangig mittels privater Spenden bestritten. Die Datenbank von International IDEA zu politischer Finanzierung lässt erkennen, dass in den meisten Staaten Spenden aus dem Ausland verboten sind. Auch die Venedig-Kommission des Europarats fordert ein Verbot der Parteien- und Wahlkampffinanzierung durch ausländische Staaten oder Unternehmen. Doch solle das Verbot nicht im Ausland ansässige Staatsangehörige betreffen.[249] Allgemein oder ab einem gewissen Spendenumfang sind zudem in vielen Ländern anonyme Spenden untersagt, was der Transparenz der Parteien- und/oder Wahlkampffinanzierung sicherlich zuträglich ist. Den Spendern kommt dies freilich nicht immer zupass. Abgesehen davon, dass teils kriminell erwirtschaftetes Geld in den Wahlkampf fließt – wie etwa nachweislich Drogengelder in die Wahlkämpfe der ehemaligen Präsidenten Jaime Paz Zamora in Bolivien, Ernesto Samper in Kolumbien und Ernesto Pérez Balladares in Panama[250] –, unterstützen selbst seriöse Spender mitunter die Regierung und die Opposition gleichermaßen, sodass sie immer auf der „Gewinnerseite" stehen. Die Gegenseite soll dies aber nicht unbedingt erfahren.

Spenden von Gewerkschaften sind mehrheitlich erlaubt. Das Gleiche gilt für Spenden von Unternehmen, mancherorts allerdings mit der Einschränkung, dass diese nicht mit der Regierung geschäftlich verbunden sein dürfen. An Bedeutung gewonnen haben zudem Spenden an sogenannte Drittparteien,[251] die nicht selbst zu Wahlen antreten, aber für die Wahl von bestimmten Personen und Parteien werben. Besonders ausgeprägt ist dies inzwischen in den USA der Fall. Dort dürfen *Political Action Committees (PACs)*, *Super-PACs* und andere Komitees in unbegrenzter Höhe Spenden sammeln und Geld ausgeben, um für die von ihnen bevorzugten Kandidatinnen und Kandidaten zu werben, solange sie nicht das Geld direkt an die Kandidaten und Kandidatinnen überweisen oder sich mit deren Wahlkampfteams absprechen. Möglich wurde dies durch Ent-

---

249 CDL-INF (2001)8, Abs. 6 und 10.

250 Vgl. Zovatto 2019: 806.

251 Es handelt sich hierbei um keine politischen Parteien. Der Begriff der „Drittpartei" ist vielmehr dem (Zivil-)Recht entlehnt, wo „Dritte" gewissermaßen „Unbeteiligte" sind.

scheidungen des *US Supreme Court* aus den Jahren 2010 und 2014. Demzufolge darf der Staat politische Zuwendungen nicht beschränken, solange diese nicht von einer Einzelperson oder einer Institution direkt an einen Kandidaten oder eine Kandidatin fließen. Dahinter steht das Verständnis, dass solche Geldzuwendungen Teil der freien Meinungsäußerung seien. Die IDEA-Datenbank zeigt, dass in der Mehrheit der Staaten keine Begrenzungen für allgemeine oder gar wahlbezogene Parteispenden und kandidierende Personen bestehen. Ferner gibt es für kandidierende Personen mehrheitlich keine Vorschriften, wie viel Privatvermögen sie in ihren Wahlkampf stecken. Auch die Kreditaufnahme für Wahlkampfzwecke ist zumeist nicht begrenzt.

Hohe Wahlkampfausgaben

Unbestreitbar spielt Geld inzwischen eine überragende Bedeutung im Wahlkampf, auch wenn International IDEA zufolge in 58 Ländern die Ausgaben von Parteien und in 82 Ländern jene von Kandidatinnen und Kandidaten „gedeckelt" sind.[252] In den vielen Ländern, in denen die Wahlkampfausgaben keinen Beschränkungen unterliegen, ist ohnehin dem Einfluss des Gelds bereits rechtlich Tür und Tor geöffnet. Hinzu kommen gegebenenfalls noch die Ausgaben der besagten „Drittparteien", die Wahlwerbung betreiben. Sie sind vielerorts nicht verboten und ihre Ausgaben unterliegen zumeist auch keinen Begrenzungen.

Dementsprechend hoch sind in vielen Ländern die Wahlkampfausgaben. Spitzenreiter sind wohl die USA. Wie das *„Center for Responsive Politics"* auf Grundlage der bei föderalen Wahlkommissionen eingereichten Finanzerklärungen errechnet hat, beliefen sich die Wahlkampfausgaben bei den US-Kongresswahlen 2018 auf rund 5,7 Mrd. US-Dollar. Sie lagen damit noch höher als 2016, als für den Wahlkampf zum Kongress 4,3 Mrd. US-Dollar ausgegeben worden waren. Allerdings kamen 2016 nochmals knapp 2,5 Mrd. US-Dollar für die Präsidentschaftswahlen hinzu.[253] Inbegriffen sind hierbei die Ausgaben der jeweiligen Kandidatinnen und Kandidaten für den Senat und das Repräsentantenhaus sowie die Kampagnen von Parteien und besagter *Political Action Committees*.

---

252 https://www.idea.int/data-tools/data/political-finance-database.
253 Berechnungen des *Center for Responsive Politics*: www.opensecrets.org.

Immerhin müssen laut International IDEA in 106 Staaten die Parteien und in 117 Staaten die Kandidatinnen und Kandidaten über ihre Wahlkämpfe – mehr oder minder aufgeschlüsselte – Finanzberichte abgeben und vielfach auch öffentlich zugänglich machen. Zuständig für die Prüfung sind zumeist die Wahlbehörden, mitunter aber auch besondere Audit-Agenturen oder Ministerien, Parlamentsausschüsse und/oder Gerichte. Tatsächlich ist die Transparenz der Parteien- und/oder Wahlkampffinanzierung für den demokratischen Prozess von großer Bedeutung, sollen die Wähler doch erfahren, von wem die kandidierenden Personen und Parteien finanzielle Unterstützung erhalten haben und ob sie die Zuwendungen rechtmäßig verbuchen und ausgeben. In diesem Sinne ist es zwar grundsätzlich zu begrüßen, dass beispielsweise in Honduras 2016 ein Gesetz mit dem vielversprechenden Namen *Ley de Política Limpia* („Gesetz für eine saubere Politik") verabschiedet wurde, das die Transparenz der Einnahmen und Ausgaben für den Wahlvorkampf stärken und die Wahlkampfausgaben deckeln soll. Auch soll es der Korruption sowie der illegalen Wahlkampffinanzierung gerade durch Drogenbanden und organisierte Kriminalität entgegenwirken. Doch bleibt zu prüfen, inwieweit solche Gesetze in Honduras oder anderen Ländern tatsächlich greifen. Der Datenbank von International IDEA lassen sich hierzu keine Informationen entnehmen. Skepsis ist angebracht, zumal in Honduras.

11.

DIE VERÖFFENTLICHUNG VON WAHLUMFRAGEN

Wahlumfragen können in vielerlei Hinsicht das Wahlverhalten beeinflussen. Sie können sich nicht nur auf die Wahlbeteiligung auswirken, je nachdem, ob sie eine „enge" oder eine quasi schon entschiedene Wahl vorhersagen, sondern sie beeinflussen möglicherweise auch die Wahlentscheidung. So können Wahlprognosen beispielsweise politische Zufriedenheit oder eine Wechselstimmung suggerieren, die dazu führt, dass regierende oder oppositionelle Parteien verstärkt gewählt werden. Auch können Wahlprognosen einen Aufwärts- oder einen Abwärtstrend einer Partei ausweisen, der das Wahlverhalten beeinflussen kann. Die Wahlentscheidung für kleine Parteien wiederum hängt auch davon ab, ob umfragegestützte Wahlprognosen vorhersagen, dass sie wahrscheinlich Parlamentsmandate erhalten oder eben nicht erhalten (weil sie etwa an einer Sperrklausel scheitern könnten). Auch taktisches Wahlverhalten, etwa hinsichtlich der Bildung einer möglichen Koalitionsregierung, wird von Wahlumfragen beeinflusst.

Nun kann einerseits argumentiert werden, dass Wahlprognosen ein rationales Wahlverhalten befördern können. Anderseits wird eine allzu starke Beeinflussung der Wahlentscheidung durch Umfragen als problematisch erachtet. Dies gilt umso mehr, wenn diese irreführend sind und politisch missbraucht werden, wie etwa Wahlbeobachtungsmissionen der OAS monieren.[254] Mit der wachsenden Bedeutung von Wahlumfragen, die von Parteien oder Medien in Auftrag gegeben werden, wurden daher in vielen Staaten Vorschriften eingeführt, die gewährleisten sollen, dass sich die Einflussnahme durch Wahlumfragen in Grenzen hält und Manipulationen vermieden werden. Solche Regelungen können Vorgaben umfassen, denen zufolge die Umfragen etwa Angaben zu Auftraggeber und Durchführungsorganisation, zur Zahl und Art der Befragten sowie zur Methodik erhalten. Um konstruierte Umfragedaten durch „Scheininstitute" zu vermeiden und eine Mindestqualität der Umfragen zu gewährleisten, müssen sich Meinungsforschungsinstitute, die Wahlumfragen durchführen, in einigen Staaten Lateinamerikas sogar bei der Obersten Wahlbehörde registrieren.

Von besonderer Bedeutung sind Vorgaben für die Veröffentlichung der Umfrageergebnisse. Für gewöhnlich ist es verboten, in einem mehr oder minder langen Zeitraum vor dem Wahltag Wahlumfragen zu veröffentlichen. In Europa beträgt der Zeitraum meist zwischen 24 und 48 Stunden. In Spanien erstreckt sich das Verbot auf fünf Tage vor den Wahlen. Ein noch längeres Verbot führte eine

---

254 Vgl. etwa die Berichte der OAS zu den Wahlen 2018 in Paraguay und 2019 in Panama.

Wahlreform in der Slowakei ein. Dort durften zwei Wochen vor den Parlamentswahlen von 2016 und sogar 50 Tage vor jenen von 2020 keine wahlbezogenen
Meinungsumfragen veröffentlicht werden – was nicht zu Unrecht bereits als Eingriff in die Informationsfreiheit der Wahlberechtigten angesehen wurde. In Lateinamerika sind die Zeiträume durchschnittlich länger als in Europa, reichen dort
von zwei Tagen (Uruguay) bis zu 30 Tagen (Honduras) oder gar 36 Tagen (Guatemala) vor dem Wahltag.[255] Allerdings halten sich weder traditionelle noch soziale Medien immer an die Vorgaben.

In Deutschland besteht weder ein Verbot der Befragung von Wählerinnen
und Wählern vor oder am Wahltag noch ein Verbot der Veröffentlichung solcher
Umfrageergebnisse vor den Wahlen. Die Meinungsforschungsinstitute und Parteien erlegen sich aber kurz vor dem Wahltag traditionell große Zurückhaltung
auf, sodass kein entsprechender Regelungsbedarf gesehen wird.[256] Bei einer ver-
änderten Praxis kann aber ein solcher Bedarf durchaus entstehen. Zudem ist zu
bedenken, dass Personen, welche die Briefwahl nutzen, für gewöhnlich noch zu
einem Zeitpunkt wählen, zu dem die Ergebnisse wahlbezogener Meinungsumfragen veröffentlicht werden.

Besonders wichtig ist das Verbot der Veröffentlichung von Wahlumfragen am
Wahltag vor Schließung der Wahllokale. Eine entsprechende Vorschrift wurde
1979 auch in das Bundeswahlgesetz der Bundesrepublik Deutschland aufgenommen. Untersagt sind zwar mitnichten *exit polls*, also Befragungen von Wählerinnen
und Wählern nach Verlassen des Wahllokals, die Meinungsforschungsinstituten als
Grundlage für ihre Wahlprognosen dienen. Nicht zulässig sind aber sehr wohl Veröffentlichungen solcher Umfrageergebnisse und Prognosen vor Schließung der
Wahllokale, um zu vermeiden, dass diese das Wahlverhalten beeinflussen. Das Ver-
öffentlichungsverbot erstreckt sich dabei auch auf soziale Netzwerke. Problematisch ist indes, dass sich das Verbot lediglich auf tatsächliche Wahlumfragen bezieht.
Unbefriedigend ist, dass – zumindest dem Wortlaut nach – weder das Bundeswahlgesetz (§ 49 Abs. 1 Nr. 2 BWahlG) noch das Strafgesetzbuch (§ 108 Abs. 1 StGB)
die Verbreitung selbstkonstruierter Vorhersagen oder vorgetäuschter Wahlergebnisse in sozialen Medien am Wahltag ausdrücklich untersagen.[257]

---

255   Lazarte Rojas 2019: 916.
256   Vgl. Schreiber 2017: 574.
257   Vgl. Schreiber 2017: 573.

12.

DER WAHLGANG UND SEINE TÜCKEN

Das allgemeine, gleiche, direkte, geheime und freie Wahlrecht ist beim Wahlgang organisatorisch zu gewährleisten. Daher ist es Aufgabe der Wahlorganisation, sicherzustellen, dass alle registrierten Wahlberechtigten ohne unzulässige Einflussnahme wählen können und eine geheime Stimmabgabe gewährleistet wird.

Wann wird gewählt?

Es ist ein zentraler demokratischer Grundsatz, dass Wahlen in regelmäßigen Abständen stattfinden. Aus demokratischer Sicht problematisch ist, wenn die Amtszeit der gewählten Mandatsträger für die laufende Wahlperiode verlängert oder die Wahlen aus fadenscheinigen Gründen (schon gar auf unbestimmte) Zeit verschoben werden. Zwar kann es angebracht sein, den Wahltermin wegen allzu gravierender Organisations- oder Sicherheitsprobleme oder wegen Gesundheitsrisiken wie während der Covid-19-Pandemie auch einmal zu verlegen, wie dies im Jahr 2020 in etlichen Ländern geschehen ist.[258] Doch abgesehen von solchen Gründen stehen hinter Wahlverschiebungen oft politisches Kalkül oder der Unwille der Machthaber. Man denke etwa an die palästinensischen Autonomiegebiete, wo seit 2005 nicht mehr gewählt wurde. Im Libanon wiederum führten politische Instabilität und der mangelnde politische Konsens über eine Wahlgesetzreform dazu, dass die turnusmäßig für 2013 vorgesehenen Parlamentswahlen mehrfach verschoben wurden. Nach 2009 kam es erst wieder 2018 zu einem neuerlichen Wahlgang. Auch aus diesem Grund wurde der Libanon zwischenzeitlich nicht mehr als „stark defekte Demokratie", sondern als „gemäßigte Autokratie" eingestuft.[259]

---

258 Entsprechende Verlegungen von Wahlen und Nachwahlen auf lokaler, regionaler und nationaler Ebene haben eine Vielzahl von Staaten angekündigt oder schon vorgenommen. Davon betroffen sind bzw. waren etwa die nationalen Wahlen in Äthiopien, Bolivien, in der Dominikanischen Republik, Kiribati, Neuseeland, Nordmazedonien, Serbien und Sri Lanka; International IDEA: Global Overview of Covid-19 Impact on Elections. Online unter: https://www.idea.int/news-media/multimedia-reports/global-overview-covid-19-impact-elections.

259 Vgl. Völkel 2018: 5. Der Bertelsmann Transformationsindex verwendet zur typologischen Bestimmung des Entwicklungsstands politischer Transformationen folgende Kategorien: sich konsolidierende Demokratien, defekte Demokratien, stark defekte Demokratien, gemäßigte Autokraten, harte Autokratien; vgl. www.bti-project.org.

Ein außergewöhnliches Spektakel spielte sich in der so gar nicht demokratischen „Demokratischen Republik Kongo" ab. Dort hatte der damalige Amtsinhaber Joseph Kabila 2015 aufgrund von Straßenprotesten und internationalem Druck seinen Plan aufgeben müssen, per Verfassungsreform das Wiederwahlverbot nach zwei Amtszeiten aufzuheben. Daraufhin verschob er (unter dem Hinweis auf die problematische Wählerregistrierung) auf unbestimmte Zeit die im November 2016 fälligen Wahlen, bei denen er nicht mehr antreten durfte. Erst auf nationalen und internationalen Druck fanden die Wahlen im Dezember 2018 statt, formal ohne ihn, doch blieb er der starke Mann hinter einem Regierungsbündnis, das seine Bewegung maßgeblich mitträgt, auch wenn sie nicht den Präsidenten stellt. Der Afrikaforscher Pierre Englebert sprach von einer „*electoral sideshow*" und stellte enttäuscht fest, dass „*Kabila's retention of power despite the election represents an unusual tour de force for an authoritarian ruler and a catastrophic failure for democracy*".[260]

In den meisten Ländern, nicht nur in Demokratien, sondern auch in Wahlautokratien, finden jedoch in regelmäßigen Abständen Wahlen statt, es sei denn, es kommt zu vorgezogenen Neuwahlen, was bei instabilen Regierungsverhältnissen freilich gar nicht einmal so selten ist. Die offizielle Ausrufung der Wahlen erfolgt dabei für gewöhnlich mindestens 90 Tage vor dem Wahltag, mitunter aber auch früher. Eine allzu kurzfristige Ausrufung der Wahlen kann gerade Oppositionsparteien benachteiligen, wenn diese nicht genügend Zeit erhalten, sich auf den Wahlwettbewerb vorzubereiten.

Eher ungewöhnlich ist, dass Wahlen (bei denen nur ein Wahlgang stattfindet) an mehreren Tagen durchgeführt werden, wie etwa in Ägypten, oder sogar in unterschiedlichen Wochen, wie etwa in Indien, wo gleichsam eine „Marathonwahl" stattfindet: Aus organisatorischen Gründen werden in Indien die Wahlen zeitversetzt in verschiedenen Landesteilen innerhalb von sechs Wochen abgehalten. Andernorts finden die Wahlen meist innerhalb eines Tages statt, oft an einem festen Wochentag. In Deutschland ist dies stets ein Sonntag. In großen Flächenstaaten kann sich dabei die Stimmabgabe auch über mehrere Zeitzonen hinwegziehen. In Russland sind die Wahllokale in der Region Kamtschatka schon längst wieder geschlossen, wenn die Wählerinnen und Wähler Kaliningrads noch abstimmen. Außerdem haben russische Staatsangehörige, die sich in

---

260 Englebert 2019: 124.

35 abgelegenen Regionen nördlich des Polarkreises und im Fernen Osten aufhalten oder dort leben, die Möglichkeit einer „Frühwahl". Um sicherzustellen, dass ihre Stimmen rechtzeitig ausgezählt werden, dürfen sie schon vor dem Wahltag ihre Stimme abgeben. Dies betraf bei den Wahlen 2018 etwa 120.000 Menschen, darunter Rentierhirten, Arbeiter auf Öl- und Gasfeldern und Matrosen.[261]

Auch in etlichen anderen Ländern dürfen bestimmte Gruppen von Wahlberechtigten (etwa Wahlpersonal, Polizeikräfte) oder alle Wahlberechtigten (unter bestimmten Voraussetzungen) vor dem eigentlichen Wahltermin wählen. Island, Finnland, Norwegen und Schweden beispielsweise weisen eine lange Tradition des *early voting* auf, das allerdings stets mit einem zusätzlichen administrativen Aufwand verbunden ist.[262] Bei den jüngsten Parlamentswahlen (von 2017, 2018 oder 2019) wurden in Island rund 19 %, in Norwegen 36 %, in Schweden 47 % und in Finnland 51 % der Stimmen vorab abgegeben. Die Möglichkeit für eine vorgezogene Stimmabgabe begann bei den Wahlen 2017 in Island kurioserweise bereits einen Monat vor Ende der Kandidatenregistrierung.[263] Auch unterscheiden sich mitunter die Verfahren der vorzeitigen und regulären Stimmabgabe, was, gemessen an internationalen Wahlstandards, zu kritisieren ist, selbst wenn das *early voting* in den genannten Ländern gut funktioniert.

Politisch bedeutsamer ist zudem die Frage, ob Wahlen zu den verschiedenen gewählten Institutionen auf nationaler (Präsident, Abgeordnetenhaus, gegebenenfalls Senat) oder sogar subnationaler Ebene (Regional-, Lokalwahlen) gemeinsam oder getrennt stattfinden. Für das Zusammenlegen von Wahlen sprechen zweifelsohne organisatorische und finanzielle Gründe. Auch auf die Wahlbeteiligung kann sich dies positiv auswirken. Politisch wird zudem die Wechselwirkung zwischen den Wahlen verstärkt: Finden beispielsweise Präsidentschafts- und Parlamentswahlen gleichzeitig statt, ist die Chance größer, dass das Ergebnis der – meist als wichtiger erachteten – Präsidentschaftswahlen auch das Parlamentswahlergebnis beeinflusst. Werden hingegen Präsidentschafts-

---

261 Vgl. Katzenberger, Paul: Abstimmung über Präsidenten. Was Sie über die Wahl in Russland wissen müssen, in: *Süddeutsche Zeitung*, Artikel v. 17. März 2018. Online unter: https://www.sueddeutsche.de/politik/abstimmung-ueber-praesidenten-was-sie-ueber-die-wahl-in-russland-wissen-muessen-1.3910353.

262 Siehe die Wahlgesetze in den jeweiligen Ländern.

263 Vgl. den ODIHR-Bericht zu den Wahlen 2017.

und Parlamentswahlen getrennt, möglicherweise in unterschiedlichen Jahren, durchgeführt, ist es wahrscheinlicher, dass die Wahlergebnisse stärker auseinanderklaffen. Ob dies die Regierbarkeit erleichtert oder erschwert, hängt allerdings auch von weiteren Faktoren ab. Ein fruchtbares Untersuchungsfeld bietet hier Lateinamerika, eine Region, in der durchweg präsidentielle Systeme zur Anwendung kommen. In einigen Ländern werden dort Präsidentschafts- und Parlamentswahlen getrennt durchgeführt, in vielen anderen gemeinsam, in einigen Fällen sogar auf demselben Stimmzettel *(boleta única)* und mit nur einer Stimme.[264]

Identifizierung der Wahlberechtigten und Maßnahmen gegen Mehrfachwahl

Die Identifizierung der Wählerinnen und Wähler vor der Stimmabgabe ist von großer Bedeutung, um die Integrität des Wahlgangs sicherzustellen und eine Mehrfachwahl *(multiple voting)* zu vermeiden, bei der Wahlberechtigte mehr als die ihnen zustehende(n) Stimme(n) abgeben bzw. in mehreren Wahllokalen wählen. Dies ist nötig: Gerade in Ländern mit geringer demokratischer Wahltradition und in Wahlautokratien kommt es immer wieder vor, dass Wahlberechtigte in einem sogenannten „Wahlkarussell" von einem Wahllokal zum anderen transportiert werden, um unrechtmäßig mehrfach zu wählen, meist für die Regierungspartei, manchmal aber auch für die Opposition. Akkurate Wahlregister sowie eine sorgfältige Identifizierung der Wählerinnen und Wähler können dies vermeiden helfen. Für gewöhnlich müssen Wahlberechtigte sich dabei mittels Ausweisen, vorab ausgeteilten Wahlkarten oder Wahlbescheinigungen identifizieren – die dann auf Wahllisten gegengeprüft und durch die Unterschrift (oder den Fingerabdruck) der Wahlberechtigten bestätigt werden.

Mit dem technischen Fortschritt gewinnt zudem die Identifikation der Wahlberechtigten mittels biometrischer Daten (Fingerabdrücke, Gesichtserkennung etc.) an Bedeutung. Die Datenbank von International IDEA weist 50 Staaten weltweit aus, die auf biometrische Daten im Wahllokal zurückgreifen – die große Mehrheit davon in den Ländern des „globalen Südens".[265] So ist Brasilien vor geraumer Zeit dazu übergegangen, bei der Registrierung von Wahlberechtigten biometrische Daten zu speichern, die es dann erlauben, die registrier-

---

264 Vgl. Nohlen 2019: 408.

265 www.idea.int/data-tools/data/icts-elections.

ten Personen u.a. anhand ihres abgespeicherten Fingerabdrucks im Wahllokal zu identifizieren. Bei knapp 60% der registrierten Wählerinnen und Wähler kam diese Technik bei den Präsidentschaftswahlen 2018 zur Anwendung. Auch für Afrika wird die Identifikation mittels biometrischer Daten von technikaffinen Fürsprechern propagiert[266] und laut International IDEA dort in 20 Staaten angewandt. Entsprechende Technologien wurden dort beispielsweise in Ghana erstmals bei den Präsidentschafts- und Parlamentswahlen 2012 genutzt, allerdings mitnichten ohne Schwierigkeiten. In Nigeria begann die „Unabhängige Nationale Wahlkommission" zu den Wahlen 2014 und flächendeckend zu den Wahlen 2019 eine *Permanent Voter's Card* auszugeben, die auf einem Chip individuelle biometrische Daten enthält.[267] In Namibia liest ein *Voter Verification Device* im Wahllokal die Wahlkarten ein.[268] In den Ländern des Europarats kommen beispielsweise in Albanien, Armenien, Georgien und Montenegro Identitätsdokumente mit biometrischen Daten zur Anwendung.[269]

Eine einfache Maßnahme, um das mehrfache Wählen zu verhindern, ist die Markierung eines Fingers mit unlöschbarer Tinte. Zwar wird diese Methode in etablierten Demokratien Westeuropas und Nordamerika nicht angewandt, dafür aber in Ländern anderer Weltregionen – von Albanien und Georgien über Ägypten, Belize und Lesotho bis Indonesien und Timor-Leste. Sie ist weithin empfohlen, gerade für entstehende oder junge Demokratien, vorausgesetzt freilich, dass die Tinte tatsächlich für einen hinreichend langen Zeitraum unlöschbar ist und angemessen aufgetragen wird (was mangels Qualität der Tinte und mangels entsprechender Schulungen des Wahlpersonals nicht immer gegeben ist). Im Falle der afghanischen Präsidentschaftswahlen 2014 war unlöschbare Tinte sogar der wichtigste Mechanismus, um Mehrfachwahl zu verhindern, da die Wahlberechtigten landesweit in jedem Wahllokal ihre Stimme abgeben durften. Da die Taliban allerdings zum Wahlboykott aufgerufen hatten, wäre es sinnvoll gewesen, „unsichtbare" Tinte zu verwenden, die nur mit besonderen Lesegeräten an den Wahltischen gelesen werden kann, um Wählerinnen und Wähler nicht zu gefährden. Doch ist dies wiederum technisch anspruchsvoller und stör-

---

266 Siehe etwa die Beiträge in Nwokeafor 2017.
267 Vgl. Obe 2019: 111 f.
268 Vgl. den Bericht der Afrikanischen Union zu den Wahlen 2019 in Namibia.
269 www.idea.int/data-tools/data/icts-elections.

anfälliger. In Kambodscha initiierten Oppositionelle, wenn auch allzu kurzfristig und wenig erfolgreich, eine *clean finger*-Boykottkampagne, um die Versuche der Regierung zu konterkarieren, mittels einer hohen Wahlbeteiligung die Legitimität der nur wenig kompetitiven Parlamentswahlen von 2018 zu erhöhen. Traurig, weil notwendig, stimmen besondere wahlgesetzliche Regelungen in den ehemaligen Bürgerkriegsländern El Salvador und Nicaragua, die eigens vorschreiben, dass Wahlberechtigte, die beide Hände bzw. Arme verloren haben, an einer anderen, sichtbaren Stelle am Körper markiert werden sollen.

Stimmenkauf – ein verbreitetes Problem

Neben der Mehrfachwahl ist – zumindest aus Sicht freier und fairer Wahlen – Stimmenkauf ein gängiges Problem in Wahlautokratien, vor dem aber auch Demokratien nicht gefeit sind. Bereits in dem Abschnitt zum Wahlkampf wurde auf die Praxis so mancher Regierung hingewiesen, mithilfe von öffentlichen Ressourcen und Wahlgeschenken die Wählerinnen und Wähler zu beeinflussen. Darüber hinaus gibt es immer wieder Beispiele dafür, dass Stimmen gezielt gekauft werden, sei es im Vorfeld der Wahlen oder noch am Wahltag. Zwar ist in vielen Staaten – die Datenbank von International IDEA listet allein 163 auf – Stimmenkauf ausdrücklich verboten und teils mit hohen Strafen belegt. Das neue Parteiengesetz von 2018 in Malawi verbietet beispielsweise *handouts* (Bargeld, Geschenke etc.) zur Beeinflussung von Wählerinnen und Wählern.[270] Doch sind solche Praktiken in Ländern mit geringer demokratischer Wahlkultur gang und gäbe. In Kambodscha, um nur ein Beispiel zu nennen, ist Stimmenkauf traditionell weit verbreitet. Auch in anderen Ländern und Weltregionen wird in mehr oder minder großem Maße Stimmenkauf moniert, selbst in Europa: Hartnäckig halten sich Praktiken des Stimmenkaufs und „organisierten" Wählens beispielsweise in Albanien, Bulgarien, Moldawien und der Ukraine. Stimmenkauf geht wohlgemerkt nicht nur von Politikerinnen und Politikern oder Parteien aus, die so ein besseres Wahlergebnis erzielen und möglichst (viele) Mandate gewinnen

---

270 Das dortige Parteiengesetz versteht unter *handouts*: „*transactions whereby political parties, bodies, candidates or any other person distribute private goods, cash, gifts and other items to a person as an enticement to vote for the political party or the candidate that shall not include matters or transactions specified in the schedule*" (Political Parties Act No. 1 of 2018, Section 2).

wollen. Es gibt gerade auch Wahlberechtigte, die ihre Stimmen verkaufen möchten. Für Nigeria wird beispielsweise berichtet, dass viele Wählerinnen und Wähler eine Gegenleistung für ihre Wahlteilnahme erwarten und Kandidatinnen und Kandidaten offen fragen, was diese bereit sind, für ihre Stimme zu zahlen.[271]

Zwischen Stimmenkauf und Wahlsystem besteht übrigens ein Zusammenhang: Je kleiner der Wahlkreis, umso geringer sind der finanzielle Aufwand und die Erfolgsaussichten von Stimmenkauf. Bei Parlamentswahlen, die Mandate in Einer- oder kleinen Mehrpersonenwahlkreisen vergeben, ist daher Stimmenkauf grundsätzlich leichter als in Ländern, die (zumal starre) Parteilisten in großen Wahlkreisen oder gar auf nationaler Ebene verwenden.[272] Aus demselben Grund ist Stimmenkauf bei Lokal- und Regionalwahlen mitunter ausgeprägter als bei nationalen Wahlen.

Wählen im Wahllokal – noch immer der Goldstandard

Die Wahl mit einem gedruckten Stimmzettel im Wahllokal ist immer noch die gängigste und vielleicht auch die sicherste Form der Stimmabgabe, da so am ehesten eine freie und geheime Wahlentscheidung sichergestellt werden kann und sich die Korrektheit der Ergebnisse auch nachträglich überprüfen lässt. Dabei ist allerdings zu gewährleisten, dass die Wahlberechtigten tatsächlich frei von Druck und äußerem Einfluss ihre Stimme abgeben – und Wahlbetrug vermieden wird, zumal, wenn sie nicht darauf vertrauen können, dass ihre Wahlentscheidung wirklich geheim bleibt.

Vor diesem Hintergrund ist zunächst wichtig, dass Wahllokale, soweit möglich, an neutralen Orten untergebracht sind, beispielsweise in Schulen, und dass dort keine Wahlwerbung mehr aushängt. Die Ausgestaltung der Wahllokale muss einen ordnungsgemäßen Wahlablauf und eine ordnungsgemäße geheime Stimmabgabe frei von Druck erlauben. Dies reicht von der Verfügbarkeit der notwendigen Wahlmaterialien über die Verhaltensregeln im Wahllokal bis hin zur Aufstellung der Wahltische, Wahlkabinen und Urnen. Hier zeigt sich oft bereits, ob die Verantwortlichen im Wahllokal klare und sinnvolle Vorgaben erhalten haben und gut geschult sind. Ein geordneter Wahlgang ist wichtig für eine freie und geheime Stimmgabe. Obwohl der Andrang bei Wahlen mitunter groß

---

271 Obe 2019: 13.
272 Siehe das Kapitel zu Wahlsystemen.

und Wahlbeobachtung erwünscht und wichtig ist, können überfüllte Wahllokale die Wahlberechtigten mitunter unter Druck setzen oder gar die Geheimheit der Stimmabgabe gefährden – etwa, wenn die Warteschlangen direkt an den Wahlkabinen vorbeigeführt werden oder sich Menschen in der Nähe von Wahlkabinen aufhalten. Dies gilt umso mehr, wenn – wie etwa auf den Philippinen (aus ökonomischen Gründen) – keine Wahlkabinen, sondern nur Karton-Sichtschutze verwendet werden, um eine geheime Stimmabgabe zu ermöglichen.

Gemeinhin ist das Tragen von Waffen im Wahllokal oder, wie etwa auf den Philippinen oder in einigen lateinamerikanischen Staaten, darüber hinaus auch in der Öffentlichkeit am Wahltag ausdrücklich verboten. Auch sollten sich Streit- und Sicherheitskräfte nicht in unmittelbarer Umgebung oder gar im Wahllokal aufhalten, da diese – gerade in ehemaligen oder bestehenden autoritären Kontexten – auch als Bedrohung wahrgenommen werden können. Erst wenn Sicherheitsprobleme auftauchen, sollten die Verantwortlichen im Wahllokal diese gegebenenfalls herbeirufen. In Ländern wie Afghanistan, in denen der Wahlgang durch die Taliban bedroht wird, erwies sich allerdings die sichtbare Präsenz von Sicherheitskräften bislang als unabdingbar. Bei den Präsidentschaftswahlen 2019 bot die Regierung dort rund 100.000 Personen der Streit- und Sicherheitskräfte auf, um den Wahlgang abzusichern. Dennoch war und ist in etlichen Teilen des Lands ein sicherer Wahlgang nicht möglich. Dies gilt in unterschiedlichem Maße auch für einige afrikanische Länder mit internen gewaltsamen Konflikten wie Kamerun oder Nigeria. Auch in dem von Gewalt erschütterten Mexiko mussten, obwohl der Wahltag im Großen und Ganzen friedlich ablief, bei den Wahlen 2018 insgesamt 936 Wahllokale zeitweise und 32 Wahllokale ganz den Wahlgang aussetzen, aufgrund des Diebstahls oder der Zerstörung von Wahlmaterial oder aufgrund drohender Gewalt.[273]

Aber auch in Ländern ohne offen gewaltsame Konflikte kann es zu Sicherheitsproblemen kommen und erheblicher Druck auf die Wählerschaft ausgeübt werden, zur Wahl zu gehen und für bestimmte Personen oder Parteien zu wählen. Dies gilt besonders für Wahlautokratien. Für gewöhnlich wird der Druck dort aber schon im Vorfeld der Wahlen aufgebaut: In Belarus oder auch Russland werden beispielsweise bereits vor den Wahlen immer wieder Arbeitskräfte und Angestellte in staatlichen Unternehmen, Lehrkräfte und Studierende, El-

---

273 Vgl. den OAS-Wahlbericht zu den Wahlen 2018.

168

tern von Schulkindern und Mitglieder der öffentlichen Verwaltung dazu gedrängt, an den Wahlen teilzunehmen und regimeloyal zu wählen. Dies geschieht oft durch verpflichtende Teilnahme an Wahlkampfveranstaltungen, wie etwa in Kasachstan bei den Wahlen 2019, oder durch individuelle „Ansprache". Mitunter erstreckt sich die Einflussnahme aber auch auf den Wahltag, etwa im Rahmen organisierter Transporte von Wahlberechtigten zum Wahllokal. Letzteres geschieht gelegentlich auch in Demokratien.

Ohnehin kann selbst in Demokratien die Anwesenheit großer Gruppen identifizierbarer Parteigänger vor und in dem Wahllokal dazu führen, dass die Wähler sich eingeschüchtert oder bedrängt fühlen, wie OAS-Wahlbeobachterinnen und -beobachter beispielsweise bei den Wahlen 2015 in Belize und bei den Wahlen 2016 in der Dominikanischen Republik beanstandeten. Trotz etwaiger Wahlkampfverbote am Wahltag sind gerade in Lateinamerika und der Karibik viele Wahlberechtigte in den Farben ihrer Partei gekleidet und lassen so keinen Zweifel daran, wen sie wählen. Dasselbe gilt für viele Wahlen in Afrika. Aus diesem Grund ist es beispielsweise auf den Seychellen ausdrücklich verboten, in einem Radius von 100 Metern um das Wahllokal herum Kleidung, Banner, Abzeichen, Fahnen oder Ähnliches zu tragen oder zu zeigen, welche die Wahlpräfenz erkennen lassen.

Die geheime Stimmabgabe

Die mündliche und damit offene Stimmabgabe war noch im 19. Jahrhundert üblich, etwa in Großbritannien vor dem *Ballot Act* (1872), in vielen US-Staaten (bis 1896) oder auch in Dänemark (1848–1900) und Island (bis 1906). Auch in Preußen wurde die zweite Kammer 1849 bis 1918 öffentlich gewählt. Eine Variante der nicht geheimen Wahl gestaltete sich so, dass sich die Wähler je nach präferiertem Kandidaten in unterschiedlichen Wahlschlangen aufstellen mussten.[274] Im Laufe des 20. Jahrhundert setzte sich jedoch das geheime Wahlrecht durch – mit Ausnahme so mancher Wahl unter autoritären Bedingungen. Ganz im Sinne des damaligen Diktators Anastasio Somoza García charakterisierte beispielsweise der nicaraguanische Verfassungsrechtler Manuel Escobar im Jahr 1943 das – in Lateinamerika bereits damals übliche – geheime Wahlrecht wie

---

274 Vgl. Elklit 2000a: 192.

folgt: „Die schriftliche Stimmabgabe bezweckt nichts, als die Wähler zu verängstigen und einzuschüchtern; die geheime Wahl versucht, die Verantwortung der Feiglinge, Egoisten und Unschlüssigen zu verdecken. Die mündliche Stimme, die öffentlich sein muss, ist der geheimen Stimme überlegen, da sie zu Mannhaftigkeit und Patriotismus erzieht und das Wahlrecht nicht aus Angst ausgeübt wird, sondern um eine heilige Pflicht zu erfüllen."[275] Bei den Wahlen von 1947 in Nicaragua gab es dementsprechend für die Regierungs- und Oppositionskandidaten je eigene Warteschlangen, wobei jene der Opposition von der Nationalgarde mitunter gewaltsam aufgelöst wurde. Auch nach Wiedereinführung des geheimen Wahlrechts im Jahr 1962 war während aller sieben nationalen Wahlen während der Somoza-Diktatur (1936–1979) die Geheimheit der Stimmabgabe nicht gegeben.[276]

Heutzutage ist das geheime Wahlrecht ganz grundlegend für eine demokratische Wahl. Es ermöglicht den Wählern und, gerade in traditionellen Gesellschaften, vor allem auch den Wählerinnen ihre Wahlentscheidung für sich zu behalten und schützt sie vor etwaigen negativen Folgen und Sanktionen. Zugleich ermöglicht sie einen Wahlgang unabhängig von externer Einflussnahme. Unhaltbar ist daher etwa die rechtlich eingeräumte oder tatsächlich genutzte Möglichkeit, auch außerhalb der Wahlkabine zu wählen. Im Falle Ungarns, Russlands und der Ukraine wurden vereinzelt solche Praktiken von ODIHR moniert. Die nicht geheim durchgeführte Wahl widerspricht internationalen Standards, denn es ist nicht nur ein Recht, sondern auch eine Pflicht, geheim zu wählen, um keinen Einfluss auf die Wahlentscheidung anderer Personen zu nehmen. Zugleich dient die geheime Stimmabgabe dazu, Praktiken des Bedrängens von Wahlberechtigten und Stimmenkauf zu vermeiden. Bedrängte und „gekaufte" Wählerinnen und Wähler könnten nämlich dazu angehalten werden, ihre Wahlentscheidungen offenzulegen. Aus diesem Grund ist auch das – inzwischen mit dem Mobiltelefon besonders leichte und schwer nachweisbare – Fotografieren des eigenen, ausgefüllten Stimmzettels in der Wahlkabine zu unterbinden.[277] Das Foto könnte bei einer gekauften Stimme als Nachweis für die getroffene Wahlentscheidung dienen. Bei den Wahlen 2019 in Nigeria verbot die nationale Wahl-

---

275 Escobar 1943: 27; Übersetzung durch den Autor.
276 Vgl. Krennerich 1996a, 1997.
277 Ein solches Verbot besteht auch in Deutschland.

kommission sogar ausdrücklich Mobiltelefone in der Wahlkabine, allerdings ohne das Verbot tatsächlich durchsetzen zu können.[278]

Ebenso wenig hinnehmbar ist die Praxis des gemeinsamen Wählens von Ehepartnern und Familien *(family voting)* in der Wahlkabine, wie es in der ehemaligen Sowjetunion und Osteuropa ehedem üblich war und dort stellenweise noch immer vorkommt und toleriert wird. Verbreitet trat es beispielsweise noch bei den jüngsten Wahlen im Kosovo auf. Allerdings ist es den Wählerinnen und Wählern nicht immer leicht zu vermitteln, dass die geheime Stimmabgabe auch zwischen Familienangehörigen ein demokratisches Wahlprinzip darstellt. Noch extremer ist das *haus lain*-Wählen[279], wie es in Papua-Neuguinea (und auf ähnliche Weise auch in zentralasiatischen Staaten) vorkommt. Dann markiert die Führungsperson einer Familie oder Gruppe die Stimmzettel aller Wahlberechtigten dieser Familie oder Gruppe. Streng genommen handelt es sich dabei weniger um die Verletzung des geheimen Wahlrechts als um eine Mehrfachwahl einer Person und den faktischen Wahlrechtsentzug der anderen.[280]

Einschränkungen der geheimen Stimmabgabe ergeben sich mitunter auch nur durch überfüllte Wahllokale, unzulässig ausgelegte Wahlunterlagen, die Platzierung des Wahlpersonals oder auch durch die Unachtsamkeit von Wählerinnen und Wähler, die ihre ausgefüllten Stimmzettel erst außerhalb der Wahlurne falten. Besonders häufig sind solche Vorkommnisse in Ländern, in denen die Bevölkerung keine oder wenig Erfahrung mit demokratischen Wahlen mitbringt, und gleichzeitig die Wahlverantwortlichen in den Wahllokalen nicht hinreichend geschult sind. In Deutschland muss der Wahlvorstand übrigens einen Wähler oder eine Wählerin zurückweisen, wenn der Stimmzettel außerhalb der Wahlkabine gekennzeichnet oder gefaltet wird oder dieser so gefaltet oder äußerlich markiert wird, dass das Wahlgeheimnis gefährdet ist. Dasselbe gilt, wenn der Stimmzettel in der Wahlkabine fotografiert oder gefilmt wird.[281]

Allerdings gibt es auch Einschränkungen der geheimen Stimmabgabe, die in Kauf genommen werden (müssen). Diese betrifft bereits die Tatsache, dass nachvollzogen werden kann, wer an den Wahlen teilgenommen hat – und zwar anhand

---

278 Obe 2019: 113.
279 *Haus lain* – Pidgin für Gruppe eines Hauses/Haushalts.
280 Vgl. Elklit/Maley 2019: 70, Fn. 12.
281 Vgl. § 56 (6) BWO.

der Öffentlichkeit des Wahlgangs, anhand von unterschriebenen Wählerlisten in Wahllokalen, anhand von gestempelten Pässen oder Wahlkarten oder auch anhand von markierten Fingern. Die Wahlbeteiligung ist aber mitunter ein Politikum: Um die vorgeblich demokratische Legitimation der Wahlen sicherzustellen, versuchen nicht wenige Autokraten, mittels einer hohen Wahlbeteiligung die mehr oder minder starken Einschränkungen des Wahlwettbewerbs zu kompensieren. Das Wissen darüber, wer den Wahlen fernblieb, kann durchaus nachteilige berufliche oder persönliche Folgen für die jeweiligen Personen nach sich ziehen, zumal dann, wenn es zuvor Boykottaufrufe seitens der Opposition gab. Bei der Stimmabgabe selbst sind Einschränkungen des Wahlgeheimnisses im Falle all jener Personen gegeben, die Wahlunterstützung benötigen. Ob dies nun Verwandte oder Freunde sind, die von den Betroffenen selbst ausgesucht werden (dürfen), oder Verantwortliche im Wahllokal – die Geheimheit der Stimmabgabe ist zwangsläufig eingeschränkt. Dies gilt ebenso für die Stimmabgabe durch Stellvertreterinnen und Stellvertreter *(proxy voting)*, die etwa in Belgien, Frankreich und den Niederlanden ausgiebig angewandt wird, in Finnland aber wiederum ausdrücklich verboten ist.

Auch kann nicht gewährleistet werden, dass das Ausfüllen des Stimmzettels bei der Briefwahl immer geheim oder auch nur höchstpersönlich erfolgt, selbst wenn, wie in Deutschland, eine entsprechende unterschriebene Erklärung mit abgegeben wird. Auch der Transport und das Auszählen von Briefwahlstimmen bergen Gefahren. Dergleichen ist auch Internet-Voting nicht frei von Risiken. Immerhin muss sichergestellt werden, dass nur die jeweils wahlberechtigte Person ihre Stimme abgibt, und zwar auf eine Art und Weise, dass die abgegebene Stimme nicht mehr der Person, die sie abgegeben hat, zugeordnet werden kann.

Varianten des Stimmzettels

Für gewöhnlich erfolgt die Stimmabgabe im Wahllokal mit einem oder mehreren Stimmzetteln, die sich freilich erheblich unterscheiden können. Finden am selben Tag gleich mehrere Wahlen statt (Präsident, Parlament etc.), bestehen oft unterschiedliche Stimmzettel für die jeweils zu wählenden Organe. Mitunter werden die verschiedenen Organe aber auch auf einem Stimmzettel gewählt, im extremen Fall sogar mit ein und derselben Stimme. Dadurch wird die Kohärenz der Stimmabgabe für unterschiedliche Organe gestärkt oder (bei nur einer Stimme) sogar garantiert.

Nicht überall wird zudem ein einheitlicher, amtlich erstellter Stimmzettel verwendet, der alle kandidierenden Personen und/oder Parteien auflistet und auf dem die Wahlberechtigten ihre Präferenz(en) markieren. Ein solcher Stimmzettel-Typ wurde erstmals 1856 in der australischen Kolonie Victoria angewandt, weswegen er im angloamerikanischen Raum bis heute noch als *Australian ballot* bekannt ist.[282] Obwohl er weithin üblich ist, wenden einige wenige Staaten – in Europa etwa Frankreich, Schweden und Spanien, in Lateinamerika etwa Argentinien und Panama – noch ein System an, das für jede kandidierende Person oder Partei einen eigenen Stimmzettel vorsieht, den es auszuwählen gilt. Wird ein *„ballot and envelope model"*[283] angewandt, geben die Wahlberechtigten beispielsweise eine Stimme ab, indem sie den Stimmzettel des/der von ihnen präferierten Person oder Partei erst in einen neutralen Umschlag und danach in die Wahlurne stecken. Mitunter obliegt der Druck solcher Stimmzettel sogar den Parteien selbst (z.B. Argentinien und Panama), verbunden freilich mit staatlichen Vorgaben, wie diese auszusehen haben.

Ein solches Modell hat allerdings Nachteile, zumindest dann, wenn, wie beispielsweise in Schweden, die Stimmzettel aller antretenden Kandidatinnen, Kandidaten und/oder Parteien auf einem Tisch im Wahllokal ausgelegt werden. Die Wahlberechtigten bekommen dann nicht, wie ansonsten üblich, den Stimmzettel von den Verantwortlichen im Wahllokal ausgehändigt, sondern suchen sich selbst einen oder mehrere Stimmzettel aus und nehmen diese(n) mit in die Wahlkabine, wo sie ihren präferierten Stimmzettel erst in einen neutralen Umschlag und nach Verlassen der Wahlkabine in die Wahlurne stecken. Die Geheimheit der Stimmabgabe ist bei diesem Verfahren dann beeinträchtigt, wenn öffentlich sichtbar ist, welche Stimmzettel mit in die Wahlkabine genommen werden: Wenn die Wahlberechtigten nur einen Stimmzettel mitnehmen, ist ihre Wahlentscheidung leicht nachvollziehbar, wenn sie nur einige mitnehmen, lassen sich immerhin bestimmte Wahlpräferenzen ausschließen. Eine geheime Stimmgabe ist streng genommen nur dann völlig gewährleistet, wenn die Stimmzettel in der Wahlkabine ausliegen, wie dies etwa in Spanien der Fall ist,[284] oder die Wählerinnen und Wähler jeweils alle ausliegende Stimmzettel in

---

282 Vgl. Mackie 2000: 19 f.
283 Elklit/Maley 2019: 62.
284 Art. 86 Abs. 2 des spanischen Wahlgesetzes.

die Wahlkabine mitnehmen. Alternativ können sie auch einen Stimmzettel mitbringen, der vor den Wahlen bereits von Parteien oder öffentlichen Stellen verteilt wurde. Da mit dem *ballot and envelope*-Modell die Geheimheit der Stimmabgabe schwieriger zu gewährleisten ist und Stimmenkauf begünstigt wird, ist es schon gar für Länder ohne demokratische Wahlkultur nicht zu empfehlen. In Bulgarien beendete die Wahlreform 2005 diese Praxis. Selbst in der autoritär regierten Republik Kongo (Brazzaville) wurde mittels einer Wahlreform 2016, wie von der Opposition gefordert, ein einheitlicher Stimmzettel eingeführt, um Wahlmanipulationen zu erschweren.

In der Regel wird daher inzwischen mit einheitlichen, amtlichen Stimmzetteln gewählt, deren Gestaltung in Gesetzen und Verordnungen dann mehr oder minder stark geregelt ist. Dabei wird in der Regel nur eine definierte Anzahl an Stimmzetteln gedruckt, um zu vermeiden, dass allzu viele Stimmzettel frei im Umlauf sind. Sofern ein *Australian ballot* verwendet wird, ist für den politischen Wettbewerb zudem die Reihenfolge der Parteien auf dem Stimmzettel nicht unerheblich. Bestimmt wird diese für gewöhnlich durch die Stärkeverhältnisse bei vorangegangenen Wahlen oder alphabetisch oder, wie in Finnland, per Los. In Deutschland beispielsweise richtet sich die Reihenfolge der Parteilisten und der Wahlkreisvorschläge auf den Stimmzetteln zunächst nach der Zahl der Zweitstimmen, welche die Parteilisten bei der letzten Bundestagswahl im Land erreicht haben. Die weiteren Landeslisten und Wahlkreisvorschläge schließen sich in alphabetischer Reihenfolge der Kennwörter oder Namen der Parteien an.[285]

In Ländern mit einer hohen Analphabetenrate ist es häufige und bewährte Praxis, die Stimmzettel mit Symbolen für Kandidatinnen und Kandidaten bzw. Parteien zu versehen. Entsprechend bunt stellen sich in vielen Ländern weltweit die Stimmzettel dar. Dies erleichtert es all jenen Wahlberechtigten, die des Lesens nicht mächtig sind, ihre Stimme abzugeben, und zwar ohne Hilfe einer weiteren Person. Allerdings kann die Auswahl des Symbols ein Politikum sein, da es einen Unterschied macht, ob eine Partei – polemisch gesprochen – durch das Symbol einer Schildkröte oder eines Adlers auf dem Stimmzettel gekennzeichnet ist. Gelegentlich werden die Symbole amtlich vorgegeben und zwischen den Parteien ausgelost. Aus Gründen der Chancengleichheit problematisch ist es,

---

285 Vgl. § 30 (3) BWahlG.

wenn eine Partei die Nationalfarben oder Nationalsymbole verwendet, was mitunter ausdrücklich verboten ist.

Sofern einheitliche Stimmzettel verwendet werden, erfolgt die eigentliche Stimmabgabe in der Regel über die Markierung der Stimmzettel, sei es mit Schreibstift oder auch, wie in Indonesien, mittels eines Nagels, mit dem ein Loch in den Stimmzettel gebohrt wird. Auf den Philippinen erhielten die Wähler – bis zur Einführung von Wahlmaschinen (siehe unten) – leere Stimmzettel, auf die sie die Namen ihrer präferierten Kandidaten schreiben mussten. Auch Finnland benutzt *write-in ballots*. Dort hängen große Plakate mit durchnummerierten Kandidatinnen und Kandidaten aller Parteien aus und die Wahlberechtigten tragen die Nummer der von ihnen bevorzugten Personen ein. Eine einzigartige (und auch schöne) Form der Stimmabgabe, die freilich nun geändert werden wird, wies Gambia auf: Bislang steckten die Wahlberechtigten dort gläserne Wahlmurmeln in unterschiedlich farbige Wahlbehälter des jeweils präferierten Kandidatinnen oder Kandidaten.[286] Die Methode wurde bereits in den 1960er Jahren angesichts einer hohen Zahl von Analphabeten eingeführt. Die Auszählung gestaltete sich recht einfach, da die Glasmurmeln in spezielle Ablagen mit 200 oder 500 Kugeln gelegt wurden. Die Schwierigkeit bestand freilich darin, angesichts des mehrfachen Klickens der Murmeln beim Einwurf in die metallenen Wahlbehälter festzustellen, ob eine oder mehrere Kugeln eingeworfen worden waren. Daher wurde der Wahlbehälter mit Sand aufgefüllt, um ein Herumspringen der Wahlkugel zu vermeiden. Zudem waren die Wahlbehälter ohne Aufsicht, denn sie mussten der geheimen Stimmabgabe wegen direkt hinter der Wahlkabine und damit außerhalb des Sichtfelds des Wahlvorstands aufgestellt werden. Die Wahlkommission hat vor Kurzem angekündigt, die Wahlmurmeln durch Stimmzettel zu ersetzen.[287]

---

286 Für einen optischen Eindruck davon siehe: http://www.electionpassport.com/electoral -systems/the-gambia/.

287 Vgl. Rahman Alfa Shaban, Abdur: Gambia to switch from glass marble voting to use of ballot papers, in: *Africanews*, Artikel v. 20. März 2018. Online unter: https://www.africa news.com/2018/03/20/gambia-to-switch-from-glass-marble-voting-to-use-of-ballot -papers/

Elektronische Stimmabgabe – Risiko oder Garant für saubere Wahlen?

Vielfältig ist inzwischen der Einsatz elektronischer Hilfsmittel. Der klassischen Wahl am nächsten kommt die Anwendung von hybriden Systemen, bei denen die Wahlberechtigten zwar einen papierenen Stimmzettel ausfüllen, dieser aber, sei es durch Verwendung maschinell auslesbarer Stifte oder mittels elektronischer Bilderfassung, maschinell ausgezählt wird. Von einer elektronischen Stimmabgabe *(e-voting)* im engeren Sinne spricht man freilich erst dann, wenn auch die Stimmabgabe elektronisch erfolgt, gewissermaßen alternativ zu Stimmzetteln. Genutzt werden elektronische Wahlmaschinen inzwischen in etlichen Staaten, von Brasilien und Venezuela über Namibia und die Demokratische Republik Kongo bis nach Kirgistan und den Philippinen.[288] *E-voting* kann aber auch online erfolgen, umfasst also auch Internet-Wahlen *(i-voting)*.

E-voting kann aus vielfältigen Gründen eingeführt werden: um neue Möglichkeiten der Stimmabgabe zu eröffnen, um die Stimmabgabe zu erleichtern und die Wahlbeteiligung zu erhöhen, um Wahlberechtigten zu ermöglichen, von zu Hause oder vom Ausland aus zu wählen, um Kosten zu sparen und die Stimmenauszählung zu beschleunigen, um Wahlmanipulationen bei der Stimmenauszählung und -dokumentation zu vermeiden oder auch nur, um „mit der Zeit zu gehen" und die Wahlorganisation und den Wahlgang an den technischen Fortschritt anzupassen. Infolge jüngster Pandemieerfahrungen kommen möglicherweise noch gesundheitliche Argumente hinzu. Bei allen Vorteilen sollte dabei allerdings nicht verschwiegen werden, dass dahinter auch handfeste wirtschaftliche Interessen von Unternehmen stehen, die ihre Technik aktiv bewerben. So manche technikfreundliche Wahlbehörde und Wahlberatungsorganisation ist dafür anfällig.

In einigen Ländern wurden elektronische Wahlmaschinen ausdrücklich aus Sicherheitsgründen eingeführt – etwa in Indien, um das dort berüchtigte *ballot-box stuffing*, also das Auffüllen von Wahlurnen mit gleich mehreren Stimmzetteln, zu erschweren. Die elektronischen Stimmgeräte sind dort angeblich so programmiert, dass sie nur maximal fünf Stimmen pro Minute annehmen. Auf den Philippinen wurde zur Verhinderung von Wahlbetrug *(ballot-box stuffing, vote padding, „dagdag-bawas")* zwar kein *e-voting* im engeren Sinne eingeführt, doch kommen dort seit rund zehn Jahren automatische Wahl(zählungs)maschinen

---

288   Eine Auflistung aller Länder, die E-Voting anwenden, findet sich unter: https//:www. idea.int/data-tools/data/icts-elections.

zum Einsatz, in welche die Wahlberechtigten ähnlich wie bei einem Fax oder Scanner ihre Stimmzettel einführen *(e-counting)*. Das Verfahren wird dort gut angenommen, auch wenn es bei den Wahlen von 2013 offenbar Probleme beim Wiedergebrauch der Maschinen gab, da diese mitunter nicht alle Stimmzettel annahmen oder nach einer Weile ihren Dienst einstellten.

Technische Probleme sind denn auch ein wichtiges Gegenargument gegen die elektronische Stimmabgabe und Auszählung, und zwar auch in etablierten Demokratien. Seit Langem genutzt werden mechanische und elektronische Wahlgeräte beispielsweise in den USA. Die in die Jahre gekommenen Techniken, die dort angewandt werden, unterscheiden sich allerdings zwischen und innerhalb der Bundesstaaten erheblich, sind teils fehleranfällig und ermöglichen mitunter auch keine Überprüfung der Wahlergebnisse anhand ausdruckbarer Wahlprotokolle.[289] Die vielen Unsicherheiten bei der elektronischen Abstimmung, verbunden mit medialer Cyperpanik vor IT-Angriffen, habe, so Constanze Kurz in der *Frankfurter Allgemeinen Zeitung*, das Vertrauen in die Korrektheit des Wahlablaufs schwer beschädigt.[290]

Aufgrund von Sicherheitsrisiken und Überprüfbarkeitsproblemen hat sich – mit Ausnahme etwa von Belgien, wo seit den 1990er Jahren teilweise Touchscreen-Wahlmaschinen zur Anwendung kommen – die elektronische Stimmabgabe im Wahllokal in westeuropäischen Demokratien bislang (noch) nicht durchgesetzt. In den Niederlanden wurde nach der Wahl von 2006 die elektronische Stimmabgabe in einzelnen Gemeinden aufgrund von Sicherheitsrisiken wieder abgeschafft. In Deutschland erklärte das Bundesverfassungsgericht 2009 die Verwendung von Wahlcomputern nur dann für mit dem Grundgesetz vereinbar, wenn die wesentlichen Schritte der Wahlhandlung und der Ergebnisermittlung von den Bürgerinnen und Bürgern zuverlässig und ohne besondere Sachkenntnis überprüft werden können. Diesen Anforderungen entsprachen die bei der Bundestagswahl 2005 stellenweise eingesetzten Wahlcomputer nicht, die damals rund 2 Millionen Wahlberechtigte in mehreren Bundesländern genutzt hat-

---

289 Vgl. die ODIHR-Berichte zu den Wahlen in den USA.
290 Wer traut noch einem Wahlcomputer? Die Midterm-Wahlen in den Vereinigten Staaten offenbaren eine Vielzahl technischer Probleme, in: *Frankfurter Allgemeine Zeitung*, Artikel v. 12. November 2018, S. 12. Online unter: https://www.faz.net/aktuell/feuille ton/aus-dem-maschinenraum/wer-traut-noch-wahlcomputern-probleme-bei-midterm -wahlen-15885404.html.

ten.[291] Frankreich wendet seit geraumer Zeit Wahlmaschinen in einigen Gemeinden bei nationalen Wahlen an, ohne dass sie sich landesweit durchgesetzt hätten. Bulgarien führte entsprechende Pilotprojekte bei etlichen Wahlen seit 2014 durch. Da die Wahlmaschinen nicht flächendeckend zur Verfügung standen, wie dort gerichtlich angeordnet worden war, wurde bei den Parlamentswahlen 2017 ganz auf sie verzichtet.

Internet-Voting (i-voting) bietet – im Sinne eines *remote e-voting* – eine Alternative zur Wahl im Wahllokal an. In Estland besteht seit 2005 eine solche Möglichkeit der Internetwahl. Bei den Parlamentswahlen von 2019 wurden knapp 44 % der gültigen Stimmen im Internet abgegeben, was weltweit wohl Rekord ist. Auch besteht dort die Besonderheit, dass innerhalb eines Sieben-Tage-Zeitraums die Wahlberechtigten so oft wählen können, wie sie möchten; nur die zuletzt abgegebene Stimme zählt – und kann ihrerseits durch einen rechtzeitig abgegebenen gedruckten Stimmzettel wieder nichtig werden.[292] Dies alles soll sicherstellen, dass Wahlberechtigte ohne Einfluss und Druck durch andere Personen wählen.

Während die Sicherheit der der Internet-Wahlen in Estland nicht in Frage gestellt wird, war in Frankreich das (für Staatsangehörige im Ausland seit 2012 mögliche) Wählen per Internet bei den Parlamentswahlen 2017 wegen Cyber-Bedrohungen nicht möglich. In der Schweiz, wo *i-voting* zwischenzeitlich bereits in etlichen Kantonen und fürs Wählen im Ausland getestet worden war, wurde dieses mittlerweile ausgesetzt, da keine der verfügbaren Systeme den rechtlichen Anforderungen genügten. Zugleich formierte sich dort im Rahmen einer Volksinitiative Widerstand gegen eine Einführung der elektronischen Stimmabgabe als „dritten Stimmkanal" für die Parlamentswahlen.

Im Jahr 2004 hat der Europarat eine Empfehlung zu Anwendungsstandards von *e-voting* verabschiedet und diese 2017 aktualisiert.[293] Zwar wurde deutlich, dass der Europarat gegenüber *e-voting* aufgeschlossen ist, doch wurde zugleich betont, dass das öffentliche Vertrauen in die Technik und in die Wahlbehörden

---

291 BVerfG, Urteil vom 3. März 2009 – 2 BvC 3/07 und 2 BvC 4/07. Siehe auch Mähner 2009, Will 2009, Reiners 2017.

292 Vgl. zu den Details und den estnischen Verhältnissen, die das dortige *e-voting* im Unterschied zu Deutschland erleichtern: Reiners 2017.

293 CM/Rec(2017)5. Siehe auch das entsprechende *Explanatory Memorandum* zu der Empfehlung, CM(2017)50-add1final, sowie die entsprechenden Umsetzungsrichtlinien, CM(2017)50-add2 final.

eine wesentliche Voraussetzung für den Einsatz von *e-voting* sei. Sicherheit, Verlässlichkeit und Transparenz der vorgesehenen oder angewandten *e-voting*-Systeme seien zu gewährleisten. Der Europarat bekräftigte, dass jegliche Stimmabgabe, einschließlich *e-voting*, demokratische Wahlprinzipien einhalten muss.

Aus Sicht des allgemeinen Wahlrechts muss beispielsweise sichergestellt werden, dass die Anwendungsmaske *(voter interface)* von den Wahlberechtigten, einschließlich von Menschen mit Beeinträchtigungen, leicht und eigenständig zu bedienen ist – und dass alle Stimmen auch tatsächlich gezählt werden. Im Hinblick auf die Wahlgleichheit ist notwendig, dass alle Wahlberechtigten gleichermaßen über die angewandte Technik informiert werden und dass ihre Identifizierung und Stimmgabe verlässlich sind, um unberechtigte und mehrfache Stimmabgaben zu verhindern. Die Freiheit der Wahl schließt ein, dass die Präferenz der Wählerinnen und Wähler durch Wahlmaschinen und Wahlcomputer zuverlässig wiedergegeben und nicht beeinträchtigt oder verfälscht wird. Daher ist es wichtig, dass diese ihre Stimmabgabe bestätigen und verifizieren können. Zugleich bedarf es Vorkehrungen, dass die Wählerinnen und Wähler etwaige Belege für ihre Stimmabgabe nicht öffentlich machen oder gar als Nachweis bei Stimmenkauf nutzen. Im Falle der Onlinestimmabgabe sollten sie daher auch keine Screenshots, Ausdrucke oder Kopien ihrer Wahlentscheidung erstellen können. Das Wahlgeheimnis wiederum erfordert, wie bereits erwähnt wurde, dass die Wahlentscheidung auch nachträglich nicht den jeweiligen Wählerinnen und Wählern zugeordnet werden kann.

Haben die Wahlberechtigten kein Vertrauen, dass die Wahlentscheidungen unverfälscht und anonym bleiben und bei der Stimmenauszählung alles „mit rechten Dingen zugeht", ist die Anwendung von *e-voting* problematisch. Dies gilt umso mehr, wenn keine ausreichenden Sicherheitsvorkehrungen vor äußerer Einflussnahme (Stichwort: *hacking*) getroffen wurden. Besondere Herausforderungen betreffen dabei die elektronische Stimmabgabe außerhalb des Wahllokals *(remote e-voting)*. Sichere Verschlüsselungstechniken sind gerade im Falle von Onlinestimmabgaben unabdingbar. Ausgiebige Tests vor Inbetriebnahme des Systems sind ebenso wichtig wie laufende Überprüfungen, technische Aktualisierungen und ein seriöses Risikomanagement. Auch muss die Nachprüfbarkeit der Wahlergebnisse sichergestellt werden.

Dennoch: Weltweit ist ein Trend zu *e-voting* erkennbar, gerade auch in den Ländern des „globalen Südens". In Brasilien wählt seit dem Jahr 2000 die gesamte Wählerschaft mittels „elektronischer Urnen" – der OAS zufolge ohne technische

Probleme bei den Wahlen 2018. In einigen anderen Staaten Lateinamerikas, wie in Peru 2020, wird in einem (kleinen) Teil der Wahllokale elektronisch gewählt. In Afrika hat beispielsweise Namibia elektronische Wahlmaschinen *(Electronic Voting Machines)* eingeführt. Allerdings zeigen die dortigen Erfahrungen, dass Wahlmaschinen gelegentlich für Störungen und Bedienungsprobleme anfällig sein können.[294] Auch gehen möglicherweise von der Covid-19-Pandemie Impulse für die Einführung des *i-voting* aus, das sich noch nicht durchgesetzt hat und umfassender Sicherheitsvorkehrungen bedarf, die viele Länder bislang überfordern.

Barrierefreiheit beim Wahlgang?

Nicht erst seit Inkrafttreten der UN-Behindertenrechtskonvention wird einem barrierefreien Zugang zu den Wahlen besondere Bedeutung beigemessen. Am Wahltag setzt dies eine barrierefreie Zugänglichkeit der Wahllokale und Stimmabgabe voraus. Menschen mit Behinderungen sollen, wenn möglich, selbstständig und geheim ihre Stimme ohne fremde Hilfe abgeben können. Zu diesem Zweck wurden weltweit technische Verfahren *(assistive tools)* entwickelt und organisatorisch zur Anwendung gebracht, die es Menschen mit Behinderungen ermöglichen, ohne Unterstützung ihre Stimme abzugeben – von Wahlinformationen in leichter Sprache über Wahlschablonen für Menschen mit Sehbehinderung bis zu behindertengerechten elektronischen Stimmabgaben.

Sofern ältere und behinderte Menschen dennoch technische Unterstützung oder persönliche Assistenz benötigen, enthalten viele Wahlgesetze inzwischen Bestimmungen für ein *assisted voting*. Gängige Praxis ist die Hilfestellung durch eine Person, die zumeist der oder die Wahlberechtigte selbst auswählt. Alternativ hierzu kann eine Wahlhelferin oder ein Wahlhelfer im Wahllokal behilflich sein. Dabei räumen viele Staaten Menschen mit Behinderung eine Vorzugsbehandlung in den Wahllokalen, beispielsweise in den Warteschlangen, ein.

Falls der Gang ins Wahllokal nicht möglich ist, kommen – mehr oder minder sichere – alternative Möglichkeiten der Stimmabgabe in Frage; sie reichen vom Wählen mit mobilen Wahlurnen in Krankenhäusern, Pflegeheimen oder im eigenen Zuhause bis zur Briefwahl oder Online-Wahlen. Doch sollten solche alternative Formen des Wählens nicht die Wahlbehörden ihrer Verantwortung

---

294 Vgl. etwa den vorläufigen Wahlbeobachtungsbericht der Afrikanischen Union zu den Wahlen 2019.

entbinden, die bestmöglichen Voraussetzungen dafür zu schaffen, dass Menschen mit Behinderung auch im Wahllokal wählen und so am politischen Leben teilnehmen können, wie alle anderen Wahlberechtigten auch.

Hinsichtlich der Barrierefreiheit des Wählens gibt es weltweit noch viel zu tun. Bei allen Fortschritten, auch in den Ländern des globalen Südens, sind Wahllokale oft nicht barrierefrei ausgestaltet und ausgestattet und mangelt es an entsprechender Anleitung und Ausbildung des Wahlpersonals. So fordern internationale Wahlbeobachtungsmissionen – ebenso wie der UN-Behindertenrechtsausschuss und viele Behindertenverbände – bei Wahlen auch in Europa weitere Maßnahmen ein, um auch Menschen mit Behinderungen einen freien Wahlgang zu ermöglichen.

Wählen außerhalb des Wahllokals

Für die zahlreichen Wahlberechtigten, die am Wahltag nicht ins Wahllokal kommen können oder wollen, bestehen für gewöhnlich alternative Möglichkeiten der Stimmabgabe. Sie erleichtern es, das allgemeine Wahlrecht zu nutzen, sollten aber mit zusätzlichen Wahl- und Sicherheitsvorkehrungen einhergehen. In etlichen Staaten ist eine vorzeitige, persönliche Stimmabgabe *(early voting)* in einem Wahllokal möglich. Mitunter gibt es spezielle Wahllokale am Wahltag für Wahlberechtigte, die sich nicht an ihrem Wohnort aufhalten. Mancherorts besteht auf Antrag auch die Möglichkeit der Stimmabgabe durch einen Stellvertreter oder eine Stellvertreterin *(proxy voting)*. In Belgien, wo Wahlpflicht herrscht, dürfen beispielsweise Wahlberechtigte, die aus Gründen der Gesundheit, des Berufs, des Studiums, des Wehrdiensts, der Verbüßung einer Haftstrafe, eines Auslandaufenthalts oder religiöser Vorschriften nicht im Wahllokal ihre Stimme abgegeben können, einen Stellvertreter benennen, der für sie wählt. Ähnliches gilt für Frankreich. In den Niederlanden bedarf es nicht einmal einer Begründung, um die Stimmabgabe durch einen *proxy* durchführen zu lassen, was dem Prinzip der Höchstpersönlichkeit der Wahlen entgegenläuft. Während in den genannten Ländern die *proxy*-Regelungen viel Vertrauen genießen, sind sie für Länder ohne demokratische Wahlkultur problematisch.

Größeren Sicherheitsrisiken ausgesetzt ist auch das Wählen mittels transportabler Wahlurnen *(mobile voting)*, wie es in verschiedenen Staaten Ost(mittel)europas und des Kaukasus vor allem für kranke und gebrechliche Personen möglich ist. Der Venedig-Kommission des Europarats zufolge ist die Nutzung mobiler Urnen aufgrund der großen Betrugsgefahren nicht wünschenswert. Oft ist die Geheimheit der Stimmabgabe gefährdet. Skepsis ist beispielsweise auch angebracht, wenn eine mobile Urne nur für kurze Zeit das Wahllokal verlassen hat, die begleitenden Personen aber eine umfassende Liste mit Unterschriften von angeblichen Wählerinnen und Wählern vorlegen, die sie im gesamten Stadtgebiet besucht haben wollen. Sofern transportable Wahlurnen genutzt werden, muss deren Verwendung strengen Sicherheitsmaßnahmen unterliegen. Insbesondere sollen mehrere, unterschiedliche politische Richtungen vertretende Mitglieder des Wahlausschusses des Wahllokals beim *mobile voting* anwesend sein.[295]

Als Alternative bietet sich – neben dem bereits behandelten Internet-Voting – die traditionelle Briefwahl an, die inzwischen beispielsweise in vielen europäischen Staaten sowie auch in Nordamerika möglich ist. Nachdem das Bundesverfassungsgericht in früheren Entscheidungen noch festgestellt hatte, dass die Briefwahl nicht unbeschränkt und unbedingt, sondern nur in begründeten Fällen gestattet sei, dürfen die Wahlberechtigten, die in ein Wählerverzeichnis eingetragen sind, seit der Bundestagswahl 2013 auch ohne Vorliegen eines besonderen Grunds per Briefwahl wählen. Bereits zuvor ist freilich die Anzahl der per Briefwahl abgegebenen Stimmen von 13,4 % (1994) auf 16,0 % (1998), 18,0 % (2002), 18,7 % (2005), 21,4 % (2009) und 24,3 % (2013) gestiegen und lag bei den Bundestagswahlen 2017 bei 28,6 %.

Am stärksten wird die Briefwahl wohl in der Schweiz genutzt: Etwa 85 % der Wählerinnen und Wähler geben dort inzwischen ihre Stimme mittels Briefwahl ab. Allerdings setzt die Briefwahl einen sicheren Postweg, angemessene Briefwahlunterlagen sowie eine entsprechende Kontrolle bei der Auszählung voraus. Dies schränkt ihre Nutzbarkeit in vielen Ländern weltweit ein. Selbst in den Ländern des „globalen Nordens" kann es Probleme geben: In einigen Bundesstaaten der USA wurde beispielsweise 2016 an Briefwähler kein zweiter Umschlag (für die Wählerstimme) verschickt, sodass die Geheimheit der Wahlentscheidung nicht garantiert war. In Österreich führte die fehlerhafte Handhabung der Briefwahl zur Annullierung der Präsidentschaftswahl im Jahr 2016. Grundsätzlich ist jedoch in beiden Ländern die Briefwahl sicher.

---

295 Vgl. CDL-AD(2002)023rev2-cor.

Wählen außerhalb des Lands

Sofern Staatsangehörige, die im Ausland leben oder sich dort aufhalten, an den Wahlen teilnehmen dürfen, können sie dies in einigen Ländern per Briefwahl tun, wie dies auch deutschen Wahlberechtigten im Ausland möglich ist. Sofern allerdings die Briefwahl (oder die Internetwahl oder das *proxy voting*) nicht zugelassen sind, müssen sie sich in eigens eingerichteten Wahllokalen im Ausland (Botschaften, Konsulate o. Ä.) einfinden, um ihre Stimme abzugeben. Dies ist zwar ein organisatorischer und finanzieller Aufwand, den aber selbst ärmere und kleine Staaten zu stemmen bereit sind. Timor-Leste richtete beispielsweise für die Wahlen 2018 in Australien, Portugal, Südkorea sowie Großbritannien jeweils ein bis vier Wahllokale ein. Politische Probleme mit dem Gastland gehen damit für gewöhnlich nicht einher. Zu den Ausnahmen gehört der politische Konflikt über die Errichtung von Wahllokalen für in der Ukraine lebende Russen bei den russischen Präsidentschaftswahlen von 2018. Hintergrund hierfür bildete die Annexion der Krim durch Russland sowie der Krieg in der Ostukraine, in den Russland involviert ist.

In Deutschland ist die Durchführung von Wahlen ausländischer Staaten in deren diplomatischen oder konsularischen Vertretungen oder an anderen Orten auf deutschem Territorium – mit Ausnahme von Briefwahlen – genehmigungspflichtig. Die weder völkerrechtlich noch europarechtlich verpflichtende Genehmigung erfolgt auf Antrag durch eine schriftliche Verbalnote des Auswärtigen Amts im Namen der Bundesregierung. Die Zahl der genehmigten Wahlen ausländischer Staaten in Deutschland variiert je nach Wahlzyklen, lag 2014 bei 55 Wahlen, 2015 bei 28 und 2016 bei 44. Im Jahr 2014 hat die Bundesregierung die beabsichtigte Abhaltung der syrischen Präsidentschaftswahlen mit Stimmabgabe im Bundesgebiet untersagt.[296]

Bestehen keine Möglichkeiten, per Briefwahl, per Online-Wahl, mittels Stellvertreterinnen oder Stellvertretern oder persönlich in Botschaften oder Konsulaten zu wählen, müssen Wahlberechtigte im Ausland *nolens volens* ins Heimatland reisen, um ihre Stimme abzugeben – sofern sie dort registriert sind.

---

296 Die Daten entstammen einer internen Arbeitshilfe im Auswärtigen Amt. Die Bundesregierung führt keine entsprechenden Listen, sodass weitere Daten nicht öffentlich vorliegen; vgl. Bundestags-Drucksache 18/12067.

Mitgliedstaaten des Europarats: Stimmabgabe aus dem Ausland

Albanien	Nein	
Andorra	Ja	Briefwahl
Armenien	Begrenzt	Nur für Diplomaten und Militärangehörige, die im Ausland eingesetzt werden, sowie deren Familienangehörige
Aserbaidschan	Nein	
Belgien	Ja	Stimmabgabe in Botschaften bzw. Konsulaten, Briefwahl sowie mittels Stellvertreterinnen und Stellvertretern
Bosnien- und Herzegowina	Ja	Stimmabgabe in Botschaften bzw. Konsulaten sowie Briefwahl
Bulgarien	Ja	Stimmabgabe in Botschaften bzw. Konsulaten
Dänemark	Ja	Stimmabgabe in Botschaften bzw. Konsulaten sowie vorgezogene Stimmabgabe
Deutschland	Ja	Briefwahl
Estland	Ja	Stimmabgabe per e-voting, in Botschaften bzw. Konsulaten sowie vorgezogene Stimmabgabe
Finnland	Ja	Stimmabgabe in Botschaften bzw. Konsulaten sowie Briefwahl
Frankreich	Ja	Stimmabgabe in Botschaften bzw. Konsulaten sowie mittels Stellvertreterinnen und Stellvertretern
Georgien	Ja	Stimmabgabe in Botschaften bzw. Konsulaten
Griechenland	Nein	
Großbritannien	Ja	Briefwahl sowie Stimmabgabe mittels Stellvertreterinnen und Stellvertretern
Irland	Begrenzt	Nur für Staatsbedienstete und Militärangehörige, die im Ausland eingesetzt werden, sowie deren Familienangehörige
Island	Ja	Stimmabgabe in Botschaften bzw. Konsulaten sowie per vorgezogener Wahl
Italien	Ja	Briefwahl
Kroatien	Ja	Stimmabgabe in Botschaften bzw. Konsulaten
Lettland	Ja	Stimmabgabe in im Ausland eingerichteten Wahllokalen sowie Briefwahl
Liechtenstein	Ja	Briefwahl
Litauen	Ja	Stimmabgabe in Botschaften bzw. Konsulaten
Luxemburg	Ja	Briefwahl
Malta	Ja	Vorgezogene Stimmabgabe
Monaco	Ja	Stimmabgabe mittels Stellvertreterinnen und Stellvertretern
Montenegro	Nein	
Niederlande	Ja	Stimmabgabe mittels Stellvertreterinnen und Stellvertretern sowie Briefwahl

Nordmazedonien	Ja	Stimmabgabe in Botschaften bzw. Konsulaten
Norwegen	Ja	Stimmabgabe in Botschaften bzw. Konsulaten, Briefwahl sowie vorgezogene Stimmabgabe
Österreich	Ja	Briefwahl
Polen	Ja	Stimmabgabe in Botschaften bzw. Konsulaten sowie Briefwahl
Portugal	Ja	Stimmabgabe in im Ausland eingerichteten Wahllokalen sowie Briefwahl
Republik Moldau	Ja	Stimmabgabe in Botschaften, Konsulaten und weiteren im Ausland eingerichteten Wahllokalen
Rumänien	Ja	Stimmabgabe in Botschaften bzw. Konsulaten sowie Briefwahl
Russland	Ja	Stimmabgabe in Botschaften bzw. Konsulaten
San Marino	Nein	
Serbien	Ja	Stimmabgabe in Botschaften bzw. Konsulaten
Slowakei	Ja	Briefwahl
Slowenien	Ja	Stimmabgabe in Botschaften bzw. Konsulaten sowie Briefwahl
Schweden	Ja	Stimmabgabe in Botschaften bzw. Konsulaten sowie Briefwahl
Spanien	Ja	Stimmabgabe in Botschaften bzw. Konsulaten sowie Briefwahl
Schweiz	Ja	e-voting und Briefwahl
Tschechische Republik	Ja	Stimmabgabe in Botschaften bzw. Konsulaten
Türkei	Ja	Stimmabgabe in Botschaften bzw. Konsulaten
Ukraine	Ja	Stimmabgabe in Botschaften bzw. Konsulaten
Ungarn	Ja	Stimmabgabe in Botschaften bzw. Konsulaten sowie Briefwahl
Zypern	Ja	Stimmabgabe in Botschaften bzw. Konsulaten

Quelle: eigene Zusammenstellung auf Grundlage von: https://www.coe.int/en/web/electoral-assistance/elecdata

Wie viele und welche Stimmen?[297]

Das jeweilige Wahlsystem entscheidet über das Stimmgebungsverfahren und damit über die Frage, wie viele Stimmen die Wählerin oder der Wähler auf welche Weise abgibt. Bei Präsidentschaftswahlen haben die Wahlberechtigten – mit Ausnahme etwa Sri Lankas, wo das *alternativ vote*-Verfahren zur Anwendung kommt – meist nur eine Stimme, mit der sie den Präsidenten oder die Präsidentin, gegebenenfalls gemeinsam mit dem Vizepräsidenten oder der Vizepräsiden-

---

297 Vgl. das Kapitel zu Wahlsystemen.

tin auf einem Ticket, wählen. In einigen wenigen Staaten werden die beiden Ämter getrennt gewählt, was dazu führen kann, dass Präsident(in) und Vizepräsident(in) unterschiedlichen Parteien entstammen.

Weit größer sind allerdings die Unterschiede bei Parlamentswahlen. Am einfachsten sind dabei Verfahren, in denen der oder die Wahlberechtigte eine Stimme an eine Kandidatin oder einen Kandidaten oder an eine Parteiliste vergibt (Einzelstimmgebung). Möglichkeiten des Stimmensplittings bestehen in Zweistimmensystemen (wie in Deutschland). Größere Beteiligungsmöglichkeiten bieten die Alternativstimmgebung (wie in der Republik Irland) oder Präferenzstimmgebungen, wie sie in Europa etwa in Belgien, Estland, Finnland, Island, den Niederlanden, Norwegen, Schweden, Slowenien und der Tschechischen Republik auch auf nationaler Ebene möglich sind. In Liechtenstein und der Schweiz ist sogar das Panaschieren, also die Vergabe von Präferenzstimmen an verschiedene Listen, bei nationalen Parlamentswahlen möglich.

Aus Sicht westlicher Demokratien sehr ungewöhnlich ist die Möglichkeit, eine „negative Stimme" abzugeben („gegen alle"). Eine solche Regelung wurde bis 2006 in Russland angewandt und 2016 in Bulgarien eingeführt. Ermöglicht wird so den Wählerinnen und Wählern, ihren Unmut über alle Kandidatinnen und Kandidaten und/oder Parteien auszudrücken. In Lateinamerika sind das Pendant dazu „weiße Stimmzettel" *(votos blancos* oder *votos en blanco)*, die zwar nicht bei der Mandatsvergabe berücksichtigt, aber dennoch getrennt von den ungültigen Stimmen eigens ausgezählt und dokumentiert werden. Auch in Spanien werden „leere Stimmzettel" ausgezählt und nicht als ungültige Stimmen gewertet. Bei den vorgezogenen Parlamentswahlen des Jahrs 2019 in Spanien waren diese aber gerade einmal 0,76 % der abgegebenen gültigen Stimmen. Um nicht einem Politik- und Parteienverdruss Vorschub zu leisten, drängen beispielsweise ODIHR und die Venedig-Kommission des Europarats darauf, negative Stimmen abzuschaffen.

13. ERMITTLUNG, BEKANNTGABE UND ANERKENNUNG DER WAHLERGEBNISSE

Die Stimmenauszählung

Internationalen Standards zufolge soll die Stimmenauszählung direkt nach Schließung der Wahllokale im Wahllokal erfolgen. Dies hat nicht nur den Vorteil, dass die Stimmen rasch ausgezählt werden. Vermieden wird auch, dass die versiegelten Wahlurnen mit Wählerstimmen, bevor diese ausgezählt wurden, bei dem Transport zu einer übergeordneten Wahlkommission „verloren gehen". Solche „Urnenverluste" kommen in manchen Ländern immer mal wieder vor, so etwa auch bei den Wahlen 1996 in Nicaragua, wo der Autor Wahlbeobachter war. In besonderen Fällen kann es allerdings auch angebracht sein, die Stimmen nicht vor Ort auszuzählen und die Wahlergebnisse nicht, wie üblich, am Wahllokal auszuhängen – z.B. dann, wenn einer kleinen Gemeinde, beispielsweise seitens eines mächtigen Großgrundbesitzers, Folgen angedroht werden, wenn sie die „falsche" Entscheidung trifft. In Island werden auf Distriktebene die Stimmen aus den Wahllokalen erst gemischt und dann ausgezählt. Angesichts der vielen kleinen Wahllokale mit unter 100 Wahlberechtigten soll so die Geheimheit der Wahlen besser gesichert werden. Auch in (Post-)Konfliktsituationen kann es angebracht sein, dass das Wahlverhalten eines Wahllokals oder einer Gemeinde nicht öffentlich wird. Durch den Transport der Wahlurnen an eine übergeordnete Stelle und das Mixen der Stimmzettel aus unterschiedlichen Wahllokalen oder Gemeinden kann dies vermieden werden.

Die Stimmenauszählung wird gewöhnlich von den Verantwortlichen im Wahllokal durchgeführt. Um sicherzustellen, dass diese korrekt verläuft, wird die Präsenz von akkreditierten Wahlbeobachterinnen und Wahlbeobachtern sowie von Parteivertreterinnen und Parteivertretern gemeinhin begrüßt. Hinsichtlich des Aufenthalts weiterer Personen bei der Stimmenauszählung ist eine Balance zwischen Transparenz und Störanfälligkeit des Auszählungsprozesses zu finden.

Die bei der manuellen Auszählung sichtbar durchzuführenden und zu protokollierenden Schritte für das jeweils zu wählende Wahlorgan (Präsident(in), Parlament etc.) sind typischerweise das Zählen der abgegebenen Stimmzettel und der Abgleich mit der Zahl der Wählerinnen und Wähler gemäß den Unterschriften auf den Wahllisten, das Zählen von gültigen, ungültigen und, falls gesondert ausgewiesen, leeren Stimmzetteln, das Zählen der Stimmen für die Kandidatinnen und Kandidaten bzw. Parteien – verbunden jeweils mit erneuten

Kontrollzählungen. Ebenfalls zu protokollieren sind u. a. etwaige Unstimmigkeiten (etwa zwischen der Zahl der Stimmzettel und der Zahl der Wählerinnen und Wähler), Streitfälle (etwa hinsichtlich der Frage, ob ein Stimmzettel gültig oder ungültig ist) sowie besondere Vorkommnisse (Störungen der Stimmenauszählung, Stromausfälle etc.).

Auch gilt es, das Wahlmaterial, insbesondere die Wahllisten, Stimmzettel und Ergebnisprotokolle, angemessen zu sichern. Für gewöhnlich wird das Material in den zu versiegelnden Wahlurnen in einem abschließbaren Raum aufbewahrt. Völlig ungewöhnlich ist, dass die Stimmzettel nach den Wahlen vernichtet werden, wie dies in Spanien – mit Ausnahme der ungültigen und beanstandeten Stimmzettel – wahlgesetzlich vorgesehen ist.[298] Der Transparenz und Integrität der Wahlen dient es, den Vertreterinnen und Vertretern von Wahlbeobachtungsgruppen und von kandidierenden Personen und Parteien Kopien der Protokolle auszuhändigen.

Während in vielen Staaten die Auszählung detailliert geregelt ist und angemessen durchgeführt wird, kommt es andernorts immer wieder zu Unregelmäßigkeiten. Teils ist dies wahlorganisatorischen Mängeln geschuldet und nicht Ausdruck von Wahlbetrugsversuchen. Teils kommt es aber auch zu Wahlbetrug, wobei dieser entweder eigenmächtig von den vor Ort verantwortlichen Personen durchgeführt oder auch zentral gesteuert werden kann. Dabei kann es beispielsweise zum nachträglichen Auffüllen der Wahlurnen mit zusätzlichen Stimmzetteln *(ballot-box stuffing)* oder zur Manipulation der Wahlprotokolle kommen. Im Falle der Parlamentswahlen 2020 in Aserbaidschan beispielsweise schlussfolgerte die Wahlbeobachtungsmission der Parlamentarischen Versammlung des Europarates (PACE), dass „… despite some appearance of progress in the preparation for the elections, the widespread violations of counting procedures raised serious concerns about the results oft he voting in general“.[299]

Die Veröffentlichung der Wahlergebnisse

Angeblich soll es fünf Tage gedauert haben, bis George Washington die Nachricht erhielt, dass er zum ersten Präsidenten der USA gewählt worden war. Mit Ausnahme langwieriger Auszählungsprozesse – wie beim *Single Transferable*

---

298 Vgl. Art. 97 Abs. 3 des spanischen Wahlgesetzes.
299 PACE, DOC 1590, Abs. 7.

Vote system in der Republik Irland oder in Verhältniswahlsystemen mit Präferenzstimmgebungen – stehen die Wahlergebnisse heutzutage meist viel schneller fest und werden rascher mitgeteilt. Prognosen und Hochrechnungen lassen schon bald nach Schließung der Wahllokale erste Trends erkennen, und die Wahlbehörden bemühen sich um eine möglichst umgehende Veröffentlichung von Teil- und Gesamtergebnissen.

Um die Transparenz des Wahlausgangs zu erhöhen, werden in vielen Ländern, gerade in Lateinamerika und Afrika, die Protokolle der im Wahllokal ausgezählten Ergebnisse nicht nur an die nächst höhere Wahlebene telefonisch oder elektronisch weitergegeben, sondern noch in der Wahlnacht auch öffentlich ausgehängt. Dies empfiehlt beispielsweise auch der Europarat in seinem *Code of Good Practices in Electoral Matters* für seine Mitgliedstaaten. So können auf Wahllokalebene die Wahlergebnisse unmittelbar nachvollzogen werden. Wahlbeobachtungsteams und politische Parteien, die in etlichen Ländern sogar Kopien der Wahlprotokolle erhalten, nutzen oft die Teilergebnisse auf lokaler Ebene, um parallel zu den Wahlkommissionen ein Gesamtergebnis zu ermitteln. Solche *Parallel Vote Tabulations* können die offiziellen Ergebnisse bestätigen oder aber Wahlbetrug aufdecken. Unbestritten ist, dass die Ergebnisse nachträglich besser kontrolliert werden können, wenn die disaggregierten Daten öffentlich verfügbar sind. So lassen sich auch nachträgliche „Korrekturen" der Wahlprotokolle seitens übergeordneter Wahlbehörden aufdecken.

Bei der Veröffentlichung der vorläufigen Wahlergebnisse auf nationaler Ebene bestehen dann unterschiedliche Strategien: Entweder werden die Teilergebnisse, so wie sie aus den jeweiligen Landesteilen hereinkommen, veröffentlicht. Ein solches *piecemeal reporting* hat den Vorteil, dass rasch erste Teilergebnisse vorliegen. Anderseits kann sich später das Gesamtergebnis stark von den Teilergebnissen unterscheiden – und damit Wahlbetrugsvorwürfe nähren. Oder die ersten Teilergebnisse werden erst veröffentlicht, wenn alle oder ein repräsentativer Teil der Ergebnisse vorliegen. Dann weichen die Teil- und Endergebnisse in der Regel nicht stark voneinander ab. Allerdings kann eine allzu späte Veröffentlichung ebenfalls Probleme aufwerfen und in Betrugsvorwürfen münden. Daher sind die Wahlbehörden bemüht, rasch verlässliche Ergebnisse vorzulegen. Auch dank technischer Innovationen bei der Dokumentation und Übermittlung der Wahlergebnisse ist dies inzwischen auch in großen Flächenstaaten oder in Ländern mit schlecht ausgebauten Infrastrukturen möglich.

Besonders problematisch ist, wenn die Veröffentlichung von Teilergebnissen plötzlich ausgesetzt wird. Dieter Nohlen berichtete darüber, wie 1990 in Nicaragua die regierenden Sandinisten in der Wahlnacht die Addition der einlaufenden Wahlergebnisse zwischenzeitlich stoppten, offenkundig um zu beraten, ob sie ihre sich abzeichnende Wahlniederlage akzeptieren sollten. Der ehemalige US-Präsident Jimmy Carter, der mit seinem „Carter Center" als Wahlbeobachter vor Ort war, wurde in die Vermittlung von Wählervotum und Regierungsmacht eingeschaltet. Anspielend auf seine schlechten Erfahrungen in Panama[300] erklärte er, Daniel Ortega (der damalige Staatspräsident und neuerliche Präsidentschaftskandidat der Sandinisten), könne jetzt zeigen, ob er ein „Staatsmann oder ein Lump" sei.[301] Die Sandinisten akzeptierten schließlich das Wahlergebnis.

Ein jüngeres Beispiel: Bei den Präsidentschaftswahlen 2019 in Bolivien wurde ebenfalls die Veröffentlichung von Teilergebnissen unterbrochen. Hier zeichnete sich in der Wahlnacht ab, dass Präsident Morales in die ungeliebte Stichwahl gehen musste. Als dann der Wahlsieg von Morales in der ersten Runde bekannt gegeben wurde, wurden Wahlbetrugsvorwürfe erhoben und die nachfolgenden Proteste kosteten Morales letztlich sein Präsidentenamt. Wahlbeobachterinnen und Wahlbeobachter der OAS sprachen von klarer Manipulation.[302]

Ein weiteres von vielen aktuellen Beispielen für einen vermutlichen Wahlbetrug stellen die Präsidentschaftswahlen 2016 in Gabun dar, aus denen der Amtsinhaber Ali-Ben Bongo Ondimba mit hauchdünner Mehrheit offiziell als Sieger hervorging. Nachdem sein Widersacher, Jean Ping, bei der Auszählung in fast allen Provinzen des Lands vorne lag, verzögerte sich die Bekanntgabe der Ergebnisse aus der Heimatprovinz des Präsidenten. Mit offiziell rund 95 % der Stimmen und einer Wahlbeteiligung von fast 100 % in dieser Provinz (bei einer landesweiten Wahlbeteiligung von nur etwa 45 %) zog der Amtsinhaber offiziellen Angaben zufolge schließlich mit einigen wenigen tausend Stimmen noch an

---

300 In Panama wurden die Präsidentschafts- und Parlamentswahlen von 1989 noch vor Ende der Auszählung annulliert, als sich ein Oppositionssieg abzeichnete; vgl. Rodríguez 1989.

301 Nohlen 1990: 3.

302 Vgl. etwa Evo Morales: Overwhelming evidence of election fraud in Bolivia, monitors say, *BBC*, Artikel v. 6. Dezember 2019. Online unter: https://www.bbc.com/news/world -latin-america-50685335.

seinem Konkurrenten vorbei. Wahlbetrugsvorwürfe und gewaltsame Proteste ließen nicht lange auf sich warten, zumal weder die aufgeschlüsselten Wahlergebnisse veröffentlicht wurden, geschweige denn eine Neuauszählung angesetzt wurde.

Wahlbetrugsvorwürfe, Proteste und Gewalt

Dies leitet über zur Problematik der Anerkennung der Wahlen. Sie betrifft zum einen die Amtsinhaber. Vor allem Autokraten tun sich äußerst schwer, etwaige Wahlniederlagen anzuerkennen. Zwar ist dies meist auch nicht nötig, weil sie den Wahlprozess zu ihren Gunsten beeinflussen und manipulieren können. Doch wie eingangs des Buchs gezeigt, kommt es gelegentlich zu „öffnenden Wahlen", bei denen sich autoritäre Machthaber entscheiden müssen, ob sie eine Wahlniederlage akzeptieren. In Gambia bedurfte es beispielsweise im Jahr 2016 schon erheblichen internationalen Drucks, damit der autoritäre Machthaber abtrat und ins Exil ging. Ein regelrechtes Drama spielte sich 2010 in Côte d'Ivoire ab, in dem 2002 bis 2007 ein Bürgerkrieg geherrscht hatte. Präsident Laurent Gbagbo, der das Land seit 2000 regiert hatte, bestritt die Wahlen 2010 mit dem Slogan „Wir gewinnen, oder wir gewinnen" – und erkannte den Sieg des Oppositionskandidaten Alassane Ouattara bei der Stichwahl nicht an. In der Folge flammte kurzfristig der Bürgerkrieg wieder auf, bevor französische Streitkräfte Gbagbo festnahmen und ihn dem Internationalen Strafgerichtshof übergaben.

In Demokratien sollte hingegen die Anerkennung einer Wahlniederlage kein Problem, sondern Teil der demokratischen „Spielregeln" sein. Völlig inakzeptabel ist, wenn einzelne Kandidaten bei demokratischen Wahlen bereits vorab reklamieren, dass sie nur bei einem Wahlsieg die Ergebnisse anerkennen. Just dies tat Donald Trump und erhob unbegründete Wahlbetrugsvorwürfe im Vorfeld der Wahlen von 2016 und 2020.[303] Die Nichtanerkennung von Wahlen lässt sich demokratisch nur dann rechtfertigen, wenn die Wahlen nicht hinreichend frei und fair sind bzw. die Wahlergebnisse gefälscht wurden wie etwa in Belarus.

Dabei ist Augenmaß vonnöten: Nicht immer schlagen sich die vielfältigen Unregelmäßigkeiten, die gerade auch in jungen, noch nicht konsolidierten De-

---

303 Für 2016 siehe etwa Cottrell/Herron/Westwood 2018.

mokratien vorzufinden sind, im Wahlergebnis nieder. Vor allem in gesellschafts-politisch polarisierten Gesellschaften, in denen das Misstrauen zwischen den politischen Kontrahenten groß ist, sind die jeweiligen Wahlverlierer mit Betrugsvorwürfen gelegentlich (allzu) schnell bei der Hand. Nur zwei Beispiele: In Nicaragua hatte Daniel Ortega, nach seiner Abwahl 1990, regelmäßig bei den darauffolgenden, weitgehend korrekten Wahlen Betrug moniert, bis er schließlich 2006 wiedergewählt und bei umstrittenen Wahlen 2011 und 2016 im Amt bestätigt wurde. Der jetzige Präsident Mexikos, Andrés Manuel López Obrador, hatte nach seiner knappen Wahlniederlage 2006 – begleitet von großen Straßendemonstrationen – heftige Wahlbetrugsvorwürfe erhoben, bevor er nach einer erneuten Wahlniederlage 2012 dann im Jahr 2018 endlich zum Präsidenten gewählt wurde.

Wenig überraschend zeigen Studien, dass geringes Vertrauen in den Wahlprozess zu friedlichen Protesten oder sogar zum Ausbruch von Gewalt nach Wahlen beitragen kann.[304] Hinzu kommen gegebenenfalls individuelle negative Erfahrungen beim Wählen und mit Wahlverantwortlichen, bestätigte oder unbestätigte Informationen von Parteien und Medien über Wahlunregelmäßigkeiten und Wahlbetrug oder auch nur mangelhaftes Wissen über und geringe Erfahrung mit Wahlen.[305] Gerade internationale und nationale Wahlbeobachtungen können bei der Anerkennung der Wahlergebnisse eine bedeutende Rolle spielen, und zwar hinsichtlich der Akzeptanz von Wahlniederlagen durch Regierung wie Opposition. Allerdings können sie auch Wahlmanipulation und Wahlbetrug dokumentieren. Dies kann dazu führen, dass es nach den Wahlen zu begründeten Protesten, womöglich aber auch zu gewaltsamen Zusammenstößen kommt.[306]

Weltweit gibt es zahlreiche Beispiele, wie offenkundig manipulierte oder „gestohlene" Wahlen von den Wahlverlierern nicht anerkannt und gegebenenfalls angefochten werden – oder gar zu (Massen-)Protesten führen.[307] Hinzu

---

304 Vgl. Beaulieu 2014, Brancati 2016.
305 Vgl. etwa Karp/Nai/Norris 2018.
306 Vgl. Hyde/Marinov 2014, Daxecker 2012.
307 Etliche Studien befassen sich mit dem Zusammenhang von Wahlmanipulationen und Massenprotesten, z.B. Kalandadze/Orenstein 2009, Beaulieu 2014, Little/Tucker/LaGatta 2015, Brancati 2016, Harvey/Mukherjee 2018, Ong 2018, Geelmuyden Rød 2019.

kommen viele Proteste, bei denen die Wahlverlierer aus politischer Enttäuschung heraus Wahlbetrug monieren. Die entsprechende Datenlage hierzu ist jedoch unbefriedigend: Das fängt bereits bei der Frage an, ab welchem Ausmaß Proteste erfasst werden. Katya Kalandadze und Mitchell Orenstein zählten beispielsweise für den Zeitraum von 1991 bis 2005 insgesamt 17 *„major electoral fraud mobilizations"*, die in Afrika, Eurasien und Lateinamerika stattgefunden hätten.[308] Emily Beaulieu listet in ihrem Buch *Electoral Protest and Democracy in the Developing World* bereits 135 *„post-election mass demonstrations"* zwischen 1977 und 1995 auf.[309] Viele darunter betreffen Proteste, die durch Wahlbetrugsvorwürfe genährt wurden.

Oft geht die Gewalt dabei vom Staat aus. Der bereits mehrfach erwähnte Präsident Lukaschenka in Belarus ist nur einer von vielen Potentaten, die friedliche Wahlproteste gewaltsam zerschlagen ließen.[310] In Nigeria sollen über tausend Menschen bei den Protesten nach den Wahlen 2011 ihr Leben verloren haben.[311] Das von politischen wie religiösen Konflikten geprägte Indonesien[312] wiederum ist ein Beispiel für gewaltsame Proteste, die von den Anhängern des Wahlverlierers ausgingen. Dort weigerte sich der ehemalige General Prabowo Subianto, seine Niederlage bei den Wahlen 2014 und 2019 anzuerkennen, monierte – entgegen der Einschätzung internationaler Wahlbeobachtungsmissionen – großflächigen Wahlbetrug, und es kam zu Protesten, die gewaltsam eskalierten.

Wahlbeschwerden und Wahlanfechtungen

Neben Massenprotesten gegen das Wahlergebnis verfügen die Wahlverlierer meist noch über institutionelle Wege, die Wahlen anzufechten oder auch nur Beschwerden gegen einzelne Unregelmäßigkeiten einzureichen.[313] Die Möglichkeiten, Wahlbeschwerden einzulegen, sind ein wichtiger, wenn auch öffentlich kaum wahrgenommener Teil des Wahlprozesses. Beschwerdemöglichkeiten soll-

---

308 Vgl. Kalandadze/Orenstein 2009.
309 Vgl. Beaulieu 2014: 159–180. Irritierenderweise befinden sich darunter auch Proteste in Ländern Ost(mittel)europas, die gemeinhin nicht zur *developing world* gezählt werden.
310 Vgl. Hafner-Burton/Hyde/Jablonski 2016.
311 Vgl. Angerbrandt 2018.
312 Vgl. Aspinall/Mietzner 2019.
313 Vgl. auch Chernykh 2013.

ten nicht nur den kandidierenden Personen und Parteien offenstehen, wie in Bulgarien,[314] sondern allen Wahlberechtigten. Ob sie genutzt werden, hängt allerdings nicht nur von der Korrektheit der Wahlen ab, sondern auch von der öffentlichen Aufmerksamkeit und dem Vertrauen in die Beschwerdeverfahren. Wenn die Beteiligten davon ausgehen, dass Beschwerden ohne angemessene Prüfung ohnehin abgewiesen werden, dann mindert dies die Bereitschaft, Unregelmäßigkeiten zu melden.

Doch wer prüft Wahlbeschwerden? In etlichen westlichen Demokratien – wie Frankreich und Italien – werden Wahlbeschwerden von „normalen" Gerichten behandelt. In manch anderen etablierten und vielen jungen Demokratien weltweit sind hingegen Wahlkommissionen für die Prüfung von Wahlbeschwerden zuständig. Diese entscheiden entweder abschließend über Beschwerden oder ihre Entscheidungen können, was sinnvoll und wichtig ist, nochmals von ordentlichen oder besonderen Gerichten überprüft werden. In Großbritannien werden bei Beschwerden *ad hoc election courts* eingerichtet. In Lateinamerika gibt es teils ständige Wahlgerichte. Mitunter werden Wahlbeschwerden auch von Parlamenten behandelt, deren Entscheidung dann aber – mit Ausnahme von Belgien, Dänemark und den Niederlanden – gegebenenfalls einer gerichtlichen Prüfung standhalten muss. So auch in Deutschland: Hierzulande sind der Wahlprüfungsausschuss des Bundestags sowie das Bundesverfassungsgericht für die Wahlprüfung zuständig. Im Rahmen der entsprechenden Einspruchs- bzw. Beschwerdeverfahren kann die Gültigkeit der Wahlen sowie die Verletzung von subjektiven Rechten im Wahlverfahren geprüft werden.

Wie auch immer die Regelungen ausgestaltet sind, wichtig ist, dass sie klar und eindeutig sind, sodass die Beschwerdeführer wissen, an wen sie sich wenden können, und keine institutionellen Konflikte über Zuständigkeiten und Kompetenzen auftreten. Die Möglichkeit, sich mit einer Wahlbeschwerde *entweder* an die Wahlkommission *oder* an die Gerichte zu wenden, wurde in der Vergangenheit etwa im Falle von Georgien, der Ukraine, Kirgistan und Russland kritisiert.[315] Hier sind klare Verfahrensregeln notwendig, etwa dergestalt, dass zunächst die Wahlbehörden die Beschwerde prüfen und deren Entscheidungen dann gegebenenfalls vor Gericht angefochten werden können. Weiterhin müs-

---

314 CDL-AD(2011)013.
315 CDL-AD(2009)001, CDL-AD(2010)047, CDL-AD(2011)025, CDL-AD(2012)002.

sen die zuständigen Autoritäten den Wahlbeschwerden auch zügig und wirksam nachgehen, was in etlichen Staaten jedoch nicht der Fall ist. So kritisierte ODIHR, dass beispielsweise in Deutschland die Gesetzgebung keine Frist vorsieht, innerhalb derer Beschwerden, die nach dem Wahltag eingegangen sind, entschieden werden müssen. In der Praxis könne dies sehr lange dauern, was internationalen Standards widerspreche.

Wahlbeschwerdemöglichkeiten sollten dabei wohlgemerkt den gesamten Wahlprozess umfassen: das Recht, zu wählen und gewählt zu werden, die Registrierung von Wahlberechtigten, die Gültigkeit von Kandidaturen, die Einhaltung der Wahlkampfregeln, den Missbrauch von Staatsressourcen sowie den Wahltag selbst, bei dem es nochmals zu einer Vielfalt von Problemen kommen kann – von der fehlerhaften Identifizierung der Wahlberechtigten im Wahllokal über Unregelmäßigkeiten bei der Stimmabgabe, Stimmenauszählung und Stimmenaggregation bis hin zur Dokumentation und Veröffentlichung der Wahlergebnisse. Von besonderer Bedeutung ist hierbei die Möglichkeit, dass Wahlen auch ganz oder teilweise angefochten werden können. Die Anforderungen hierfür sind jedoch gemeinhin hoch und in die Entscheidung sind oft (Verfassungs-) Gerichte involviert, so auch in der Mehrheit der Staaten des Europarats (mit Ausnahme etwa von Belgien, Luxemburg, den Niederlanden und Rumänien).[316]

In Deutschland kommt es bei einer Wahlanfechtung nur dann zu einer Wiederholung von Bundestagswahlen, wenn der Wahlfehler sich auf die Mandatsverteilung auswirkt. Juristinnen und Juristen sprechen hier von „Mandatserheblichkeit" und berufen sich auf den „Erheblichkeitsgrundsatz". Im Sinne des geringstmöglichen Eingriffs erfolgt die Wahlwiederholung zudem nur dort, wo sich der Fehler ausgewirkt hat, also beispielsweise in dem jeweiligen Stimmbezirk oder Wahlkreis.[317] Auch in vielen anderen Ländern ist das zentrale Kriterium für die teilweise oder vollständige Annullierung von Wahlen die Frage, ob die Wahlverstöße das Wahlergebnis, insbesondere die Mandatsvergabe, berühren. In einigen Staaten wie etwa Aserbaidschan und in der Ukraine legen die Wahlgesetze einen Toleranzbereich für Wahlunregelmäßigkeiten fest, beruhend auf dem prozentualen Anteil irregulärer Stimmen. Dies entspricht jedoch nicht internationalen Standards.

---

316 Vgl. CDL-AD(2009)054.
317 Vgl. Schreiber 2017: 745 ff.

In der Praxis sind Wahlannullierungen eher selten. In Deutschland sind bislang sämtliche Wahleinsprüche zur Anfechtung von Bundestagswahlen zurückgewiesen worden. In Österreich hingegen musste der zweite Wahlgang der Präsidentschaftswahlen 2016 zur Gänze wiederholt werden. Der dortige Verfassungsgerichtshof (VfGH) hatte aufgrund der fehlerhaften Handhabung der Briefwahlstimmen und der vorzeitigen Veröffentlichung von Teilergebnissen am Wahltag einer entsprechenden Wahlanfechtung stattgegeben.[318] Ein (ebenfalls) kurioses Beispiel ist die Wahlannullierung der Präsidentschaftswahl 2019 in Malawi durch den dortigen Obersten Gerichtshof. Die Wahlkommission hatte zugegeben, bei der sogenannten „Tipp-Ex-Wahl" die Ergebnisse mithilfe der weißen Korrekturflüssigkeit überschrieben und so sage und schreibe 1,4 Millionen der insgesamt 5,1 Millionen Stimmen manipuliert zu haben. Aus den im Juni 2020 wiederholten Wahlen ging der Oppositionskandidat als Sieger hervor. Die Annullierung einer landesweiten Wahl ist die große Ausnahme in Afrika. Lediglich in Kenia hatte 2017 der dortige Oberste Gerichtshof auf Antrag des wichtigsten Oppositionskandidaten die Präsidentschaftswahlen wegen Rechtswidrigkeiten und Unregelmäßigkeiten für nichtig erklärt; die Wahlwiederholung wurde seinerzeit jedoch mangels hinreichender Reformen der Wahlbehörde von der Opposition boykottiert.

Während für gewöhnlich Forderungen, die Wahlen zu wiederholen, von der Opposition erhoben werden, verhielt es sich in der Türkei vor Kurzem umgekehrt: Nachdem bei den dortigen Lokalwahlen am 31. März 2019 die Opposition in elf Großstädten, einschließlich in der 25 Jahre lang von der „Gerechtigkeits- und Entwicklungspartei" (AKP) regierten Stadt Istanbul, gesiegt hatte, sprach Präsident Erdoğan von „Diebstahl an den Urnen". Die Wahlen in Istanbul wurden auf seinen Druck hin von der Wahlkommission (wegen angeblich zu wenig Aufsichtspersonal in den Wahllokalen) annulliert und wiederholt. In Istanbul mit etwa 10,5 Millionen Wählerinnen und Wählern, so glaubte der Autokrat, ließe sich der geringe Vorsprung des Oppositionskandidaten Ekrem İmamoğlu von 13.000 Stimmen aufholen. Dabei vertraute er auf die der AKP zur Verfügung stehenden staatlichen Ressourcen, seine große Medienmacht und einen Wahlkampf, in dem er massiv gegen die Opposition polemisierte und diese beschuldigte, Terrorismus zu unterstützen. In Bezug auf den eher konservati-

---

318 Verfassungsgerichtshof, W I 6/2016-125, 1. Juli 2016.

ven İmamoğlu von der „Republikanischen Volkspartei" (CHP) verfing die Propaganda jedoch nicht. Die Opposition siegte bei den wiederholten Wahlen erneut – und Erdoğan musste das Ergebnis akzeptieren, auch, weil es diese Mal gar zu deutlich ausgefallen war. Nachdem er und die von ihm kontrollierte Presse zuvor die Wahl in Istanbul zur Schicksalswahl für die ganze Türkei ausgerufen hatten, wurde nachträglich die Bedeutung der Wahlen herunterzuspielen versucht. Ob der Wahlsieg der Opposition in Istanbul indes „das Zeug hat", die gesamte Türkei zu verändern, wie deutsche Kommentatoren etwas kurzsichtig glaubten,[319] ist fraglich. Erdoğan wird aus der Wahlniederlage seine Lehren für die nächsten Präsidentschafts- und Parlamentswahlen ziehen, die ohnehin erst 2023 anstehen.

Wichtig ist schließlich, dass Wahlrechtsverstöße angemessen untersucht und geahndet werden. Entsprechende Regelungen muss auch das Strafrecht erhalten. Sie können zu Geld- oder gar Gefängnisstrafen sowie zum Entzug des aktiven oder passiven Wahlrechts führen. Indessen mangelt es in etlichen Ländern an rechtlichen Vorgaben oder dem politischen Willen, Wahlrechtsverstößen nachzugehen oder diese gar zu sanktionieren, sodass sich mancherorts eine Kultur der Straflosigkeit für Wahlvergehen gebildet hat. In dem am 5. Dezember 2019 entschiedenen Streitfall *Garamanli and Others v. Azerbaijan* beanstandete der Europäische Gerichtshof für Menschenrechte beispielsweise, dass weder die Wahlkommissionen noch die Gerichte in Aserbaidschan Wahlbetrugsvorwürfe von Oppositionskandidaten angemessen behandelt hätten. Die Entscheidung reiht sich ein in weitere Urteile des EGMR zu Aserbaidschan wegen Verletzungen des (im ersten Protokoll zur EMRK verankerten) Rechts auf freie Wahlen.

---

319 Vgl. etwa Buttkereit, Christian: Hoffnung in Erdogan verloren, in: *tageschau.de*, Artikel v. 24. Juni 2019. Online unter: https://www.tagesschau.de/kommentar/istanbul-wahl-113. html.

14. WAHLSYSTEME UND DIE ÜBERTRAGUNG VON STIMMEN IN MANDATE

Nachdem wir bereits bei der Frage der Wahlkreiseinteilung und der Stimmgebung auf einzelne technische Elemente von Wahlsystemen eingegangen sind, beschäftigt sich dieses Kapitel etwas ausführlicher mit der Frage, wie Stimmen in Mandate übertragen werden. Dies ist auf den ersten Blick ein trockenes Thema, mit vielen technischen Details und reichlich Mathematik. Rasch wird aber deutlich werden, dass Wahlsystemfragen nicht rein sozialtechnische, sondern hochpolitische Fragen sind, denn es geht um nichts weniger als um politische Macht. Wahlsysteme beeinflussen maßgeblich, wie sich das Wählervotum in politische Mandate umsetzt und wie politische Macht verteilt wird.

Präsidentschaftswahlen – wie viel Mehrheit soll es sein?

In jenen Staaten, die ein präsidentielles oder semi-präsidentielles Regierungssystem nutzen, werden neben dem Parlament auch die Präsidenten gewählt: so in den USA, in einzelnen europäischen Ländern, in allen Staaten Lateinamerikas, mehrheitlich in Afrika und in nicht wenigen Ländern Asiens.

Unter diesen stellen die USA eine Ausnahme dar, denn dort wird der Präsident oder die Präsidentin (gemeinsam mit dem Vizepräsidenten oder der Vizepräsidentin) noch indirekt durch ein „Wahlmännerkollegium"[320] *(Electoral College)* bestellt. Das *Electoral College* besteht aus 538 „Wahlmännern", die in den jeweiligen Bundesstaaten (und der Bundeshauptstadt Washington D.C.) gewählt werden. Jedem der 50 Bundesstaaten (und der Bundeshauptstadt) stehen mindestens drei „Wahlmänner" und entsprechend ihrem Bevölkerungsanteil eine weitere Anzahl an „Wahlmännern" zu. Mit zwei Ausnahmen, namentlich Maine und Nebraska, sowie der Bundeshauptstadt erhält die Partei mit den meisten Stimmen, also mit der einfachen Mehrheit, im jeweiligen Bundesstaat die Gesamtheit der dortigen „Wahlmänner", ganz gleich, ob sie mit einem kleinem oder einem großen Vorsprung gewonnen hat (*winner takes all*-Prinzip).

Die indirekte Wahl, zumal durch ein nicht proportional bestelltes *Electoral College*, kann dazu führen, dass diejenige Person, die landesweit die meisten Stimmen erhalten hat, nicht unbedingt die Mehrheit der „Wahlmänner" hinter

---

320 Der gender-unsensible Terminus wird der Verständlichkeit halber beibehalten, weil er in der Literatur so gebräuchlich ist. Sprachlich achtsamer, wenn auch ungewohnter, wäre es, von „Wahlpersonengremium" und „Wahlpersonen" zu sprechen.

sich vereint. So gewann die demokratische Präsidentschaftskandidatin Hillary Clinton im Jahr 2016 insgesamt 48,01 % der Stimmen (aber nur 42,2 % der „Wahlmänner"), während der Wahlsieger Donald Trump nur 45,95 % der Stimmen erlangte (aber 56,5 % der „Wahlmänner" hinter sich hatte). Auch im Jahr 2000 hatte der unterlegene demokratische Präsidentschaftskandidat Al Gore – wenn auch nur knapp – mehr Stimmen auf sich vereint als der Gewinner George W. Bush. Die Art und Weise, wie Präsidenten in den USA gewählt werden, kann also vorderhand zu „undemokratischen" Ergebnissen führen und wirkt irgendwie aus der Zeit gefallen. Doch so leicht lassen sich historisch gewachsene und machtpolitisch bedeutsame Traditionen nicht ändern. Immerhin werden die Präsidenten der USA bereits seit 1788 durch ein *Electoral College* gewählt.[321] Voraussichtlich wird das Wahlsystem in den USA noch geraume Zeit Bestand haben. Hingegen führte die Verfassungsreform von 1994 in Argentinien, wo die indirekte Präsidentschaftswahl durch ein *Electoral College* als mit Abstand letztem Land in Lateinamerika angewandt worden war, die Direktwahl des Präsidenten bzw. der Präsidentin ein.

Bei direkten Präsidentschaftswahlen ist die relative Mehrheitswahl, der zufolge diejenige Person, welche die meisten Stimmen erhielt, mit einfacher Mehrheit *(plurality)* gewählt ist, die einfachste, aber weltweit nicht die gebräuchlichste Form der Wahl. Sie wird in Lateinamerika noch in Honduras, Mexiko, Panama und Paraguay angewandt, in Afrika in der Demokratischen Republik Kongo, Kamerun, Malawi, Ruanda und Togo sowie in Südostasien etwa auf den Philippinen, in Taiwan und Singapur. Auf den Philippinen besteht hierbei die Besonderheit, dass Präsident bzw. Präsidentin und Vizepräsident bzw. Vizepräsidentin getrennt voneinander direkt gewählt werden. Die Präsidentschaftskandidatinnen und -kandidaten können zwar ihren bevorzugten *„running mate"* nennen, aber die Wahlberechtigten sind frei, welche Person sie als Vize wählen. In den Ländern des Europarats kommt die relative Mehrheitswahl bei Präsidentschaftswahlen nur noch in Aserbaidschan, Bosnien-Herzegowina sowie in Island zur Anwendung. Ihr Vorteil besteht darin, dass nur ein Wahlgang nötig ist. Von großem Nachteil ist aber, dass der Wahlsieger eben nur die einfache

---

321 Zur Geschichte und zur Diskussion der *Electoral Colleges* siehe etwa: Fortier/Berns 2004, Sabato/Ernst 2006, Edwards 2019.

Mehrheit der Stimmen benötigt. Je nach Stimmenverteilung zwischen den Kandidatinnen und Kandidaten kann eine solche Mehrheit weit unter der Hälfte der Wählerstimmen liegen – was der Legitimität der gewählten Amtsinhaber abträglich sein kann.[322]

Aus diesem Grund wird oft eine qualifizierte Mehrheit verlangt. In Costa Rica etwa benötigt der Wahlsieger oder die Wahlsiegerin 40 % der Stimmen. Dies ist auch in Bolivien der Fall; dort muss der oder die Erstplatzierte aber zusätzlich mit einem Vorsprung von mindestens 10 % auf den Zweitplatzierten gewinnen. In Nicaragua werden zwar auch 40 % der Stimmen verlangt, aber, wenn der Vorsprung gegenüber dem/der Zweitplatzierten 5 % beträgt, nur 35 %, was den regierenden Sandinisten zugutekommt, die deswegen auch das Wahlsystem geändert hatten. In Ecuador sind 50 % und in Argentinien 45 % der Stimmen gefordert oder, bei einem 10-%-Vorsprung gegenüber dem oder der Zweitplatzierten, in beiden Ländern nur 40 %.

Die meisten Staaten mit direkten Präsidentschaftswahlen verlangen jedoch eine qualifizierte Mehrheit von mehr als 50 % der gültigen (oder abgegebenen) Stimmen, wenden also ohne Einschränkungen die absolute Mehrheitswahl an, verbunden gegebenenfalls mit einer Stichwahl. Die trifft nicht nur auf die große Mehrheit der präsidentiell oder semi-präsidentiell regierten Staaten Lateinamerikas und Afrikas zu. Unter den 47 Staaten des Europarats fallen darunter auch die (semi-)präsidentiellen Systeme in Aserbaidschan, Finnland, Frankreich, Georgien, Kroatien, Nordmazedonien, Österreich, Polen, Portugal, der Republik Moldau, Rumänien, der Russischen Föderation, Serbien, der Slowakei, der Tschechischen Republik sowie der Türkei. In Bulgarien und Nordmazedonien sind 50 % der *registrierten* Wählerschaft gefordert, und nicht wie üblich und sinnvoll der abgegebenen gültigen Stimmen.

In einigen Ländern liegen die qualifizierenden Mehrheiten sogar noch höher. So werden beispielsweise in Sierra Leone 55 % der Stimmen im ersten Wahlgang benötigt. Auch können zusätzliche Erfordernisse hinzukommen, wie etwa in Indonesien, wo der Wahlsieger nicht nur die absolute Mehrheit der Stimmen, sondern gleichzeitig noch 20 % der Stimmen in über der Hälfte der Provinzen erhalten muss. Ähnlich ist die Regelung in Kenia. Dort müssen die

---

322 Zur Diskussion um Vor- und Nachteile der verschiedenen Präsidentschaftswahlsysteme, insbesondere in Lateinamerika, siehe Nohlen 2019 oder auch McClintock 2018.

Wahlsieger nicht nur die absolute Mehrheit erhalten, sondern auch 25 % der Stimmen in 24 der 47 Landkreise *(counties)*. In Nordmazedonien bedarf es einer Wahlbeteiligung von mindestens 40 % (hier erneut der registrierten Wählerinnen und Wähler) bei der Stichwahl im zweiten Wahlgang. Damit steigt die Gefahr, dass die Wahlen wiederholt werden müssen. Dies war etwa – vor der Wahlreform von 2004 – in Serbien der Fall, wo bei den Präsidentschaftswahlen 2002 und 2003 ein entsprechendes Beteiligungsquorum von 50 % nicht erreicht worden war.

Wird die absolute Mehrheit (oder eine andere geforderte qualifizierte Mehrheit) nicht erzielt, kommt es für gewöhnlich in einer zweiten Runde zur Stichwahl zwischen den beiden stimmstärksten Kandidatinnen oder Kandidaten der ersten Runde. Damit ist das System administrativ aufwendiger als die relative Mehrheitswahl. Andererseits bietet es die Möglichkeit, in der Stichwahl die von der Mehrheit der Bevölkerung bevorzugte Person auszuwählen. Die Stichwahl stellt zugleich einen institutionellen Anreiz für Parteien oder Wahlbündnisse dar, Wahlabsprachen zu treffen, um ihre Kräfte zu vereinen. In etlichen afrikanischen Staaten half dies der Opposition, die Amtsinhaber bei Wahlen zu besiegen.[323] Alternativen bestehen darin, dass statt einer Stichwahl das Parlament zwischen den beiden stimmstärksten Kandidaten eine Auswahl trifft, so wie dies in Chile bis 1973 praktiziert wurde, oder einen der drei stimmstärksten Kandidaten auswählt, wie es in Bolivien bis zur Wahlreform von 1993 gehandhabt wurde. Oder aber die Wahlberechtigten geben neben ihrer Erstpräferenz zugleich weitere Präferenzen an, die dann berücksichtigt werden, wenn keine Kandidatin oder kein Kandidat in der ersten Runde mehr als die Hälfte der Stimmen erlangt. Eine solche *alternative vote*-Regelung besteht in Sri Lanka, wurde aber dort seit Einführung direkter Präsidentschaftswahlen in den 1980er noch nie angewandt, weil die Wahlsieger stets auf Anhieb die erforderliche Stimmenmehrheit gewannen.

---

323 Vgl. Bleck/van de Walle 2019: 74.

Parlamentswahlen – eine Vielfalt an Wahlsystemen

Im Unterschied zu Präsidentschaftswahlen ist im Falle von Parlamentswahlen die Vielfalt der Wahlsysteme schier unermesslich. Dies liegt im Wesentlichen darin begründet, dass die verschiedenen technischen Wahlsystemelemente – die Wahlkreise, die Kandidatur- und Stimmgebungsform sowie das Verrechnungsverfahren – in vielfältiger Form und auf verschiedenen Ebenen kombiniert werden können. Über die gängige Grundunterscheidung zwischen Mehrheitswahl und Verhältniswahl hinaus bedarf es daher einer Differenzierung von Wahlsystemen. So gibt es unterschiedliche Mehrheitswahlsysteme und sehr unterschiedliche Verhältniswahlsysteme. Auch gibt es eine Reihe von Wahlsystemen, die Elemente der Mehrheits- und der Verhältniswahl kombinieren und sich mitunter nur schwer einem der beiden Repräsentationsprinzipien zuordnen lassen. Gerade seit den 1990er Jahren haben sich die „Wahlsysteme der Welt"[324] ganz erheblich ausdifferenziert.

Die Grundunterscheidung zwischen Mehrheitswahl und Verhältniswahl bezeichnet weniger konkrete Wahlsystemtypen als unterschiedliche Repräsentationsprinzipien, die sich historisch herausgebildet haben: Demnach zielt die Mehrheitswahl vorrangig darauf ab, die Stimmen dergestalt in Mandate zu übertragen, dass die Bildung parlamentarischer Mehrheiten befördert wird. Verhältniswahlsysteme hingegen streben hingegen eine faire, sprich ihrem Stimmenanteil entsprechende, proportionale Vertretung der politischen Parteien im Parlament an.[325] Die Zuordnung konkreter Wahlsystemtypen zu diesen Repräsentationsprinzipen richtet sich, so betrachtet, vor allem an dem zu erwartenden Verzerrungseffekt des Wahlsystems aus: Entsprechen sich in etwa der Stimmen- und Mandatsanteil der jeweiligen Parteien, wie dies für die Verhältniswahl typisch ist, oder werden große Parteien zum Zweck der Bildung parlamentarischer Mehrheiten bevorteilt, wie dies bei der Mehrheitswahl angestrebt wird?

Im Folgenden seien in aller Kürze einige bedeutsame Wahlsystemtypen vorgestellt und einige Varianten benannt, welche die vielfältige Welt der Wahlsysteme bereichern. Weit ausführlicher beschrieben sind die einzelnen Wahlsyste-

---

324 So der Titel des frühen Standardwerks von Dieter Nohlen (1978).

325 Vgl. Nohlen 2014.

me, ihre technischen Elemente sowie ihre funktionalen Stärken und Schwäche an anderer Stelle.[326]

Die **relative Mehrheitswahl in Einerwahlkreisen** ist das klassische Mehrheitswahlsystem. Es wird in Großbritannien, Kanada, den USA sowie in vielen Staaten Afrikas, Asiens und der anglophonen Karibik angewandt, vor allem in jenen, die ehemals britische Kolonien waren oder unter angelsächsischem Einfluss standen. Bei diesem Wahlsystem ist das Land für gewöhnlich in Einerwahlkreise unterteilt, in denen jeweils ein(e) Kandidat(in) ins Parlament gewählt wird. Jede(r) Wähler(in) hat eine Stimme und es entscheidet die einfache Mehrheit der Stimmen im Wahlkreis.

Varianten dieses Typs beziehen sich darauf, dass die relative Mehrheitswahl teilweise oder ganz in Mehrpersonenwahlkreisen angewandt wird, wie dies früher in Großbritannien der Fall war. Dann werden gleich mehrere Kandidatinnen oder Kandidaten per Mehrheit im Wahlkreis gewählt. Eine besondere Variante stellt das sogenannte *best loser*-System in Mauritius dar,[327] um das jedoch innerhalb des Lands eine Reformdebatte kreist.

Relative Mehrheitswahl
(Plurality system, First-Past-the-Post system)
Typische Wahlsystemelemente:
Einerwahlkreis – Einzelbewerbung – Einzelstimmgebung – relative Mehrheit im Wahlkreis
Vorkommen: häufig
Großbritannien, Kanada, USA sowie etliche Staaten in Afrika (z. B. Äthiopien, Botsuana, Ghana, Kenia, Liberia, Malawi, Nigeria, Sierra Leone), Asien (z. B. Bangladesch, Indien, Malaysia, Myanmar) und Ozeanien (z. B. Papua-Neuguinea) sowie fast die gesamte anglophone Karibik (z. B. Barbados, Jamaika, Trinidad & Tobago). Ferner in: Aserbaidschan, Belarus
Varianten
Relative Mehrheitswahl in Mehrpersonenwahlkreisen: historisch z. B. in Großbritannien
Best Loser system: Mauritius

Quelle: eigene Darstellung

---

326 Systematisch am überzeugendsten sind die Arbeiten von Dieter Nohlen, allen voran sein Lehrbuch *Wahlrecht und Parteiensystem*, das 2014 bereits in der 7. Auflage erschienen ist. Daran systematisch anlehnend siehe auch das Lehrbuch von Behnke/Grotz/Hartmann 2017. Weiterhin zu empfehlen ist Gallagher/Mitchell 2005. Neu erschienen ist Herron/Pekkanen/Shugart 2018.

327 Vgl. Fessha/Ho Tu Nam 2015 sowie die Website der Wahlkommission: http://electoral.govmu.org.

Die **absolute Mehrheitswahl in Einerwahlkreisen** ist die französische Spielart der Mehrheitswahl. Auch hier treten die Kandidatinnen und Kandidaten in Einerwahlkreisen an und verfügen die Wahlberechtigten jeweils über eine Stimme. Doch im Unterschied zur relativen Mehrheitswahl entscheidet die absolute Mehrheit (also mehr als 50% der gültigen Stimmen) im Wahlkreis. Wird diese nicht erreicht, kommt es zu einem zweiten Wahlgang, bei der es entweder zu einer Stichwahl zwischen den beiden stimmstärksten Kandidatinnen oder Kandidaten kommt oder die einfache Mehrheit zwischen mehreren Bewerberinnen und Bewerbern entscheidet. In Frankreich dürfen beispielsweise alle Kandidatinnen und Kandidaten, die in dem jeweiligen Wahlkreis mindestens 12,5% der Stimmen der registrierten Wählerinnen und Wähler (nicht der gültigen Stimmen) erhalten haben, an der zweiten Runde teilnehmen. Während dieses sogenannte *two round*-System oder *two ballot-* System für Präsidentschaftswahlen häufig ist, ist es für Parlamentswahlen eher selten, zumindest in heutigen Demokratien.

Varianten dieses Wahlsystems sind die Anwendung der absoluten Mehrheitswahl in Mehrpersonenwahlkreisen, wie dies in Vietnam geschieht, sowie vor allem das *alternative vote*-System, das in Australien, Nauru sowie Fidschi benutzt wird. Dort kommt es nicht zu einem zweiten Wahlgang, sondern die Wählerinnen und Wähler erstellen ein Ranking ihrer bevorzugten Kandidatinnen oder Kandidaten, das dann gegebenenfalls bei der Stimmenauszählung berücksichtigt wird.

Absolute Mehrheitswahl in Einerwahlkreisen
Two Round system
Wahlsystemelemente:
Einerwahlkreis – Einzelbewerbung – Einzelstimmgebung– absolute Mehrheit im Wahlkreis gegebenenfalls zweiter Wahlgang (Stichwahl, relative Mehrheit)
Vorkommen: selten unter Demokratien, z. B. Frankreich, ansonsten in u. a. Gabun, Republik Kongo (Brazzaville), Zentralafrikanische Republik
Varianten
Absolute Mehrheitswahl in Mehrpersonenwahlkreisen: Vietnam Alternative Vote: Australien, Nauru, Fidschi

Quelle: eigene Darstellung

Diesen zwei „klassischen" Mehrheitswahlsystemen stehen auf der anderen Seite des Spektrums zwei „klassische" Verhältniswahlsysteme gegenüber. Das erste ist die **Verhältniswahl im nationalen Wahlkreis.** Die Wählerinnen und Wähler geben ihre Stimme einer Parteiliste, die Stimmenverrechnung erfolgt mittels einer Proporzformel auf nationaler Ebene. Das Wahlsystem wird gegenwärtig etwa in den Niederlanden, Namibia und Guinea-Bissau angewandt. In Israel ist es mit einer Sperrklausel verbunden, die für den Mandatserwerb von Parteien einen Mindestanteil an gültigen Stimmen fordert und im Laufe der Zeit sukzessive auf 3,25 % erhöht wurde. Auch in Timor-Leste sowie in einigen Ländern Ost(mittel)europas wird das Wahlsystem mit Sperrklauseln angewandt. Bestehen keine (oder nur sehr geringe) Sperrklauseln, dann kann man von einer „reinen Verhältniswahl" sprechen. Hohe Sperrklauseln weichen allerdings vom Prinzip der reinen Verhältniswahl ab, da sie kleine Parteien (oder Parteiallianzen) von der Mandatsvergabe ausschließen. Während die Verhältniswahl im nationalen Wahlkreis für gewöhnlich mit starren Parteilisten und Einzelstimmgebung einhergeht, wird sie in der Slowakei mit lose gebundenen Listen und bis zu vier Präferenzstimmen angewandt.

Eine Variante der Verhältniswahl im nationalen Wahlkreis ist die Verhältniswahl in Mehrpersonenwahlkreisen mit kompensatorischer Zusatzliste. Es handelt sich um ein zweistufiges Wahlsystem, bei der die Mandatsvergabe auf der ersten Stufe zunächst in Mehrpersonenwahlkreisen erfolgt, aber der Gesamtmandatsanteil der Parteien proportional auf nationaler Ebene berechnet wird. Ein entsprechender Proporzausgleich erfolgt über regionale oder nationale Listen. In unterschiedlicher Ausgestaltung wird ein solcher Wahlsystemtyp in Dänemark und der Republik Südafrika angewandt.

Verhältniswahl im nationalen Wahlkreis
(National PR list system)
Wahlsystemelemente:
Nationaler Wahlkreis – Parteiliste – Einzelstimm- oder Präferenzstimmgebung – Proporzregel
Vorkommen: selten
Israel (3,25 %) Niederlande, Namibia, Guinea-Bissau, Timor-Leste (3 %)
sowie inzwischen auch: Montenegro (3 %), Serbien (3 %)*, Slowakei (5 %, 7 %, 10 %)*, Kirgistan (7 %)
Variante
Verhältniswahl in Mehrpersonenwahlkreisen mit kompensatorischer Zusatzlisten:
Dänemark, Republik Südafrika

Quelle: eigene Darstellung

Anmerkung: PR = proportional representation. Die Prozentangaben in Klammern beziehen sich auf die gesetzlichen Sperrklauseln. In den übrigen Staaten ergeben sich natürliche Hürden durch die Anzahl der Parlamentssitze.
* Mit losen gebundenen Listen und Präferenzstimmgebung.

Weitaus häufiger als die Verhältniswahl auf nationaler Ebene ist die **Verhältnis-wahl in Mehrpersonenwahlkreisen** (die im Englischen ebenfalls unter *PR list system* oder *List PR* erfasst wird). Hier ist das Land in eine mehr oder minder große Anzahl an Wahlkreisen unterschiedlicher Größe eingestellt, die nicht selten administrativen Einteilungen des Lands entsprechen. In jedem dieser Wahlkreise wird eine gewisse Anzahl an Abgeordneten per Verhältniswahl gewählt. Die Verhältniswahl in Mehrpersonenwahlkreisen wird häufig in Europa und Lateinamerika angewandt, mitunter aber auch in anderen Weltregionen. Auf nationaler Ebene tritt sie oft in Verbindung mit starren Parteilisten und Einzelstimmgebung auf, so etwa in Albanien, Nordmazedonien, Portugal, Rumänien, Spanien und der Türkei. In etlichen europäischen Ländern können die Wahlberechtigten aber auch Präferenzstimmen auf lose gebundenen Listen für die von ihnen präferierten Kandidaten vergeben. In Liechtenstein und der Schweiz bestehen sogar freie bzw. offene Listen, können die Wahlberechtigten also über die Parteigrenzen hinweg ihre Präferenzen ausdrücken (Panaschieren).[328]

Eine inzwischen häufige Variante der Verhältniswahl in Mehrpersonenwahlkreisen besteht darin, dass sie mit nationalen Zusatzlisten kombiniert wird, die einigen oder allen Parteien nochmals proportionale Zusatzmandate zukommen lassen. Dadurch kann der Proporz verstärkt werden oder aber, wenn die Zusatzmandate wie (bis einschließlich 2019) in Griechenland nur an große Parteien vergeben werden, die Mehrheitsbildung befördert werden.

---

328 Während bei starren Listen nur die Stimmabgabe für eine unveränderbare Parteiliste möglich ist, können auf lose gebundenen Listen Präferenzen für einzelne Personen auf der Liste vergeben werden; dadurch ändert sich gegebenenfalls die Reihenfolge der gewählten Listenkandidatinnen und -kandidaten. Freie Listen ermöglichen, bei der Stimmabgaben Parteigrenzen zu überschreiten und sich gewissermaßen eine eigene Liste aus Personen unterschiedlicher Parteien zusammenzustellen; vgl. Nohlen 2014: 110 ff.

Verhältniswahl in Wahlkreisen (PR list systems)
Wahlsystemelemente: Mehrpersonenwahlkreise – Parteilisten – Einzelstimm- oder Präferenzstimmgebung – Proporzregel im Wahlkreis
Vorkommen: sehr häufig
Vorwiegend in Europa (u. a. Albanien, Belgien*, Bulgarien*, Estland*, Finnland*, Kroatien*, Lettland*, Luxemburg*, Polen*, Portugal, Nordmazedonien, Rumänien, Slowenien*, Spanien, Tschechische Republik*, Türkei, Zypern*), Lateinamerika (u. a. Argentinien, Brasilien, Costa Rica, Dominikanische Republik, El Salvador*, Honduras, Paraguay) und inzwischen Afrika (u. a. Algerien, Äquatorialguinea, Benin, Capo Verde, Guinea-Bissau, Mosambik, Niger, São Tome y Principe, Togo), vereinzelt auch in Asien (u. a. Indonesien*, Kambodscha)
Varianten
Verhältniswahl in Mehrpersonenwahlkreisen mit nationaler Zusatzliste: z. B. Island*, Norwegen*, Guatemala, Nicaragua, Angola, Burundi, Sri Lanka, Taiwan, Griechenland** sowie ab der nächsten Wahl in der Ukraine*

Quelle: eigene Darstellung

Allgemeine Anmerkung: In einigen Staaten gibt es zusätzlich einige *reserved seats* oder Einerwahlkreise (z. B. für die Auslandswahl).
* In Verbindung mit losen, gebundenen Listen oder offenen Listen und Präferenzstimmgebung.
** Bis einschließlich 2019: Zusatzmandate an große Parteien („verstärkte Verhältniswahl").

Über diese „klassischen" Wahlsysteme hinaus gibt es zudem Wahlsysteme, die Elemente der Mehrheitswahl und Verhältniswahl kombinieren. Dabei wird ein Teil der Mandate über die Mehrheitsregel in Einerwahlkreisen ermittelt, ein anderer Teil mittels Verhältniswahl an Parteilisten vergeben. Von entscheidender Bedeutung ist hierbei, ob zwischen beiden Verteilungsverfahren eine Verbindung besteht, wie im Falle der personalisierten Verhältniswahl, oder eben nicht, wie im Falle segmentierter Wahlsysteme.

Völlig getrennt verlaufen beide Verrechnungen im **Parallel- oder segmentierten System,** das in Deutschland auch als „Grabensystem" bekannt ist. Demnach wird ein Teil der Mandate per relativer Mehrheit in Einerwahlkreisen (im ganzen Land) vergeben, der andere Teil getrennt davon an Parteilisten auf nationalen Listen mittels Verhältniswahl. Das Gesamtergebnis setzt sich aus der Addition der beiden getrennt ermittelten Teilergebnisse zusammen. Übersteigt die Anzahl der in Einerwahlkreisen vergebenen Mandate jene der mittels Verhältniswahl vergebenen Mandate erheblich, dann handelt es sich um die Variante eines Mehrheitswahlsystems mit proportionaler Zusatzliste.

Eine technisch bedingte Variante segmentierter Wahlsysteme besteht darin, dass das Wahlgebiet, oft abhängig von den administrativen Einheiten und der Bevölkerungszahl, teils in Einerwahlkreise, teils in Mehrpersonenwahlkreise unterteilt ist und je nach Wahlkreisgröße unterschiedliche Verrechnungsarten zur Anwendung kommen: in den Einerwahlkreisen die relative oder absolute Mehrheitswahl, in den Mehrpersonenwahlkreisen eine Proporzregel. Man könnte hier auch von „unechten Grabensystemen" sprechen, da die beiden Verrechnungsarten jeweils nur ein Teil der Wahlkreise im Staatsgebiet abdecken.

„Grabensysteme"	
(Segmented system, Parallel system)	
Eigenständige Verrechnung:	Eigenständige Verrechnung:
Einerwahlkreise – Einzelkandidatur – eine Stimme – relative oder absolute Mehrheit	Nationaler Wahlkreis – Parteiliste – eine Stimme – Proporzregel
Vorkommen: mäßig	
z. B. Litauen (71/70), Republik Moldau (51/50), Russland (225/225) sowie bis einschließlich der Wahlen von 2019 in der Ukraine (225/225)	
Mit größeren Unterschieden zwischen der Mandatsanzahl:	
Georgien (30/120), Guinea (38/76), Japan (289/176 in 11 Mehrpersonenwahlkreisen), Mexiko (300/200 in fünf Mehrpersonenwahlkreisen), Senegal (90/60)**, Tadschikistan (41/22), Thailand (350/150)***	
Variante	
Mehrheitswahl in Einerwahlkreisen mit proportionaler Zusatzliste: z. B. Philippinen, Südkorea	
„Unechte Grabensysteme": Wahlgebiete in Einer- und Mehrpersonenwahlkreise unterteilt, die je nach Wahlkreisgröße Mehrheitswahl oder Verhältniswahl verwenden, z. B. Mali, Madagaskar****	

Quelle: eigene Darstellung

Anmerkung: Die Zahlen in Klammern bezeichnen das Verhältnis Direktmandate/Listenmandate.
* Insgesamt nur eine Stimme für beide Wahlverfahren.
** 90 Mandate mit relativer Mehrheitswahl *(block vote)* in Einer- und Mehrpersonenwahlkreisen.
*** Thailand: gemäß der Verfassung 2017.
**** Einer- und Zweierwahlkreise.

Hingegen ist ein Merkmal der **personalisierten Verhältniswahl**, für die das deutsche Wahlsystem Pate steht, dass die beiden Verrechnungsverfahren aufeinander bezogen sind. Mit Ausnahme etwaiger Überhangmandate (sofern diese nicht ausgeglichen werden, wie dies inzwischen in Deutschland geschieht) schlägt sich dadurch die Vergabe der Direktmandate in Einerwahlkreisen nicht auf das Stimmen-Mandate-Verhältnis der Parteien nieder. Der Mandatsanteil jeder Partei richtet sich vielmehr nach dem proportionalen Stimmenanteil auf nationaler (oder regionaler) Ebene, die Zahl der bereits gewonnenen Direktmandate wird hiervon abgezogen.

Personalisierte Verhältniswahl	
Mixed Member Proportional system	
Kombinierte Verrechnung	
Einerwahlkreise – Einzelkandidatur – eine Stimme – relative Mehrheit	Nationaler Wahlkreis – Parteiliste – eine Stimme – Proporzregel
Vorkommen: selten	
Deutschland*, Neuseeland*, Lesotho (80/40)**, Thailand (350/150), Bolivien (63:60)* ***	

Quelle: eigene Darstellung

Allgemeine Anmerkung: In Neuseeland und Bolivien bestehen zusätzlich Wahlkreise für Minderheiten.

* Mit Sperrklausel und/oder Grundmandatsklausel.

** Seit 2011 nur noch eine Stimme.

*** Proporzberechnung auf Ebene von Mehrpersonenwahlkreisen.

Wohlgemerkt handelt es sich hier nur um eine kurze, sehr komprimierte Auswahl wichtiger Wahlsystemtypen. Weitere Typen sind etwa das *Single Transferable Vote System*, das häufig diskutiert, aber sehr selten angewandt wird, namentlich in Irland oder auf Malta. Dasselbe gilt für das *Single Non-Transferable Vote System*, das lange Zeit in Japan zur Anwendung kam. Interessant ist auch das *binominale Wahlsystem*, das Chile zwischen 1989 und 2013 anwandte. Es sah die Verhältniswahl in Zweipersonenwahlkreisen vor (und bevorteilte damit tendenziell die zweitstärkste Partei). Auch können die jeweiligen Ausprägungen und Modifikationen der verschiedenen Wahlsystemtypen nicht eigens dargelegt werden, obwohl solche Details deren Auswirkungen maßgeblich mitbestimmen.

Auswirkungen von Parlamentswahlsystemen

Die Auswirkungen von Wahlsystemen sind ein traditioneller Untersuchungsgegenstand der Vergleichenden Politikwissenschaft. Leicht messbare (mechanische) Auswirkungen des Wahlsystems betreffen zunächst das Verhältnis zwischen Stimmen und Mandaten. Der Vergleich der prozentualen Stimmen- und Mandatsanteile der jeweiligen Parteien lässt Verzerrungen (Proportionalität/Disproportionalität) erkennen, für die das Wahlsystem maßgeblich verantwortlich ist. Deutlich wird, welche Parteien durch das Wahlsystem, gemessen an ihrem Stimmenanteil, bei der Mandatsvergabe begünstigt oder benachteiligt werden. Dies lässt sich an einem fiktiven Beispiel zeigen:

Beispiel für Abweichungen der Stimmen- und Mandatsanteile von Parteien

	Stimmenanteil in %	Mandatsanteil in %	Differenz in %
Partei A	40	60	+20
Partei B	30	25	-5
Partei C	20	10	-10
Partei D	10	5	-5

Die Summe der Stimmenmandatsverzerrungen aller berücksichtigten Parteien ergibt wiederum die Stimmenmandatsverzerrung für die jeweils untersuchte Wahl. Hierzu dienen Proportionalitätsindizes, die helfen, den Disproportionalitätsgrad verschiedener Wahlen miteinander zu vergleichen.[329]

Eng mit der Proportionalität bzw. Disproportionalität verbunden sind die Auswirkungen des Wahlsystems auf das Parteiensystem. Der Vergleich der Anzahl und der Stärkeverhältnisse der Parteien auf Stimm- und Mandatsebene zeigt, wie sehr das Wahlsystem konzentrierend auf das Parteiensystem wirkt. Spiegelt es die Fragmentierung des Parteiensystems auf Stimmebene wider oder führt es über den Ausschluss oder die Benachteiligung kleiner Parteien bei der Mandatsvergabe zu einer beachtlichen Konzentration des Parteiensystems im Parlament? Messen lässt sich dies an dem Vergleich der „effektiven Zahl" der Parteien auf Stimmen- und Mandatsebene. Es handelt sich hierbei um eine nach

---

329 Proportionalitätsindex nach Rae: Summe der Differenzen zwischen Stimmen- und Mandatsanteilen der Parteien, dividiert durch die Anzahl der Parteien. Lediglich Parteien über 0,5 % der Stimmen werden berücksichtigt (Problem: Überbetonung der Proportionalität der Wahlen bei vielen Kleinparteien). Proportionalitätsindex nach Loosemore-Hanby: Summe der Differenzen zwischen Stimmen- und Mandatsanteilen der Parteien, dividiert durch 2 (Problem: Überbetonung der Disproportionalität der Wahlen bei vielen Parteien). Proportionalitätsindex nach Gallagher (Least Squares Index): Die Differenzen zwischen Stimmen- und Mandatsanteil jeder Partei werden jeweils ins Quadrat genommen und dann summiert. Das Ergebnis wird durch 2 dividiert. Aus dem Wert wird die Wurzel gezogen (Vorteil: stärkere Gewichtung großer Stimmen-Mandats-Abweichungen im Vergleich zu kleineren Abweichungen; Problem: komplexere Berechnung).

Stimmen- bzw. Mandatsanteil gewichtete Messung der Zahl der Parteien.[330] In unserem Beispiel läge die effektive Zahl der Parteien auf der Stimmenebene bei $1 : (0,4^2 + 0,3^2 + 0,2^2 + 0,1^2) = 3,3$; auf Mandatsebene hingegen läge der Wert bei $1 : (0,6^2 + 0,25^2 + 0,1^2 + 0,05^2) = 2,3$. Deutlich wird, wie das Wahlsystem einen konzentrierenden Effekt auf das Parteiensystem hat, in diesem Fall zugunsten der stärksten Partei.

Zugleich kann sich das Wahlsystem auch auf die Mehrheitsbildung im Parlament auswirken, indem es nicht nur große Parteien bevorzugt, sondern auch *manufactured majorities* hervorbringt. Das heißt, Parteien erhalten wahlsystembedingt eine absolute Mehrheit der Parlamentsmandate, obwohl sie keine absolute Mehrheit der Wählerstimmen erzielt haben. (In dem Beispielsfall erhält Partei A mit 40 % der Stimmen die Mehrheit der Parlamentsmandate). In Mehrheitswahlsystemen ist eine solche Mehrheitsbildung nicht ungewöhnlich und durchaus erwünscht. Zwei aktuelle Beispiele: Im Jahr 2019 gewann in Indien die *Bharatiya Janata Party* (BJP) von Premier Modi mit 37,8 % der Stimmen knapp 55,8 % der Sitze, während die zweitstärkste Partei – der *Indian National Congress*, der das Land bis 2014 über Jahrzehnte hinweg regiert hatte – mit 19,7 % der Stimmen nur knapp 9,6 % der Mandate erhielt. In Großbritannien erlangte die *Conservative Party* im Dezember 2019 mit 43,6 % der Stimmen eine satte Mehrheit von 56,2 % der Sitze im Unterhaus, während die *Labour Party* mit 32,2 % der Stimmen 31,2 % der Mandate besetzt.

Weit schwieriger nachweisbar als solche mechanischen Auswirkungen des Wahlsystems sind dessen psychologische Auswirkungen auf das Verhalten sowohl von Wählerinnen und Wähler als auch auf von kandidierenden Personen und Parteien. Das Wahlsystem ist ein wichtiger Bestandteil des institutionellen Rahmens, in dem sich die Akteure bewegen. Die Vorgaben und die Logik des Wahlsystems determinieren zwar nicht das Akteursverhalten, geben aber institutionelle Anreize für bestimmte Verhaltensweisen. So können Wahlsysteme beispielsweise Stimmensplitting oder wahltaktisches Verhalten zugunsten aussichtsreicher Kandidatinnen und Kandidaten oder Parteien befördern. Ein einfaches Beispiel: Eine Sperrklausel kann viele Wahlberechtigte davon abhalten, Kleinparteien zu wählen, weil sie ihre Stimme nicht verschenken möchten. Das

---

330 Berechnung: 1 dividiert durch die Summe der ins Quadrat genommenen Stimmenanteile (oder Mandatsanteile) der Parteien.

Wahlsystem beeinflusst zugleich die Wahlstrategien der bei den Wahlen antretenden Personen und Parteien, etwa ihre Kandidaturentscheidungen oder auch ihre Wahlabsprachen und -bündnisse. Auch hier ein Beispiel: Die FDP warb in Deutschland verschiedentlich um Zweitstimmen von CDU-Wählern. Oder: In Frankreich trafen Parteien Wahlabsprachen, um bei der Stichwahl in der zweiten Runde den Sieg des rechtsextremen *Front National* bzw. des *Rassemblement National* zu verhindern.

Weiterreichende, stark kontextbezogene Auswirkungen des Wahlsystems betreffen: die Legitimität der Wahlen und der gewählten Amtsinhaber, die Institutionalisierung der Parteien, die Struktur des Parteienwettbewerbs, die Stabilität der Parteiensysteme, das Vorkommen von Regierungswechseln oder gar die politische Stabilität allgemein. Dabei ist das Wahlsystem nur einer – und oft auch nur ein nachrangiger – von vielen Faktoren, die sich auf die zu erklärenden Phänomene auswirken. So sind vor allem die gesellschaftspolitischen Konfliktlinien zu berücksichtigen, welche das Parteiensystem und die politische Stabilität eines Lands maßgeblich bestimmen. Die althergebrachte These von Ferdinand A. Hermens beispielsweise, dass die reine Verhältniswahl zum Zusammenbruch der Weimarer Republik geführt habe, gilt längst als überholt. Tatsächlich waren für das Scheitern der Weimarer Republik und das Aufkommen des Nationalsozialismus viele andere Faktoren ausschlaggebend.[331]

Das heißt nicht, dass das Wahlsystem nicht auch für den gesellschaftspolitischen Konfliktaustrag von Bedeutung sein kann. In Lesotho hatte beispielsweise die wichtigste Oppositionspartei in den Jahren 1993 und 1998 rund 23 % bzw. 25 % der Stimmen erhalten. Aufgrund der relativen Mehrheitswahl in Einerwahlkreisen erhielt sie jedoch keinen bzw. nur einen Sitz im Parlament, obwohl sie sich 1998 Chancen auf einen Wahlsieg ausgerechnet hatte. Dies nährte (weitgehend unbegründete) Wahlbetrugsvorwürfe, die in gewaltsame Proteste mündeten und erst durch eine von der Regierung angeforderte Intervention von Truppen aus Südafrika und Botsuana beendet wurden. Anschließend wurde in Lesotho die am deutschen Beispiel orientierte personalisierte Verhältniswahl eingeführt.[332]

---

331 Vgl. Nohlen 2014: 366 f.
332 Bei der damaligen Wahlsystemreform, an welcher der Autor als Berater für das Auswärtige Amt beteiligt war, ging es darum, eine faire Repräsentation mit einer Wahlkreisre-

Gerade in Staaten mit einer großen ethnischen Vielfalt und gesellschaftlichen Konflikten empfehlen Wahlsystemexpertinnen und -experten oft Verhältniswahlsysteme, weil diese auf eine faire Repräsentation gesellschaftlicher Minderheiten abzielen, während Mehrheitswahlsysteme die Bildung stabiler Parlamentsmehrheiten in den Vordergrund rücken.[333] Anderseits wird im subsaharischen Afrika traditionell die Mehrheitswahl angewandt und spielt die Wahlkreisbindung der Abgeordneten eine große Rolle. Letztere kann über Einerwahlkreise befördert werden – was den „Kompromiss" in Lesotho erklärt, wo Einerwahlkreise mit der Verhältniswahl kombiniert wurden. Damit gingen jedoch in diesem Fall eine Proliferation kleiner Parteien im Parlament und aus vielen Parteien gebildete Regierungskoalitionen einher, die sich als instabil erwiesen. Dies führt bereits zur Bewertung einzelner Wahlsysteme über, die alle ihre Stärken und Schwächen haben.

Bewertung von Parlamentswahlsystemen

Wie lassen sich die verschiedenen Wahlsystemtypen beurteilen? An welchen Kriterien sollen Wahlsysteme gemessen werden? In der Wahlsystemforschung haben sich dank der Arbeit von Wahlreformkommissionen und Wahlsystemdebatten eine Reihe realitätsnaher Kriterien etabliert, an denen sich Funktionsstärken und -schwächen von Wahlsystemen messen lassen. Schon in den 1990er Jahren hat Dieter Nohlen – inspiriert von der anspruchsvollen Wahlreformdebatte in Neuseeland, das damals die personalisierte Verhältniswahl eingeführt hatte[334] – folgende fünf Kriterien an Wahlsysteme angelegt: Repräsentation, Konzentration, Partizipation, Einfachheit und Legitimität.[335] Daran knüpften später auch weitere Autoren an.[336] In leichter Modifikation dieses Kriterienkatalogs seien folgende Funktionen hervorgehoben.

---

präsentation zu verbinden. Während die damalige Regierung dazu neigte, die bestehende relative Mehrheitswahl in Einerwahlkreisen mit der Verhältniswahl zu verbinden, favorisierte der Autor eher die Verhältniswahl in Mehrpersonenwahlkreisen, gegebenenfalls mit nationaler Zusatzliste. Das „deutsche Modell" setzte sich letztlich aber durch.

333 Vgl. etwa Reynolds 2011.
334 Report of the Royal Commission on the Electoral System 1986, Report of the Electoral Law Committee 1988.
335 Nohlen 2014: 187 ff.
336 So auch Behnke/Grotz/Hartmann 2017.

Funktionsanforderungen an Wahlsysteme		
Funktionen	Fördern	Entgegenwirken
Repräsentation	Faire Repräsentation der Parteien entsprechend ihrer Stimmenanteile im Parlament; Minderheitenrepräsentation	Hohe Verzerrung von Stimmen- und Mandatsanteil der Parteien; Ausschluss von Minderheiten
Konzentration	Konzentration des Parteiensystems; stabile Parlamentsmehrheiten	Fragmentierung des Parteiensystems; instabile Koalitionen
Persönlichkeitswahl	Personenauswahl; Wahlkreisanbindung; enges Verhältnis: Wählerinnen/ Wähler-Gewählte	„Anonyme" Parteilisten
Stärkung der Parteien	Stärkung der Parteiorganisation und der Institutionalisierung der Parteien, etwa durch starre Parteilisten	Interne Parteienzersplitterung und lokaler Personalismus
Einfachheit	Leichte Verständlichkeit und Anwendbarkeit	Schwierige Verständlichkeit und falsche Anwendung
Administrativer Aufwand*	Keine Wahlkreiseinteilung	Aufwendige Wahlkreiseinteilung
	Keine wahlkreisgebundene Registrierung und Stimmabgabe	Aufwendige Zuordnung von Wahlberechtigten zu Wahlkreisen
	Nur ein Wahlgang	Mehrere Wahlgänge
	Leichte und rasche Stimmenauszählung und -verrechnung	Schwierige und langwierige Stimmenauszählung und -verrechnung
	Einfache *voter education* möglich	Anspruchsvolle *voter education* nötig

* Dieses Kriterium liegt zwar in normativer und funktionaler Hinsicht nicht auf „Augenhöhe" mit den anderen Kriterien, ist aber aus wahlorganisatorischen Gründen nicht unwesentlich.

Es liegt auf der Hand, dass ein Wahlsystem nicht all diesen Funktionsanforderungen vollständig genügen kann, gerade auch, weil es Zielkonflikte gibt. Die Leistungssteigerung in einer Hinsicht zieht in der Regel Leistungseinbußen in einer anderen nach sich. Soll beispielsweise die Repräsentationsfähigkeit des Wahlsystems gesteigert werden, wird dies zwangsläufig auf Kosten der Konzentrationsfunktion gehen, *vice versa*. Oder sollen die Persönlichkeitselemente der Wahl etwa über lose gebundene oder gar freie Listen gestärkt werden, dann wird der Einfluss der Parteiorgane auf die Zusammensetzung der Parlamentsfraktionen geschwächt. Möchte man wiederum mehrere Funktionsanforderungen kombinieren, etwa durch die Einführung von Persönlichkeitselementen im Rahmen der Verhältniswahl, dann ist wohl oder übel ein komplexes Wahlsystem vonnöten. Kurzum: Kein Wahlsystem erfüllt alle Funktionen vollständig, jedes hat seine Vor- und Nachteile, jedes setzt unterschiedliche Schwerpunkte.

Die **relative Mehrheitswahl** in Einerwahlkreisen befördert aufgrund des zu erwartenden Verzerrungseffekts zwischen Stimmen- und Mandatsanteil der jeweiligen Parteien tendenziell eine Konzentration des Parteiensystems und gegebenenfalls auch die parlamentarische Mehrheitsbildung einzelner Parteien. Die Einerwahlkreise begünstigen zudem ein enges Verhältnis zwischen den Wahlberechtigten und „ihren" Wahlkreisabgeordneten. In vielen Ländern ist gerade die Wahlkreisanbindung der Abgeordneten ein wichtiger Bestandteil der politischen Kultur und ein zentrales Argument für dieses Wahlsystem. Auch ist die relative Mehrheitswahl in Einerwahlkreisen einfach zu verstehen und anzuwenden.

Im Gegenzug allerdings ist die Repräsentationsfähigkeit nur in lokaler Hinsicht gegeben, durch Abgeordnete, die ihre Wahlkreise repräsentieren (mitunter auf Kosten nationaler Belange). Das Wahlsystem neigt dazu, kleine Parteien (ohne regionale Hochburgen) von einer parlamentarischen Vertretung auszuschließen. Die Stimmen für die unterlegenen Parteien im Wahlkreis sind verloren *(wasted votes)*. Entgegen den Modellvorstellungen alternierender Regierungen kann zudem das Wahlsystem die „strukturelle Mehrheit" dominanter oder hegemonialer Parteien derart verstärken, dass keine effektive Opposition im Parlament mehr übrig bleibt, wie das bereits erwähnte Beispiel Lesotho zeigt. Wird die relative Mehrheitswahl in Mehrpersonenwahlkreisen angewandt, in denen die Wahlberechtigten jeweils nur eine Stimme haben, dann wird dieser Effekt tendenziell verstärkt. Gerade in Staaten mit unzureichend institutionalisierten Parteien birgt die Wahlkreisorientierung der Abgeordneten zudem die Gefahr, dass ein gewisser Provinzialismus die Parlamentsarbeit prägt oder gar ein lokaler Klientelismus gefördert wird. In vielen traditionellen Gesellschaften haben es zudem Frauen, Minderheiten und Fachleute schwerer, im Wahlkreis aufgestellt und (erstmals) gewählt zu werden, als populäre Lokalgrößen. Für Länder mit umfassender Binnenmigration ist zudem von Nachteil, dass mit der Wahlkreiseinteilung und der Wählerregistrierung ein erheblicher administrativer Aufwand verbunden ist, zumal, wenn *malapportion* und *gerrymandering* vermieden werden sollen.

Die **absolute Mehrheitswahl** in Einerwahlkreisen unterscheidet sich in ihren Auswirkungen nicht grundsätzlich von der relativen Mehrheitswahl. Allerdings werden erst in der zweiten Wahlrunde die Wahlberechtigten angehalten, große Parteien oder Parteibündnisse zu wählen, und die Parteien stimuliert,

Wahlabsprachen zu treffen. Befürworterinnen und Befürworter dieses Wahlsystems sehen es zwar als einen Vorteil an, dass die Wahlberechtigten und die Parteien auf Grundlage der Ergebnisse des ersten Wahlgangs (quasi im Sinne eines Stimmentests) beim zweiten Wahlgang eine rationale, wahltaktische Entscheidung treffen können. Die geringe Verbreitung dieses Wahlsystems bei demokratischen Parlamentswahlen zeigt jedoch, dass dies vielfach anders bewertet wird, schon gar, wenn es zu undurchsichtigen Wahlabsprachen zwischen den Parteien kommt. Außerdem geht mit zwei Wahlgängen ein erheblicher materieller und administrativer Mehraufwand einher und die Wahlberechtigten müssen ein weiteres Mal zur Wahlteilnahme motiviert werden.

Die **reine Verhältniswahl** hingegen ermöglicht, so gut es mathematisch geht, eine faire parlamentarische Vertretung, proportional zu ihrem Stimmenanteil. Von dem Wahlsystem gehen institutionelle Anreize aus, auch mit kleinen Parteien bei Wahlen anzutreten bzw. diese zu wählen. Dies ist gerade für die Inklusion kleiner Parteien, deren Wählerschaft über das Land verstreut ist, von Vorteil. Indem allerdings das Wahlsystem die Fragmentierung des Parteiensystems auf der Stimmenebene auch auf der Mandatsebene im Parlament (weitgehend) abbildet, kann die parlamentarische Mehrheitsbildung erschwert werden. Um der Proliferation allzu kleiner Parteien im Parlament entgegenzuwirken, werden daher mitunter Sperrklauseln verwendet. Weiterhin besteht der Nachteil, dass die Verhältniswahl im nationalen Wahlkreis keine Wahlkreisbindung vorsieht und für gewöhnlich in Verbindung mit starren Parteilisten verwandt werden, die recht „anonym" wirken können. Andererseits stärken solche Listen die Parteizentralen, was in Ländern mit gering institutionalisierten Parteien von Vorteil sein kann. Außerdem ist es den Parteien leichter möglich, gezielt weniger bekannte Personen, Frauen oder Sachverständige auf Erfolg versprechende Listenplätze zu setzen. Weiterhin bedarf das Wahlsystem keiner Wahlkreisziehung und keiner Zuordnung der Wahlberechtigten zu Wahlkreisen. Auch ist es recht einfach anzuwenden.

Die **Verhältniswahl in Wahlkreisen** weist in der Regel eine geringere Repräsentationsfähigkeit im Sinne einer fairen Stimmen-Mandate-Verrechnung auf als die reine Verhältniswahl. Das ergibt sich bereits mathematisch dadurch, dass in Mehrpersonenwahlkreisen für gewöhnlich weniger Mandate vergeben werden als in Verhältniswahlsystemen auf nationaler Ebene. Kleine Parteien müssen daher in den Wahlkreisen, abhängig von der Anzahl der dort zu vergebenden

Mandate, mitunter einen erklecklichen Stimmenanteil erlangen, was Parteien ohne regionale Hochburgen benachteiligen kann. Je kleiner die Wahlkreise, desto größer ist dieser Effekt. Über nationale Zusatzlisten lässt sich, je nach Ausgestaltung, ein solcher Verzerrungseffekt abschwächen (oder, wie bis einschließlich 2019 in Griechenland, verstärken).

Der Vorteil dieses Wahlsystems jedoch ist, dass zwar in Wahlkreisen gewählt wird, es sich aber (wenn die Wahlkreise nicht sehr klein sind) um eine Verhältniswahl handelt. Angewandt in mittleren oder großen Wahlkreisen bringt diese tendenziell weitaus „fairere" Ergebnisse hervor als Mehrheitswahlsysteme. Wird sie mit starren Parteilisten angewandt, bietet sie den Wählerinnen und Wählern zwar keine Möglichkeit der Persönlichkeitswahl, stärkt aber den Einfluss der nationalen oder regionalen Parteiorgane und ist recht einfach zu verstehen und anzuwenden. Folgt die Wahlkreiseinteilung den vorgegebenen administrativen Einheiten, dann ist lediglich die Zuordnung der Abgeordnetenzahl pro Wahlkreis und die Registrierung der Wahlberechtigten etwas anspruchsvoller. Wird dieses Wahlsystem hingegen mit lose gebundenen oder gar offenen Parteilisten angewandt, die den Wahlberechtigten erlauben, ihre bevorzugten Kandidatinnen oder Kandidaten auf oder aus den Parteilisten zu wählen, dann lassen sich die Persönlichkeitselemente (auf Kosten der Parteivorgaben) erheblich steigern. Allerdings wird dadurch das Wahlsystem komplizierter.

Das **Parallel- oder segmentierte System** ist ein Wahlsystem, das in abgeschwächter Form die Stärken und Schwächen der relativen Mehrheitswahl in Einerwahlkreisen teilt. Der Verzerrungseffekt, der durch die Einerwahlkreise tendenziell entsteht, kann durch die Vergabe proportionaler Listenmandate im Gesamtergebnis nur abgemildert, nicht aber ausgeglichen werden. Das Persönlichkeitselement und die regionale Anbindung bleiben durch die Einerwahlkreise erhalten, werden aber dadurch abgeschwächt, dass im Grabensystem in der Regel weniger Wahlkreise bestehen und Direktabgeordnete somit mehr Wahlberechtigte repräsentieren müssen als bei der relativen Mehrheitswahl in Einerwahlkreisen. Hingegen können über die proportionalen Listenmandate auch Kandidatinnen und Kandidaten ins Parlament gelangen, die wenig Chancen haben, in den Einerwahlkreisen gewählt zu werden.

Die **personalisierte Verhältniswahl**, so wie sie in Deutschland und Neuseeland angewandt wird, ermöglicht zumindest jenen Parteien, welche die Fünf-Prozent-Hürde genommen (oder die notwendige Anzahl an Direktmandaten erhalten) haben, gemessen am Stimmenanteil eine faire Repräsentation im Parlament. Gleichzeitig vermeidet die Sperrklausel, dass sehr kleine Parteien ins Parlament gelangen. In Deutschland hat dies zur Konzentration des Parteiensystems beigetragen, ohne allerdings die parlamentarische Mehrheitsbildung der stärksten Partei maßgeblich zu befördern oder das Aufkommen neuer Parteien zu verhindern. Von großer Bedeutung ist aber vor allem, dass das Wahlsystem die Vergabe von Direktmandaten in Einerwahlkreisen mit dem Repräsentationsprinzip der Verhältniswahl verbindet. In internationalen Wahlreformdebatten wird dies oft geschätzt, weil es dadurch möglich ist, eine Wahlkreisanbindung der Abgeordneten zu gewährleisten und gleichzeitig faire, proportionale Ergebnisse herbeizuführen. Ein großer Nachteil ist allerdings, dass das Verfahren nicht leicht zu verstehen ist. In Deutschland führte die personalisierte Verhältniswahl, maßgeblich verstärkt durch die Einführung von Ausgleichsmandaten, zudem inzwischen zu einer erheblichen Aufblähung des Parlaments.

Wahlsystemreformen – keine Lösungen am Reißbrett

Die Ausführungen stellten – ohne größere, eigentlich notwendige – Abstufungen die allgemeinen Vorzüge und Nachteile der jeweiligen Wahlsysteme schematisch dar. Dabei handelt es sich allerdings nur um Tendenzaussagen. Selbst wenn Wahlsysteme gleich oder ähnlich sind – sprich demselben Wahlsystemtyp zuzuordnen sind –, müssen sie nicht allerorten dieselben Auswirkungen zeitigen. Die Auswirkungen von Wahlsystemen hängen in hohem Maße von dem politischen und gesellschaftlichen Umfeld ab, etwa von der geografischen Verteilung der Wählerschaft, vom Stärkeverhältnis und Institutionalisierungsgrad der Parteien, von den gesellschaftlichen Konfliktlinien, die den politischen Wettbewerb prägen, von der politischen Kultur und vielem mehr. Das heißt, wir müssen uns darüber im Klaren sein, dass, wenn wir über Vor- und Nachteile von Wahlsystemen sprechen, wir allenfalls Tendenzaussagen über deren Effekte treffen können. Deren konkrete Auswirkungen in einem Land lassen sich nur im Zusammenhang mit den dort bestehenden gesellschaftspolitischen Bedingungen bestimmen.

In Wahlreformdebatten ist es daher sinnvoll, von den Kritikpunkten an dem bestehenden Wahlsystem auszugehen und zu klären: erstens, ob die Kritik gerechtfertigt ist (Liegt das kritisierte Problem am Wahlsystem oder an ganz anderen Faktoren?); zweitens, welche Zielvorstellungen mit der Kritik verbunden sind; drittens, welche Reformziele vorrangig und realistisch sind, und viertens, welche wahlsystematischen Reformen zu empfehlen sind, um auf die Umsetzung der angestrebten politischen Ziele hinzuwirken. Dabei muss stets auch der politische Handlungsspielraum für Reformen ausgelotet werden. Nicht selten sind dabei kleine, inkrementelle Reformen leichter durchzusetzen als große, weitreichende Reformempfehlungen. Am größten ist der Spielraum für weitreichende Reformen erfahrungsgemäß nach gewichtigen politischen Umbrüchen und Krisen. Da Wahlen oft als Lackmustest in solchen Post-Konfliktsituationen oder Transitionsphasen angesehen werden, sollte gut überlegt sein, welches System unter den jeweils gegebenen Bedingungen zur Anwendung kommen kann und soll.

Größere und kleinere Reformdebatten gibt es landauf, landab in vielen Weltregionen. Auch um das Wahlsystem zum Deutschen Bundestrag kreisen von Beginn an und bis heute Wahlreformdebatten.[337] Sie betrafen einzelne technische Elemente – wie das Zweistimmensystem, die Verrechnungsformel, die Grundmandatsklausel oder die Sperrklausel – oder betreffen unerwünschte Effekte des Wahlsystems – wie ein negatives Stimmengewicht, die wachsende Anzahl an Überhang- (und inzwischen Ausgleichs-)Mandaten und damit das „Aufblähen" des Parlaments. So verfügt Deutschland in der 19. Wahlperiode mit 709 Abgeordneten über das größte Parlament unter den Demokratien. Kaum durchsetzen konnten sich bislang Befürworter der Mehrheitswahl oder auch nur eines grundlegenden Wandels des Wahlsystemtyps. Die Schwierigkeiten, eine allseits angemahnte Wahlsystemreform durchzusetzen, die verhindert, dass der Bundestag „aus allen Nähten platzt", verdeutlicht einmal mehr, dass Wahlreformen politische Machtfragen sind.

---

337 Vgl. etwa Jesse 1985, 2003, 2016, Nohlen 2009, 2014, Strohmeier 2009; Behnke 2011, 2019a, 2019b, 2019c; Decker 2011; Grotz 2012, 2014; Dehmel/Jesse 2013, Hellmann 2016, Behnke et al. 2017, Grotz/Vehrkamp 2017, Jacob 2019. Siehe auch die Literaturauswahl 2017–2019, welche die Bibliothek des Deutschen Bundestags zum Thema „Wahlrechtsreform" zusammengestellt hat; abrufbar unter: www.bundestag.de.

Undemokratische Parlamentswahlsysteme?

Mit Blick auf die Frage, ob die Wahlen frei und fair sind, lässt sich feststellen: Die allermeisten Wahlsysteme für Wahlen zu Einkammerparlamenten oder den Unterhäusern von Zweikammerparlamenten entsprechen demokratischen Standards, auch wenn ihnen unterschiedliche Repräsentationsvorstellungen zugrunde liegen. Allerdings gibt es auch Ausnahmen. Darunter fallen etwa Wahlen, in denen nicht alle Abgeordnete direkt gewählt werden. In Myanmar werden beispielsweise nur 168 der 224 Abgeordneten im Unterhaus des Parlaments direkt gewählt. Die übrigen 56 Sitze (25 %) ernennt das Militär. In Kasachstan gehen nur 98 Abgeordnete für das Unterhaus *(Majilis)* aus Direktwahlen hervor, weitere neun werden von der Volksversammlung indirekt gewählt, einem Beratungsgremium, das der Präsident ernennt. In Gambia wurden 2017 zwar „nur" fünf der 58 Abgeordneten des *House of Representatives* vom Präsidenten ernannt, doch auch dies widerspricht internationalen Standards – selbst wenn die Wahlen 2017 weitgehend frei und fair verliefen und zu einem Regierungswechsel führten. In Ruanda werden neben den 53 direkt gewählten Abgeordneten 27 Mandatsträger von Interessengruppen bestellt: Davon sind 24 für Frauen reserviert, zwei werden von einer Jugendorganisation bestimmt und ein weiterer von der Nationalen Vereinigung behinderter Menschen. Selbst wenn ernannte Mitglieder die Vertretung benachteiligter Minderheiten sicherstellen, ist es problematisch, dass diese nicht direkt gewählt werden. Sinnvoller wäre es, politische Parteien anzuhalten, Minderheiten Erfolg versprechende Kandidaturen zu ermöglichen.

Im Hinblick auf die Wahlsysteme für direkt gewählte Abgeordnete sind aus demokratischer Sicht „Prämien-" oder „Bonuswahlsysteme" problematisch, die feste Mandatsverteilungen vorsehen oder der stärksten Partei zusätzlich Mandate zuweisen. Bezeichnenderweise dienen diese oft als Instrumente autokratischer Herrschaftspraktiken. Bereits angesprochen wurden die Wahlen während der Somoza-Diktatur (1936–1979) in Nicaragua. Unabhängig von dem konkreten Wahlergebnis wurden dort die Parlamentsmandate zwischen Mehrheits- und Minderheitenpartei(en) im Verhältnis 2:1 (ab 1950) bzw. 3:2 (ab 1971) verteilt. Die sogenannte „Minderheitenrepräsentation" *(representación de minorías)* diente der Kooptation der offiziellen Opposition.

Elemente eines Prämienwahlsystems trägt gegenwärtig auch das Wahlsystem in dem autoritär regierten Dschibuti. Dort hat jede(r) Wahlberechtigte eine

Stimme, um eine Parteiliste in einem der Mehrpersonenwahlkreise zu wählen. Seit 2013 enthält die stimmstärkste Partei in dem Wahlkreis automatisch 80 % der dortigen Mandate, während die restlichen Mandate zwischen den übrigen Parteien proportional verteilt werden, sofern diese mehr als 10 % der Stimmen erzielt haben. Falls die Zehn-Prozent-Hürde allerdings durch keine der weiteren Parteien genommen wird, dann erhält die stimmstärkste Partei alle Mandate. Im Unterschied zum Vorgängerwahlsystem erhielt die Opposition nun zwar immerhin zehn (2013) bzw. acht (2018) der 65 Mandate, doch als demokratisch kann das Wahlsystem nicht gelten.

Noch ausschließender war freilich unter den gegebenen politischen Bedingungen das Wahlsystem, das in Dschibuti vor 2013 angewandt wurde: die absolute Mehrheitswahl in fünf Mehrpersonenwahlkreisen. Auch seinerzeit hatten die Wahlberechtigten jeweils nur eine Stimme, mit der sie die Kandidaturliste einer Partei bzw. eines Parteienbündnisses in ihrem Wahlkreis wählten. Die stimmstärkste Liste erhielt jedoch stets alle Mandate. Ein solches Wahlsystem lässt in einem hegemonialen Parteiensystem den kleinen Oppositionsparteien kaum eine Chance auf parlamentarische Repräsentation (es sei denn, sie haben eine echte Hochburg in einem der Wahlkreise). Demensprechend gewann – selbst nach Abschaffung der Einparteiwahlen im Jahr 1992 – das Regimebündnis alle Mandate bei den Mehrparteienwahlen von 1992, 1997 und 2003. Die Wahlen von 2008 schließlich boykottierte die Opposition.

Wahlsystematisch problematisch sind in Europa zudem die Mehrheitsboni, wie sie in Griechenland zuletzt 2019 und in Italien ab 2005 zwischenzeitlich angewandt wurden. In Griechenland enthielt bis einschließlich der Wahlen 2019 die stimmstärkste Partei einen zusätzlichen Bonus von 50 Sitzen. Die übrigen Sitze werden entsprechend dem Stimmenanteil proportional unter den Parteien verteilt. Die Vergabe des Bonus zielte zwar auf die Bildung stabiler Mehrheiten ab, da sie jedoch im engeren Sinne nicht die Stimmenverteilung präsentiert, gab es demokratische Vorbehalte gegen ein solches System. Mit der 2016 beschlossenen Wahlreform, die freilich noch nicht zur 2019er Wahl wirksam wurde, hat die damalige Regierung Tsipras die Bonusregelung abgeschafft. In Italien wurden 2005 die Verhältniswahlelemente des Wahlsystems mit einem Zusatz ergänzt, demzufolge die stimmstärkste Listenverbindung die absolute Mehrheit der Parlamentsmandate erhält. Damit knüpfte das Land an undemokratische Erfahrungen mit Prämienregelungen während des Faschismus an.[338] Nach mehreren Wahlreformen wendet Italien jedoch inzwischen ein segmentiertes Wahlsystem an. In San Marino hat der Mehrheitsbonus indes Bestand: Dort erhält die stärkste Parteiliste mindestens 35 der 60 Sitze im Parlament.

Selbst Wahlsysteme, die *per se* nicht undemokratisch sind, können problematische Ergebnisse hervorbringen. Nur vom Ergebnis her lässt sich die Kritik am ungarischen Wahlsystem verstehen, dessen mehrheitsbildender Effekt vielfach beanstandet wurde. Zwar ist es angesichts des autokratischen Herrschaftsstils Orbáns politisch hochproblematisch, wenn die Hegemonialpartei *Fidesz* mit weniger als der Hälfte der Wählerstimmen eine Zweidrittelmehrheit im Parlament erhält (so 2010 und 2018), die es ihr ermöglicht, die Verfassung zu ändern. Doch wahlsystematisch betrachtet liegt der mehrheitsbildende Effekt des kombinierten Wahlsystems unter jenem von Mehrheitswahlsystemen.[339] Dies gilt selbst noch für das reformierte Wahlsystem, das 2014 und 2018 zur Anwendung kam: Von den nunmehr nur noch 199 Sitzen im Einkammerparlament („Landeshaus") in Ungarn werden 106 Mandate per relativer (zuvor absoluter) Mehrheitswahl in Einerwahlkreisen vergeben und 93 per Verhältniswahl auf nationaler Ebene. Bei der Berechnung der über Verhältniswahl vergebenen Mandate werden zusätzlich zu den landesweiten Stimmen der Parteien, welche die Fünf-Prozent-Sperrklausel (bei Wahlallianzen 10 % oder 15 %, abhängig von der Zahl der Parteien) überwunden haben, noch jene Stimmen addiert, a) welche die Wahlsieger in den Einerwahlkreisen zur Erlangung der Mehrheit nicht benötigt haben *(surplus seats)* und b) (wie bereits vor der Wahlreform) die Stimmen der unterlegenen Parteien (über der Sperrklausel), die in Ermangelung eines Wahlsiegs in den Einerwahlkreisen „unter den Tisch" gefallen sind. Mit Einführung der *surplus seats* wurde zwar der ausgleichende Effekt der proportionalen Mandatsvergabe abgeschwächt. Doch der eigentlich mehrheitsbildende Effekt des Wahlsystems ergibt sich vor allem durch Vergabe der Mandate in den Einerwahlkreisen, von der in diesem Fall insbesondere *Fidesz* profitiert, zumal mittlerweile nur noch die relative Mehrheit im Wahlkreis nötig ist.

---

338 Vgl. Nohlen 2014: 252.
339 Vgl. bereits Grotz 1998.

15. FRAUENREPRÄSENTATION BEI WAHLEN

Das allgemeine Wahlrecht ist eine notwendige, aber keine hinreichende Voraussetzung für eine gleichberechtigte Mitwirkung von Frauen am politischen Leben. Trotz langer Kämpfe für Emanzipation ist die Politik in Demokratien wie in Autokratien noch männlich dominiert. Das „Gruppenbild mit Dame" prägt noch immer das Erscheinungsbild internationaler Treffen von Staats- und Regierungschefs, und auch die Parlamente sind noch überwiegend männlich besetzt, auch wenn der Frauenanteil in den vergangenen Jahrzehnten weltweit beachtlich angestiegen ist: von 9,1 % im Jahr 1990 auf 24,9 % zu Beginn des Jahrs 2020.[340]

Gemessen an den Daten von Februar 2019 (weltweit: 24,6 % Frauenanteil) liegen die Werte im interregionalen Vergleich in Amerika (30,6 %) und Europa (29,6 %) über dem Durchschnitt, während sie in Afrika südlich der Sahara (24,1 %), Asien (20,1 %), Naher Osten/Nordafrika (17,7 %) sowie dem Pazifik (16,6 %) darunter liegen.[341] Mehr und mehr Staaten weisen dabei eine *balanced representation* auf, die in der Fachliteratur bei 40 % der Mandate angesetzt wird. Hatte zu Beginn des Jahrs 2000 nur ein Land, namentlich Schweden, die Vierzig-Prozent-Marke überschritten, waren es im Januar 2010 sieben Staaten und im Januar 2020 bereits zwei Dutzend. In weiteren 31 Staaten lag der Frauenanteil 2020 zwischen 30 % und knapp 40 % der Mandate.

Spitzenreiter weltweit und in Afrika war im Januar 2020 Ruanda mit einem Frauenanteil von rund 61 %. Das autokratisch regierte Land sieht nicht nur eine gesetzliche Frauenquote für Kandidaturen vor, sondern vergibt für Frauen noch zusätzlich reservierte Parlamentssitze, die nicht aus allgemeinen Wahlen hervorgehen. Auch Südafrika (46,4 %) und Namibia (42,7 %) schneiden in Afrika gut ab – in beiden Fällen, weil die dort dominanten Parteien freiwillige Kandidaturquoten für Frauen eingeführt haben. In Amerika ist – mit Ausnahme Kubas, das keine Mehrparteienwahlen vorsieht – der Frauenanteil in Bolivien (53,1 %) am höchsten, gefolgt von Mexiko (48,2 %), Nicaragua (47,3 %) und Costa Rica (45,6 %). Dort kommen freiwillige und gesetzliche Kandidaturquoten zur Anwendung. In Europa liegen die nordischen Staaten Schweden (47 %), Finnland (46 %) und Norwegen (41,4 %) – ganz ohne gesetzliche Quoten – traditionell vorne, wobei inzwischen (mit Quote) auch Spanien (44 %) und seit den Wahlen

---

340 Datengrundlage: Inter-Parliamentary Union. Online unter: www.ipu.org.
341 http://archive.ipu.org/wmn-e/world.htm.

2019 (ohne Quote) auch Andorra (46,4 %) nahezu eine ausgewogene Genderrepräsentation vorweisen. In den übrigen Weltregionen hat – mit Ausnahme der Vereinigten Arabischen Emirate, dessen Parlament nur beratende Funktionen innehat und nicht aus allgemeinen, direkten Wahlen hervorgeht – lediglich Neuseeland die Vierzig-Prozent-Marke überschritten. Besonders schlecht steht es um die Frauenrepräsentation in den Ländern des Pazifiks, die zumeist nur sehr wenige weibliche Abgeordnete vorweisen oder, wie Mikronesien, Papua-Neuguinea und Vanuatu, völlig ohne Frauen „auskommen". Auch in etlichen anderen Staaten weltweit, von Nigeria (3,4 %) über den Libanon (4,7 %) bis nach Sri Lanka (5,3 %) und Tuvalu (6,3 %), ist der Frauenanteil beschämend gering. Unter den konsolidierten Demokratien fällt Japan mit einem Frauenanteil von 9,9 % nach den Wahlen 2018 besonders negativ auf, in Europa stehen Malta (13,4 %), Ungarn (12,1 %) und Liechtenstein (12 %) ganz unten.[342] In Deutschland sank der Frauenanteil im Parlament von 36,3 % (2013) auf 30,9 % (2017). Verantwortlich hierfür war der gesunkene Anteil weiblicher Abgeordneter bei CDU/CSU (etwa 20 %) sowie der geringe Frauenanteil unter den Abgeordneten der wiedereingezogenen FDP (knapp 23 %) und der erstmalig im Bundestag vertretenen AfD (rund 11 %).

Während ein Frauenanteil zwischen 40 % und 50 % eine (annähernde) *balanced representation* ausweist, wird ein Wert von 30 % bis 35 % in Politik und Wissenschaft gelegentlich als *benchmark* angesehen für eine „kritische Masse" an weiblichen Abgeordneten, die es bedürfe, damit Frauen das parlamentarische Geschehen nachhaltig beeinflussen. Dies schließt natürlich nicht aus, dass auch wenige(r) Frauen einen Unterschied machen können. Umgekehrt ist eine numerisch angemessene Repräsentation noch kein Garant für eine geschlechterspezifische und frauenfreundliche Politik im Parlament. So ist jeweils zu prüfen, inwieweit die „numerische Repräsentation" tatsächlich zu einer „substanziellen Repräsentation" führt, die sich in der Politikgestaltung niederschlägt. Sind aber nur wenige Frauen im Parlament, sind die Chancen gering(er), dass Frauen die Politik gleichgewichtig mitgestalten. Trotz bemerkenswerter Fortschritte in den vergangenen drei Jahrzehnten gilt es daher, die ausgeprägte numerische Unterrepräsentation von Frauen zu überwinden, die mehrheitlich noch besteht. Sehr

---

342 Vgl. hier das „Ranking" der Inter-Parliamentary Union, online unter: www.ipu.org. Dort finden sich Angaben zum Frauenanteil im Parlament für 191 Länder.

unterschiedliche wirtschaftliche, soziale, kulturelle, religiöse und politische Faktoren erschweren oder erleichtern es den Frauen dabei, die drei Hürden zu nehmen, die genommen werden müssen, um ins Parlament zu gelangen: 1) Frauen müssen Bedingungen vorfinden, dass es ihnen möglich ist und sie bereit sind, zu kandidieren. 2) Frauen müssen als Kandidatinnen bei Wahlen an aussichtsreichen Positionen aufgestellt und von ihren Parteien unterstützt werden. 3) Frauen müssen schließlich auch von den Wählerinnen und Wählern gewählt werden.

Der kritischste Punkt ist dabei der zweite: die Kandidaturaufstellung, die in modernen Demokratien weitgehend in der Hand der politischen Parteien liegt. *Selecting Women, Electing Women* lautet treffend der Titel einer Studie, welche die Bedeutung der Kandidatinnenauswahl für die Wahl von Frauen in Lateinamerika aufzeigt.[343] Die *party gatekeeper* bestimmen nicht nur, wer zur Wahl steht, sondern beeinflussen auch maßgeblich den Wahlerfolg von Kandidatinnen und Kandidaten, indem sie diesen mehr oder weniger „sichere" Wahlkreise oder Listenplätze zuweisen und sie im Wahlkampf angemessen unterstützen. Hierbei spielen neben gesellschaftlichen Normen und politisch-strategischen Überlegungen auch das Wahlsystem und vor allem etwaige Quotenregelungen eine Rolle.

Wahlsysteme und Frauenrepräsentation

Die Diskussion um Wahlsysteme und Repräsentation von Frauen im Parlament wird zumeist allgemein geführt, auf der Ebene der Grundtypen oder „Familien" von Wahlsystemen. So gilt es empirisch weithin als belegt, dass Verhältniswahlsysteme eher die Repräsentation von Frauen begünstigen als Mehrheitswahlsysteme. Die Befunde stützen sich für gewöhnlich auf aggregierte Daten, die Wahlsystemgrundtypen und den Frauenanteil in Beziehung setzen. Aufschlussreich ist darüber hinaus der Blick auf einzelne Länder, die entweder unterschiedliche Wahlsysteme anwenden oder einen grundlegenden Wahlsystemwechsel für die Parlamentswahlen vollzogen haben. Wie auch bei vielen Wahlen zuvor lag beispielsweise in Großbritannien – trotz erheblicher Zuwächse – der Anteil weiblicher Abgeordneter bei der Mehrheitswahl zum Unterhaus 2017 (32 %) und 2019 (34 %) hinter jenem der Verhältniswahl zum Europaparlament 2018 (47 %). In Neuseeland stieg der Frauenanteil im Parlament zwar bereits mit der briti-

---

343 Hinojosa 2012.

schen Mehrheitswahl von 13 % (1984) sukzessive auf 21 % (1993) an, machte mit
Einführung der personalisierten Verhältniswahl aber einen Sprung auf 29 %
(1996) und lag bei den Wahlen 2017 bei knapp 41 %. Interessant sind auch solche Staaten, die unterschiedliche Vergabeverfahren in einem Wahlsystem kombinieren. Bei der personalisierten Verhältniswahl in Deutschland ist für gewöhnlich der Anteil von Frauen an den Kandidaturen und Mandaten bei der Direktwahl in Einerwahlkreisen niedriger als jener auf Parteilisten. 2017 wurden 218
Frauen (30,7 % aller Abgeordneten) in den Bundestag gewählt. In den Einerwahlkreisen waren 64 Frauen (21,4 % aller Wahlkreise) und auf den Landeslis-
tenplätzen 154 (37,6 % aller Listenplätze) erfolgreich. Auch bei den „Graben-
wahlsystemen" schneiden Frauen tendenziell besser auf den Parteilisten ab.[344]
Doch Vorsicht: Differenzierungen sind angebracht. Wie bereits erwähnt wurde,
können Wahlsysteme, die der gleichen „Familie" zuzuordnen sind, sehr unterschiedliche Auswirkungen zeitigen. Dies liegt zum einen darin begründet, dass
die Effekte von Wahlsystemen in hohem Maße von dem gesellschaftspolitischen
Kontext abhängen. Zum anderen ist der technischen und typologischen Vielfalt
der Wahlsysteme Rechnung zu tragen. Betrachten wir also kurz einzelne Wahlsystemelemente:

Einerwahlkreise oder Mehrpersonenwahlkreise? In der Fachliteratur gelten
Einerwahlkreise seit Langem als eher hinderlich für die Kandidatur und die
Wahl von Frauen.[345] Da in Einerwahlkreisen jede Partei lediglich eine Person
nominiert und nur diejenige Person mit den meisten Stimmen den Wahlkreis
gewinnt, müssen sich Frauen gegen Männer ihrer Partei (bei der Nominierung)
und gegen Männer anderer Parteien (bei der Wahl) durchsetzen. Männliche
Machtansprüche und die angeblich schlechten Wahlaussichten tragen, so wird
argumentiert, dazu bei, dass manche Parteien zurückhaltend seien, Frauen in
Einerwahlkreisen aufzustellen. Dies gelte umso mehr, wenn dadurch männlichen
Amtsträgern die erneute Kandidatur verwehrt werde. Inwieweit solche Überlegungen tatsächlich die Kandidaturauswahl der Parteien in Einerwahlkreisen lei-
ten, ist im Einzelfall zu prüfen. Ebenfalls zu prüfen ist, ob kandidierende Frau-
en tatsächlich in der Wählergunst unterliegen, wenn sie gegen männliche Mit-
streiter im Wahlkreis antreten. Mutmaßlich trifft dies am ehesten auf Gesell-

---

344 Siehe bereits Kostadinova 2007: 427.
345 Statt vieler: Matland 2005.

schaften mit einem traditionellen Rollenverständnis der Geschlechter zu. Wurden sie aber von chancenreichen Parteien aufgestellt, sind Wahlchancen von Frauen oft nicht schlecht. Und wurden sie gewählt, ist die Chance als Mandatsträgerin erneut gewählt zu werden, noch viel größer.

Der theoretische Vorteil von Mehrpersonenwahlkreisen für Frauen liegt gleichwohl darin, dass Parteien in den jeweiligen Wahlkreisen mehrere Kandidatinnen und Kandidaten aufstellen können und es ihnen so möglich ist, eine *gender balance* auf den Parteilisten herzustellen, die auch wahlstrategisch von Bedeutung sein kann. In der Wahlsystemforschung wird daher oft angenommen, dass gerade größere Wahlkreise, in denen viele Mandate vergeben werden, die Nominierung und Wahl von Frauen begünstigen. Weitere Forschungen legen nahe, dass nicht nur die Wahlkreisgröße *(district magnitude)*, sondern gerade auch die Parteigröße *(party magnitude)* ins Gewicht fällt. Im wahlsystematischen Sinne erfasst die Parteigröße die Zahl der Abgeordneten, die eine Partei im Wahlkreis gewinnt (oder zu gewinnen glaubt). Lediglich wenn eine Partei annimmt, mehrere Mandate im Wahlkreis zu erzielen, dann – so das Argument – entfalten Strategien, die Liste auszubalancieren, tatsächlich Wirkung. Wahlkreisgröße und Parteigröße (im wahlsystematischen Sinne) sind freilich eng miteinander verbunden. In kleinen Wahlkreisen mit drei bis fünf Mandaten werden selbst stimmstarke Parteien kaum mehr als ein oder zwei Mandate erhalten. In großen oder gar nationalen Wahlkreisen steigen hingegen bereits mathematisch die Chancen der Parteien, pro Wahlkreis mehr Mandate zu erhalten, sodass hier *gender balance strategies* besser greifen können.

Gesetzliche Sperrklauseln, die den Erwerb von Parlamentsmandaten vom Erreichen eines bestimmten Stimmenanteils abhängig machen, scheinen vorderhand der parlamentarischen Repräsentation von Frauen eher hinderlich zu sein. So können etwa Kleinparteien, die gezielt Naueninteressen vertreten oder gar reine Frauenparteien darstellen, durch Sperrklauseln vom Einzug ins Parlament ausgeschlossen werden. Wenn wir jedoch die Parteigröße (im wahlsystematischen Sinne) als wichtigen Faktor ansehen, der die genderbezogene Ausbalancierung von Parteilisten befördert, dann haben legale Sperrklauseln gerade eine umgekehrte Wirkung: Sie schließen Splitterparteien aus, die lediglich wenige Mandate erhalten würden. Zugleich gelangen – dank der Sperrklausel – vornehmlich solche Parteien ins Parlament, die genügend Mandate erhalten, damit ein etwaiges Ausbalancieren der Liste auch Wirkung entfalten kann.

Starre, lose gebundene oder freie Listen? Obwohl auch in Mehrheitswahlsystemen die Wahl von Parteilisten möglich ist, etwa im Rahmen der *party block vote*, sind sie ein charakteristisches Merkmal von Verhältniswahlsystemen. Dementsprechend wird im angloamerikanischen Raum oft von *PR list systems* gesprochen. Sofern starre Listen und Einzelstimmgebung zur Anwendung kommen, ist für Frauen die Frage bedeutsam, ob sie auf aufsichtsreichen Listenplätzen stehen. Das hängt freilich von den Parteigremien ab, die über Kandidaturen und Listenplätze entscheiden. Im Falle lose gebundener oder freier Listen liegt die Wahl von Frauen stärker in den Händen der Wählerinnen und Wähler, denn diese können die Listenanordnung verändern oder gar neue Listen zusammenzustellen.

Dabei bergen die Vergabe von Präferenzstimmen oder die Möglichkeit des Kumulierens und Panaschierens allerdings auch die Gefahr, dass – zumindest in traditionellen Gesellschaften – eher Männer gewählt werden. Unter solchen Bedingungen können nicht starre Listen zu einer Benachteiligung von Frauen führen. In weniger traditionellen Gesellschaften, zumal, wenn Frauen gut organisiert sind und eine aktive Kampagne für die Wahl von Kandidatinnen betreiben, können Präferenzstimmen hingegen auch zu einem größeren Anteil von Frauen im Parlament führen. In Dänemark beispielsweise begünstigten sowohl die Präferenzstimmgebung als auch die Nominierungspraxis der Parteien die Frauenrepräsentation. Auch Schweden, die Schweiz, Norwegen, Belgien, Österreich und Island, die einen vergleichsweise hohen Anteil von Frauen im Parlament haben, nutzen nicht starre Listen. Bezüglich der Listenform und Stimmgebung können daher kaum allgemeine Empfehlungen ausgesprochen werden – mit einer Ausnahme: Wenn zusätzlich verbindliche Frauenquoten zur Anwendung kommen mit Platzierungsregeln, die Kandidaturen von Frauen auf aussichtsreichen Positionen sicherstellen, dann ist man mit starren Listen auf der sicheren Seite.

Frauenquoten – fast track ins Parlament

Während es aufgrund der Komplexität von Wahlsystemen und ihren Auswirkungen nicht leicht ist, Reformen so zu gestalten, dass die Frauenrepräsentation tatsächlich befördert wird, gelten Frauenquoten oft als *fast track* für den Zugang von Frauen ins Parlament. Frauenquoten legen einen prozentualen Mindestanteil von Kandidatinnen bei Wahlen fest, zumeist auf Parteilisten. Zusätzlich können sie auch Bestimmungen enthalten, welche die Platzierung von Kandidatinnen auf den Listen betreffen. Frauenquoten können gesetzlich für alle an den Wahlen antretenden Parteien eingeführt werden oder freiwillig von den einzelnen politischen Parteien, gewissermaßen als Selbstverpflichtung.[346]

Betrachten wir zuerst gesetzliche Quoten, die für alle Parteien, die zu den Wahlen antreten, verpflichtend sind. Hier ist Lateinamerika Vor- und Spitzenreiter. Als erste Demokratie hat Argentinien 1991 eine solche Frauenquote eingeführt, gefolgt von einer Reihe weiterer lateinamerikanischer Staaten ab den 1990er Jahren. In Europa hingegen stieß die Einführung gesetzlicher Frauenquoten mitunter auf erhebliche politische oder gar verfassungsrechtliche Bedenken. Auf eine erfolgreiche Beschwerde vor dem Verfassungsgericht hin wurde beispielsweise in Kroatien die gesetzliche Quote (von 40 %) vor den Parlamentswahlen 2015 wieder abgeschafft. Dennoch haben inzwischen etliche Mitgliedstaaten des Europarats gesetzliche Quoten für die Wahl zu nationalen Parlamenten eingeführt. Diese variieren allerdings erheblich hinsichtlich des vorgeschriebenen Mindestanteils an Kandidatinnen. Einen gleichen Anteil von Frauen und Männern sieht in Europa nur Belgien auf den Parteilisten vor und bezogen auf die Gesamtzahl der Parteikandidaturen in Wahlkreisen auch Frankreich. In den meisten Staaten, die gesetzliche Quoten anwenden, liegt der Mindestanteil zwischen 30 % und 40 %, mitunter sogar niedriger. In Irland wurde die Quote ab dem Jahr 2023 gerade von 30 % auf 40 % erhöht. Paritätische Quoten, wie die Rede von *Parité*-Gesetzen nahelegt, sind also selten. Am ehesten kommen sie noch bei Parlamentswahlen in Lateinamerika vor, sei es für die Vorwahlen der Parteien oder die abschließenden Kandidaturlisten.[347]

Nur wenige Länder, wie etwa Bolivien, Costa Rica und Nicaragua, sehen im Falle gesetzlicher Frauenquoten ein durchgängiges „Reißverschlussverfahren" *(zipper system)* vor, bei dem sich Kandidatinnen und Kandidaten jeweils abwechseln. In Lesotho, wo die personalisierte Verhältniswahl angewandt wird, ist eine gesetzliche Quote mit einem *zipper system* nur (oder immerhin) für die Listenkandidaturen vorgeschrieben. In Europa hingegen wird in keinem Land eine gesetzliche Quote in Verbindung mit einem Reißverschlussverfahren angewandt,

---

346 Mitunter werden allgemeine „Geschlechterquoten" verwandt, die geschlechterbezogene Quoten festlegen. Der angestrebte Zweck ist jedoch derselbe: Es geht um die politische Gleichstellung von Frauen und Männern, wobei an der binären Unterscheidung von Mann und Frau festgehalten wird.
347 Siehe Bareiro/Soto 2019b: 740 ff.

auch nicht in Belgien, wo nur vorgeschrieben ist, dass die ersten beiden Listenplätze mit Kandidierenden unterschiedlichen Geschlechts besetzt werden müssen. Nur einige gesetzliche Quoten in Europa regeln überhaupt die Platzierung von Frauen auf den Listen. In Nordmazedonien muss beispielsweise mindestens jeder dritte Listenplatz mit einer Kandidatin besetzt werden, in Serbien ist es jeder vierte Platz, in Spanien jede fünfte. Das Fehlen strenger Platzierungsvorgaben ist eine wesentliche Schwäche der angewandten gesetzlichen Frauenquoten in Europa. Es ermöglicht den Parteien, Frauen auf untere Listenplätze zu setzen. Außerdem fehlt es oft an effektiven Sanktionen, wenn Parteien die Quoten nicht einhalten.

Alternativ oder ergänzend zu gesetzlichen Quoten haben in etlichen Staaten, auch in Europa, eine oder mehrere Parteien freiwillig Frauen- und Geschlechterquoten für Kandidaturen eingeführt. Auch diese Quoten unterscheiden sich hinsichtlich des vorgesehenen Mindestanteils an Kandidatinnen und etwaigen Platzierungsregeln. Die Quoten liegen für gewöhnlich zwischen 30 % und 40 % der jeweiligen Kandidaturen. Die paritätische Besetzung der Kandidaturen auf den Parteilisten ist eher selten, wird aber beispielsweise von einigen grünen und linken Parteien in Deutschland, Island, den Niederlanden, Österreich und Schweden praktiziert. Mitunter kommt hierbei sogar, wie bei Bündnis 90/Grüne, das *zipper system* zur Anwendung.

Wie wirksam sind nun solche Quoten? Frauen- und Geschlechterquoten können tatsächlich einen *fast track*, also einen Schnellzugang, für die parlamentarische Repräsentation von Frauen darstellen, zumindest, wenn sie ausreichend hoch sind, Platzierungsregeln beinhalten und nicht von den Parteien unterlaufen werden. In etlichen Ländern führte die Einführung der gesetzlichen Quote zu einem beachtlichen Anstieg der Frauenrepräsentation im Parlament oder trug dazu bei, einen bereits bestehenden relativ hohen Frauenanteil zu konsolidieren, der bereits zuvor, auch aufgrund freiwilliger Parteiquoten, erreicht worden war. In anderen Ländern blieben die Effekte aufgrund nur niedriger Quoten, fehlender Platzierungsregeln und der geringen Bereitschaft, Frauen auf aussichtsreichen Listenplätzen zu platzieren und sie im Wahlkampf zu unterstützen, gering. Im Kosovo beispielsweise greift die gesetzliche Quote von 30 % bereits deswegen kaum, weil keine Platzierungen vorgegeben sind und weil die Kandidatinnen *in puncto* Finanzen, Medienpräsenz und Wahlkampfauftritten innerparteilich gegenüber ihren männlichen Kollegen stark benachteiligt sind, wie die EU-Wahlbeobachtungsmission 2017 kritisierte.

Die Bedeutung freiwilliger Quoten für die Gesamtrepräsentation der Frauen im Parlament hängt wiederum maßgeblich davon ab, welche Parteien solche Quoten verwenden und welche Bedeutung diesen Parteien im Parlament zukommt. Als die Arbeiterpartei Norwegens, seinerzeit die größte Partei des Lands, 1985 eine freiwillige Frauenquote einführte, erhöhte sich auf einen Schlag der Frauenanteil im Parlament. Dasselbe gilt im Falle der Sozialdemokratischen Partei Kroatiens, als sie 1996 eine Vierzig-Prozent-Quote einführte, oder im Falle der britischen *Labour Party* ein Jahr später mit ihren *all women shortlists*. Besonders deutlich wird dieser Effekt auch, wenn große, dominante Parteien Quoten nutzen – wie etwa der *African National Congress* (ANC) in der Republik Südafrika oder SWAPO in Namibia. Führen aber nur kleine Parteien freiwillig Frauenquoten ein, dann ist der Effekt auf die Gesamtrepräsentation der Frauen im Parlament gering.

Welche Parteien freiwillige Frauen- bzw. Geschlechterquoten verwenden, hängt nicht zuletzt von der programmatisch-inhaltlichen Ausrichtung ab. Vorreiter für freiwillige Quoten waren in Europa vor allem linke und grüne Parteien. Konservative und liberale Parteien halten sich hingegen mit Selbstverpflichtungen eher zurück, auch wenn diese im Einzelfall Quoten benutzen oder zumindest Gendergesichtspunkte bei der Kandidatennominierung einfließen lassen. Allerdings kommt es manchmal zu „Ansteckungseffekten": Sobald einzelne Parteien beginnen, mehr Frauen zu nominieren, ziehen, angetrieben vom zwischenparteilichen Wettbewerb, auch andere Parteien leichter nach. Bezeichnenderweise haben in etlichen europäischen Staaten nicht nur eine, sondern nacheinander mehrere Parteien freiwillige Frauenquoten eingeführt. In Deutschland hat beispielsweise der Erfolg der Grünen, die bereits in den 1980er Jahren eine paritätische Quote nutzten, einen gewissen Druck auf andere Parteien ausgeübt, zuvorderst auf die Sozialdemokraten.

Halten wir fest: Der Frauenanteil im Parlament wird von sehr unterschiedlichen gesellschaftlichen Bestimmungsfaktoren beeinflusst, die sich vielfach nicht von heute auf morgen ändern lassen. Dies begründet den Reiz, über politisch-institutionelle Reformen den Wandel zu beschleunigen. Entsprechend prominent wird die Einführung freiwilliger, aber vor allem gesetzlicher Frauenquoten für Kandidaturen diskutiert. Bei effektiver Ausgestaltung sind sie geeignet, den Frauenanteil im Parlament zielgerichtet zu stärken. Dabei können gesetzliche Quoten allerdings auf politische Widerstände und verfassungsrechtliche Bedenken stoßen.[348] In Bezug auf das deutsche Grundgesetz wird in der verfassungsrechtlichen Literatur mehrheitlich noch die Ansicht vertreten, dass gesetzliche Quoten einen unverhältnismäßigen Eingriff in demokratische Wahlrechtsgrundsätze darstellen. Darüber kann und sollte man streiten. Aber selbst wenn gesetzliche Quoten nicht verfassungswidrig sein sollten und politisch erwünscht sind: Verfassungsrechtlich geboten sind sie nicht.

So sinnvoll und effektiv eine gesetzliche Quote sein mag, leichter durchsetzbar sind freiwillige Quoten, welche die Frauenrepräsentation im Parlament ebenfalls nachhaltig steigern können. Die Staaten mit der höchsten Frauenrepräsentation in Europa haben lediglich freiwillige Quoten. Insofern ist es sinnvoll und zielführend, sich nicht nur auf gesetzliche Quoten zu fixieren, sondern auch die Parteien anzuhalten und zu drängen, freiwillig möglichst hohe Frauenquoten zu verwenden und Frauen auf aussichtsreiche Listenplätze und auch in aussichtsreichen Wahlkreisen aufzustellen. Darauf drängen können zum einen effektiv organisierte Frauennetzwerke innerhalb der Parteien. Zum anderen können solche Forderungen aber auch aus der Zivilgesellschaft und den Medien „von außen" an Parteien herangetragen werden und durch die Wählerinnen und Wähler bei der Stimmabgabe goutiert werden.

Eine abschließende Bemerkung zu reservierten Sitzen für Frauen im Parlament, die weder in Europa noch in Amerika als angemessenes Mittel erachtet werden, um die Frauenrepräsentation im Parlament zu stärken: In einigen Staaten Vorderasiens (z. B. Afghanistan, Irak, Jordanien), Südasiens (z. B. Bangladesch, Nepal, Pakistan), Afrikas (z. B. Burundi, Kenia, Niger, Swasiland, Tansania, Uganda, Zimbabwe) kommen unterschiedliche Formen solcher Ergebnisquoten und *reserved seats* zur Anwendung. Ihnen allen ist gemein, dass sie das Ergebnis vorgeben, wie viele Frauen im Parlament vertreten sein sollen. Kombiniert werden sie mitunter mit Kandidaturquoten; durch solche Kandidaturquoten nicht erreichte Ergebnisvorgaben werden dann beispielsweise durch Ernennung oder indirekte Wahl nachträglich „hergestellt". Oder aber eine bestimmte Anzahl von Frauen wird gleich ernannt oder indirekt gewählt. In Kenia und Uganda wiederum bestehen eigene Wahlkreise, in denen nur Frauen antreten

---

348 Zur Diskussion in Deutschland siehe beispielsweise die von der Bibliothek des Deutschen Bundestags zusammengestellten Literaturauswahl 2010–2019 zu „Parität bei Wahlen"; abrufbar unter www.bundestag.de.

dürfen. Auffällig ist, dass mit Ausnahme Ruandas (wo neben einer Dreißig-Prozent-Kandidaturquote für die allgemeinen, direkten Wahlen noch 24 Frauen indirekt gewählt werden), keines der Länder eine ausgewogene Repräsentation von Frauen im Parlament aufweist. Die entsprechende Werte liegen für gewöhnlich zwischen 15 % und 35 %.[349]

Frauenrepräsentation im Parlament in den Ländern des Europarats (2020)

Land (Wahl)	Frauen in % 2020 (1995)	Gesetzl. Quote	Positionsregeln	Partei-quote**	Wahl-system
Schweden (2018)	47,0 (40,4)	---	---	Ja	VW *
Andorra (2019)	46,4 (3,6)	---	---	---	Parallel
Finnland (2019)	46,0 (33,5)	---	---	---	VW*
Spanien (2019)	40,0 (16,0)	40	2 von 5	Ja	VW
Schweiz (2019)	41,5 (21,0)	---	---	Ja	VW*
Norwegen (2017)	41,4 (39,4)	---	---	Ja	VW*
Belgien (2019)	40,7 (12,0)	50	1 der ersten 2 Plätze	---	VW*
Nordmazedonien (2017)	40,0 (3,3)	40	Jeder 3. Listenplatz	---	VW
Portugal (2019)	40,0 (13,0)	33,3	Jeder 3. Listenplatz		VW
Dänemark (2019)	39,7 (33,5)	---	---	---	VW*
Frankreich (2017)	39,5 (6,4)	50 (48)	---	Ja	Abs. MW
Österreich (2019)	39,3 (26,8)	---	---	Ja	VW*
Island (2017)	38,1 (25,4)	---	---	Ja	VW*
Serbien (2016)	37,7	30***	Jeder 3. Listenplatz	---	VW
Italien (2018)	35,7 (15,1)	40 WK 50 Liste	Alternierend (Liste)	Ja	VW (Bonus)
Großbritannien (2019)	33,9 (9,2)	---	---	Ja	Rel. MW
Monaco (2018)	33,3 (5,6)	---	---	---	Parallel (BV)
Niederlande (2017)	33,3 (32,7)	---	---	Ja	VW
San Marino (2019)	31,7 (11,7)	33,3	---	---	VW (Bonus)
Deutschland (2017)	31,2 (26,3)	---	---	Ja	Pers. VW
Lettland (2018)	30,0 (15,0)	---	---	---	VW*
Luxemburg (2018)	30,0 (20,0)	---	---	Ja	VW*
Montenegro (2016)	29,6 (23,5)	30	Jeder 4. Listenplatz	---	VW

---

349 https://www.idea.int/data-tools/data/gender-quotas/reserved-overview.

Land (Wahl)	Frauen in % 2020 (1995)	Gesetzl. Quote	Positionsregeln	Partei- quote**	Wahl- system
Albanien (2017)	29,5 (5,7)	30	1 der ersten 3 Plätze	---	VW
Estland (2019)	28,7 (12,9)	---	---	?	VW*
Polen (2019)	28,7 (13,0)	35	---	---	VW*
Slowenien (2018)	27,8 (14,4)	35	---	Ja	VW*
Bulgarien (2017)	26,7 (13,3)	---	---	---	VW
Moldawien (2019)	24,8 (4,8)	40	---	----	VW
Litauen (2016)	24,1 (7,1)	---	---	Ja	Parallel*
Armenien (2018)	23,5 (6,3)	20	Jeder 5. Platz, ab Platz 2	---	Parallel*
Tschechische Republik (2017)	22,5 (10,0)	---	---	Ja	VW*
Rumänien (2016)	21,9 (4,1)	---	---	Ja	Parallel
Bosnien und Herzego- wina (2018)	21.4 (4,5)	40	1 von 2, 2 von 5, 3 von 8	---	VW (*)
Irland (2016)	20,9 (12,0)	30***	---	---	STV
Ukraine (2019)	20,8 (3,8)	---***	---	---	Parallel****
Griechenland (2019)	20,7 (6,0)	33	---	Ja	VW
Slowakei (2016)	20,7 (14,7)	---	---	?	VW*
Zypern (2016)	19,6 (5,4)	---	---	Ja	VW*
Kroatien (2016)	19,2 (7,9)	40	---	Ja	VW
Türkei (2018)	17,3 (2,4)	---	---	Ja	VW
Aserbaidschan (2015)	16,8 (12,1)	---	---	---	Rel. MW
Russland (2016)	15,8 (13,4)	---	---	---	Parallel
Georgien (2016)	14,1 (6,9)	---*****	---	---	Parallel
Malta (2017)	13,4 (1,5)	---	---	Ja	STV
Ungarn (2018)	12,1 (11,4)	---	---	Ja	Parallel
Liechtenstein (2017)	12,0 (8,0)	---	---	---	VW*

Quelle: eigene Zusammenstellung auf Grundlage von IPU 2020 sowie Quota Project: www.quotaproject.org.

Anmerkung: VW = Verhältniswahl, MW = Mehrheitswahl, STV = Single Transferable Vote system.

* Lose gebundene oder offene Liste.

** Zumindest eine Partei wendet freiwillig genderbezogene Kandidaturquoten an.

*** Ab nächster Wahl 40 %; in Serbien mit der Positionsregel 2 von 5.

**** Ab nächster Wahl: VW.

***** Ab 2020 Quote.

16.

DIE REPRÄSENTATION NATIONALER MINDERHEITEN

Gemäß internationalen Menschenrechten und Wahlstandards dürfen nationale Minderheiten bei Wahlen nicht diskriminiert werden. Dies betrifft das aktive wie passive Wahlrecht ebenso wie viele andere Bereiche der Wahlen, von der Wählerregistrierung über den Wahlkampf bis zum eigentlichen Wahlgang. Wie alle anderen Wahlberechtigten auch müssen Angehörige nationaler Minderheiten ihr Wahlrecht frei von Einschränkungen und Druck nutzen können. Um die Repräsentation nationaler Minderheiten bei Wahlen zu gewährleisten, sind sogar ausdrücklich Ausnahmeregelungen erlaubt.

Im Hinblick auf das Wahlsystem fängt dies bereits bei der Wahlkreisziehung an. Wahlkreise können so gezogen sein, dass regional konzentrierte nationale Minderheiten dort eine reelle Chance haben, Mandate zu gewinnen. Wie bereits dargelegt, erlaubt das Wahlgesetz Kanadas sogar verhältnismäßig große Abweichungen der Wahlkreisgrößen, um indigene Gruppen zu schützen. Eine Quotenregelung für Kandidaturen besteht wiederum in Kirgistan. Dort müssen die Parteien nicht nur mindestens 30 % Frauen auf den starren Kandidaturlisten aufstellen. Es müssen auch 15 % der Kandidaten und Kandidatinnen Angehörige nationaler Minderheiten (und zudem 15 % unter 35 Jahre alt) sein.

In einigen Ländern bestehen zudem reservierte Sitze *(reserved seats)* im Parlament, die der Wahl von Minderheitenvertreterinnen und -vertretern vorbehalten sind. Dabei wird mitunter sogar mit dem Prinzip *one person, one vote* gebrochen. So „erlaubt" es der *Code of Good Practice in Electoral Matters* des Europarats, dass Personen, die nationalen Minderheiten angehören, das Recht haben, sowohl für die allgemeinen Listen zu wählen als auch für Listen der nationalen Minderheit – wie dies etwa in Slowenien der Fall ist. Dort verfügen Angehörige der italienischen und der ungarischen Minderheiten im Unterschied zu anderen Staatsangehörigen über eine zusätzliche Stimme bei Parlamentswahlen, und zwar für die Vergabe der für beide dieser Minderheiten reservierten Sitze in dem 90 Sitze umfassenden Parlament. In Kroatien haben die Angehörigen von Minderheiten hingegen nur eine Stimme und müssen entscheiden, ob sie in einem Minderheitenwahlkreis oder einem regulären Wahlkreis ihre Stimme abgeben. Wichtig ist hier aber, dass die Wahlberechtigten nicht gezwungen werden, ihre Zugehörigkeit zu einer nationalen Minderheit anzugeben.

Eine andere Möglichkeit besteht darin, Ausnahmen von den normalen Regeln für die Zuweisung von Parlamentsmandaten zu ermöglichen. In Deutschland bestehen beispielsweise einige Sonderregelungen für die offiziell anerkannten „nationalen Minderheiten", die unter das „Rahmenübereinkommen des Europarats zum Schutz nationaler Minderheiten" fallen.[350] Dazu zählen die dänische Minderheit, das sorbische Volk, die Friesen sowie die deutschen Sinti und Roma. Wenn Parteien dieser nationalen Minderheiten an Bundestagswahlen teilnehmen würden, stünden ihnen etliche Privilegien offen: Sie betreffen die erlassene Unterschriftenerfordernis von Kreiswahlvorschlägen und Landeslisten. Vor allem aber finden die Fünf-Prozent-Sperrklausel und die Grundmandatsklausel auf die Listen, die von Parteien nationaler Minderheiten eingereicht werden, keine Anwendung. Auch benötigen sie keinen Mindeststimmenanteil, um staatliche Mittel zu erhalten. Gegenwärtig besteht in Deutschland aber nur eine Partei einer anerkannten nationalen Minderheit, namentlich der Südschleswigsche Wählerverband (SSW). Der SSW trat zwar bei den ersten vier Bundestagswahlen an und stellte sogar einen Abgeordneten im ersten Bundestag. Seitdem nahm jedoch der SSW nicht mehr an Bundestags-, sondern nur noch an Landtagswahlen teil. Im Landtag von Schleswig-Holstein war der SSW jedoch seit 1947 fast durchweg vertreten und war dort ebenfalls von der Sperrklausel befreit. Eine analoge Befreiung von der Sperrklausel sieht das Wahlgesetz Brandenburgs für Sorben vor, sofern diese als Parteien oder politische Vereinigungen Listen einreichen, was allerdings nicht der Fall ist.

---

350 Jeder Vertragsstaat kann selbst bestimmen, welche Minderheiten er als „nationale Minderheiten" im Sinne des Abkommens versteht.

17.

NACH DER WAHL IST VOR DER (AB-)WAHL

Wie eingangs dargelegt wurde, vergibt der *demos* bei demokratischen Wahlen einen Herrschaftsauftrag auf Zeit und bestellt zugleich die parlamentarische Opposition. Wenn die Wahlberechtigten mit den gewählten Repräsentantinnen und Repräsentanten nicht zufrieden sind, haben sie die Möglichkeit, diese nach Ablauf der Wahlperiode nicht wiederzuwählen. Während der Legislaturperiode besteht diese Möglichkeit für gewöhnlich nicht, es sei denn, es werden vorzeitig Neuwahlen ausgerufen. Allerdings besteht in einigen, vornehmlich lateinamerikanischen Staaten, die Möglichkeit, dass das Wahlvolk die gewählten Präsidenten oder Abgeordneten vor Ablauf der Wahlperiode abwählt. Bekannte Beispiele sind Venezuela, wo der vormalige Präsident Chávez im Jahr 2004 einen solchen *recall* überstand und sein Nachfolger Maduro eine entsprechende Initiative im Jahr 2016 durch Manipulation abwehren konnte. Auch der damalige Präsident Boliviens, Evo Morales, überstand 2009 einen solchen Abwahlversuch. In Ecuador und Taiwan ist eine *recall election* für alle gewählten Amtsinhaber möglich, in Panama, Äthiopien, Liberia und Nigeria sowie in Kirgistan, Kiribati und Palau zumindest für die Parlamentsabgeordneten. In Europa gibt es nur wenige Staaten, die einen *recall* durch die Wählerschaft ermöglichen. Dazu zählen neben Rumänien, wo dies bereits zwei Mal erfolglos versucht wurde, auch die Republik Moldau für gewählte Präsidentinnen und Präsidenten sowie Liechtenstein und Litauen für das gewählte Parlament. In Großbritannien können 10 % der Wahlberechtigten im Wahlkreis eine Abstimmung über den gewählten Wahlkreiskandidaten oder die gewählte Wahlkreiskandidatin erzwingen.[351]

Auch in einigen Ländern der Bundesrepublik Deutschland besteht – neben dem Selbstauflösungsrecht – eine solche Möglichkeit für dortige Landesparlamente. In Bayern beispielsweise kann der Landtag auf Antrag von 1 Million Wahlberechtigter durch Volksentscheid abberufen werden. In Bremen und Berlin kann es zu einem solchen Volksentscheid kommen, wenn ein Fünftel der Stimmberechtigten dies in einem Volksbegehren verlangt. Ein erfolgreicher Volksentscheid bedürfte dort einer Zustimmung bzw. einer Beteiligung von 50 % der Wahlberechtigten. Ebenso wenig wie in Brandenburg und Rheinland-Pfalz, wo ebenfalls solche Volksentscheide möglich sind, kam es in Bayern, Bremen und Berlin zu Volksentscheiden. In Berlin wurden aber immerhin insgesamt zehn Versuche gestartet, mittels eines Volksbegehrens einen entsprechenden

---

351 Vgl. CDL-AD(2019)011 rev. Abs. 26.

Volksentscheid zu initiieren. In acht Fällen konnten nicht genügend Unterschriften gesammelt werden, zwei Mal löste sich der Landtag (Senat) selbst auf.[352] In Baden-Württemberg ist ein entsprechender Volksentscheid im Jahr 1971 am Fünfzig-Prozent-Zustimmungsquorum gescheitert, ein Volksbegehren zur Einleitung eines weiteren Volksentscheids im Jahr 1973 erreichte nicht die benötigte Anzahl an Unterschriften.

---

352 https://bb.mehr-demokratie.de/berlin/berlin-volksbegehren/berlin-land-uebersicht/ab wahlbegehren/.

Nachtrag: Wahlen in Zeiten von Corona – Gesundheitsschutz und demokratische Standards

Die im Jahre 2020 ausgebrochene COVID-19-Pandemie hat viele Regierungen unvorbereitet getroffen. Neben zahlreichen Vor-, Lokal- und Nachwahlen wurden daher pandemiebedingt ab März 2020 zunächst auch etliche nationale Wahlen weltweit verschoben. Dazu gehörten in Europa die eigentlich für April angesetzten Parlamentswahlen in Serbien und Nordmazedonien, die dann im Juni bzw. Juli nachgeholt wurden, sowie die Präsidentschaftswahlen in Polen, die nach heftigen politischen Kontroversen von Mai auf Juli verlegt wurden. In Sri Lanka fanden die ursprünglich für April vorgesehenen Parlamentswahlen im August statt, in der Dominikanischen Republik und Bolivien jene von Mai im Juli bzw. Oktober. Im Tschad wurden die für Dezember vorgesehenen Parlamentswahlen schon früh auf unbestimmte Zeit verschoben. Ebenso verfuhr die Zentralregierung des Friedensnobelpreisträgers Abiy Ahmed Ali in Äthiopien – was die dort bestehenden politischen Konflikte verschärfte.

In etlichen anderen Staaten wurden hingegen nationale Wahlen planmäßig durchgeführt. Dazu zählten sowohl Länder, in denen es zum Zeitpunkt der Wahlen nur wenige bestätigte Infektionsfälle gab, so etwa in Israel, Guinea, Mali (März/ April) und der Mongolei (Juni), als auch solche Länder, die von der COVID-19-Krise schon früh oder stark betroffen waren, wie Südkorea (April), Burundi, Surinam (beide Mai) sowie Kroatien, wo im Juli – sogar vor Ablauf der vollen Wahlperiode – gewählt wurde. In der zweiten Jahreshälfte hielten dann die allermeisten Staaten wieder turnusmäßig nationale Wahlen ab (Stand Ende Oktober 2020). Gegenüber der Option, Wahlen zu verlegen, hatte sich mit zunehmender Erfahrung beim Umgang mit der Pandemie also die Option durchgesetzt, bei entsprechenden Schutzvorkehrungen zumindest nationale Wahlen durchzuführen.

Dies ist sinnvoll: So angemessen es sein kann, aus Gründen des Gesundheitsschutzes anstehende Wahlen während einer Pandemie ausnahmsweise zu verschieben[353], eine Dauerlösung ist es nicht. Soll die Demokratie keinen Scha-

---

353 Solche *„humanitarian postponements"* (James/Alihodzic 2020: 328) von Wahlen gab es vereinzelt schon früher, etwa aufgrund der Ebola-Epidemie in Westafrika.

den nehmen, dann darf die demokratische Regel, dass Wahlen in regelmäßigen Abständen stattfinden, nicht fortwährend ausgesetzt werden. Allerdings muss dann nicht nur die Gesundheit der Beteiligten gewissenhaft geschützt werden, es sind auch demokratische Wahlstandards zu wahren. So manche Autokraten nutz(t)en die Krise, um die Oppositionsspielräume noch weiter zu beschneiden und Wahlen – soweit sie nicht verschoben wurden – zu ihren Gunsten zu beeinflussen. Aber auch demokratische Regierungen können, sofern sie die Krise meistern, von den Wahlen politisch profitieren und sind immer daran zu messen, inwiefern sie in Wahlzeiten verantwortungsvoll mit der Pandemie umgehen und zugleich demokratische Spielregeln einhalten. So behandelt der vorliegende Abschnitt die Durchführung von Wahlen aus Sicht sowohl des Gesundheitsschutzes als auch einer demokratischen Wahlorganisation.

Zweifelsohne stellt(e) die COVID-19-Pandemie die Organisation von Wahlen vor große Herausforderungen. Das umfasst bereits: die Planung der Wahlen, die zusätzlicher Ressourcen und Materialien (Schutzausrüstung, Desinfektionsmittel etc.) bedarf; die enge Abstimmung mit Gesundheitsbehörden, um auf Infektionsentwicklungen angemessen reagieren zu können; die Rekrutierung und das Training des Wahlpersonals, das möglichst keine Risikogruppen umfassen soll und nochmals gesondert geschult werden muss; sowie nicht zuletzt klare Informationen und Anweisungen für die Wählerinnen und Wähler, wie sie sich vor, bei und nach den Wahlen zu verhalten haben. Klarstellungen durch Gesundheits- und Wahlbehörden sind gerade auch dort vonnöten, wo Desinformationen über den notwendigen Gesundheitsschutz gestreut und unbegründete Wahlbetrugsvorwürfe erhoben werden, wie dies beispielsweise der US-Präsident Donald Trump vor den Wahlen 2020 tat.

Sofern sich Wählerinnen und Wähler aktiv registrieren müssen, ist weiterhin sicherzustellen, dass dies für alle Wahlberechtigte, gerade auch für besonders gefährdete Personen, unter Beachtung entsprechender Gesundheitsvorkehrungen flächendeckend möglich ist. Erleichtert werden sollte gegebenenfalls auch die für die Registrierung von Parteien und Kandidatinnen und Kandidaten notwendige Sammlung von Unterschriften, die durch Kontaktverbote und Einschränkungen der Versammlungs- und Bewegungsfreiheit erheblich erschwert sein kann. Besondere Regelungen können zudem für die innerparteiliche Kandidatenaufstellung und etwaige Vorwahlen getroffen werden. In Vorbereitung der Bundestagswahl 2021 plant beispielsweise die Regierungskoalition in

Deutschland eine Corona-Notfallregelung, der zufolge die Benennung von Kandidatinnen und Kandidaten der Parteien nicht – wie gesetzlich vorgeschrieben – in Mitglieder- oder Stellvertreterversammlungen erfolgen muss, sondern notfalls mittels Briefwahl und elektronischer Abstimmungen vonstattengehen kann.[354]

Weiterhin findet der Wahlkampf unter erheblich erschwerten Bedingungen statt. Das Infektions- und Gesundheitsrisiko lässt große Wahlkampfveranstaltungen mitunter nicht oder nur unter besonderen Sicherheitsvorkehrungen zu. Dasselbe gilt für *door-to-door campaigning*, wie es in einigen Staaten noch gehandhabt wird. Neben verbindlichen Vorgaben und Informationskampagnen sind gerade Absprachen mit Parteien sinnvoll, um zu gewährleisten, dass Infektionsgefahren im Wahlkampf eingedämmt werden. Fahrlässiges Handeln – wie die Nicht-Einhaltung einschlägiger Schutzmaßnahmen und Hygieneregeln – sind konsequent zu unterbinden. Zahlreiche Beispiele weltweit zeugen indes von verantwortungslosem Handeln einzelner Politiker und ihrer Anhängerschaft. Beredtes Beispiel sind (besonders die frühen) Wahlkampfveranstaltungen von, einmal mehr, Donald Trump.

Zugleich müssen unter den kandidierenden Parteien und Personen nicht nur Gesundheitsauflagen verabredet, sondern auch faire Wahlkampfbedingungen hergestellt werden. Die COVID-19-Pandemie rückt zwangsläufig das Handeln der Regierenden in den Blickpunkt und bietet ihnen so die Möglichkeit, sich als „zupackende Krisenmanager" zu profilieren. Damit einher geht nicht nur die erhöhte Gefahr, dass die staatliche Neutralität im Wahlkampf nicht eingehalten wird. Während die Regierung in Krisenzeiten alltäglich in den Medien auftaucht, ist die Opposition mitunter auch wenig sichtbar, zumal, wenn öffentliche Großveranstaltungen ausbleiben (müssen). Pandemiebedingt verlagert sich der Wahlkampf zudem von der Straße (noch) stärker in die Medien. Dadurch gewinnt eine ausgeglichene und faire Medienberichterstattung zu Wahlen noch mehr an Bedeutung und fällt eine tendenziöse Berichterstattung, gerade zugunsten von Regierenden, noch stärker ins Gewicht. Zugleich greifen althergebrachte Wahlkampfregeln bislang nicht oder nur bedingt bei sozialen Medien, die –

---

354 Vgl. etwa „Corona: Union und SPD planen Notfallregelung für Bundestagswahl", Zeit Online, 30. August 2020; „Koalition plant Corona-Ausnahmeregel, www.tagesschau.de, 30. August 2020.

nach dem Fernsehen – für viele Menschen ohnehin bereits die wichtigste Informationsquelle zu Wahlen darstellen.

In Serbien nutzte beispielsweise der populistische Präsident Aleksandar Vučić die Corona-Krise, um der von ihm geführten Serbischen Fortschrittspartei weitere Wahlvorteile zu verschaffen. Als oberster Krisenmanager und Wahlkämpfer war er omnipräsent in den ihm nahestehenden Fernsehsendern und Boulevardblättern, war das Gesicht seiner Partei bei den Wahlen (obwohl er bei den Parlamentswahlen gar nicht antrat) und verwischte völlig die Grenzen zwischen Amt und Wahlkampf. Die – ohnehin gespaltene – politische Opposition erlangte hingegen kaum Medienaufmerksamkeit, durfte oder wollte aufgrund von COVID-19 keine großen öffentlichen Versammlungen durchführen und konnte auch in den sozialen Medien dem Präsidenten und seiner Partei nicht Paroli bieten. Zugleich konnte sie dem Klientelismus der Regierung und der serbischen Fortschrittspartei nichts entgegensetzen. Die Auszahlung einer Corona-Einmalhilfe an jede Serbin und jeden Serben kurz vor den Wahlen tat hier ein Übriges. Ein Teil der Opposition in dem politisch polarisierten Land boykottierte die Wahlen.[355]

Das größte öffentliche Augenmerk bei Wahlen in Zeiten von Corona lag und liegt jedoch auf der Stimmabgabe. So ist zu gewährleisten, dass alle Wahlberechtigten, selbst wenn sie zu Risikogruppen gehören, ihre Stimme ohne (erheblich) erhöhtes Infektionsrisiko abgeben können. Dafür sind besondere Vorsichtsmaßnahmen im Wahllokal nötig. Diese reichen von den räumlichen Bedingungen des Wahllokals bis hin zu vielfältigen Schutz- und Hygienemaßnahmen für das Wahlpersonal, die Wählerinnen und Wähler sowie bei der Handhabung der Wahlunterlagen. In manchen Ländern, so etwa in Südkorea, wurde sogar die Körpertemperatur am Eingang von Wahllokalen gemessen. Aus Sicht des allgemeinen Wahlrechts ist allerdings wichtig, dass Wahlberechtigte, die erste Symptome aufweisen, unter Quarantäne stehen oder nachweislich mit COVID-19 infiziert sind, nicht einfach von den Wahlen ausgeschlossen werden, wie dies zunächst etwa die Wahlbehörden in Kroatien vorsahen, bis dort das Verfassungsgericht intervenierte.[356] Vielmehr müssen besondere Schutzmaßnahmen ergriffen werden, um – etwa in speziellen Wahlkabinen und außerhalb der

---

355 Vgl. Dzihic 2020 sowie den ODIHR-Bericht zu den dortigen Wahlen.
356 Vgl. den ODIHR-Bericht zu den Wahlen.

regulären Wahlzeiten (wie in Südkorea) oder in eigenen Wahllokalen oder mittels mobiler Wahlurnen – auch solchen Personen die Ausübung ihres Wahlrechts zu ermöglichen. Wo erlaubt und möglich, sind gerade auch *early voting* und Briefwahl sinnvoll.

Vor allem die Briefwahl wurde nach Ausbruch der Pandemie schon rasch als Alternative zum Gang ins Wahllokal ins Spiel gebracht, um Wählerinnen und Wähler sowie das Wahlpersonal angemessen zu schützen (und auch besonders gefährdeten oder gar infizierten Personen die Stimmabgabe zu ermöglichen). Eine vollständige Umstellung auf Briefwahl erfolgte bislang jedoch fast nirgendwo. Eine Ausnahme ist die zweite Runde (Stichwahl) der bayerischen Kommunalwahlen am 29. März 2020, die komplett per Briefwahl stattfand. Dabei konnten die Wahlbehörden auf profunde Erfahrungen des Wahlpersonals und der Wählerschaft aufbauen, die mit der Briefwahl bereits vertraut waren.[357] Während in der erste Runden der Kommunalwahl am 15. März 2020 der Anteil der Briefwählerinnen und -wähler in einigen Kommunen bereits bei über 70 % lag, wurde – bei sogar leicht gestiegener Wahlbeteiligung – in der zweiten Runde dann ausschließlich per Briefwahl gewählt. Organisatorische Maßnahmen, um dies zu ermöglichen, betrafen u. a. die automatische Zusendung der Briefwahlunterlagen an alle Wahlberechtigten, Sonderleerungen von regulären Briefkästen und das Aufstellen von zusätzlichen Wahlbriefkästen etwa in Rathäusern.

In Polen hingegen, wo die Regierung – ohne nennenswerte Briefwahlerfahrung[358] – zunächst eine vollständige Umstellung auf die Briefwahl im Hauruckverfahren durchsetzen wollte, um den (für sie günstigen) ursprünglichen Wahltermin zu „retten", wurden – angesichts gesellschaftspolitischer Widerstände, verfassungsrechtlicher Bedenken und wohl auch absehbarer wahlorganisatorischer Probleme – die Wahlen letztlich verschoben. Neben der Stimmabgabe in

---

357 In Bayern hatten bei den Europawahlen 2019 immerhin 39,4 % der Wählerinnen und Wähler ihre Stimme per Briefwahl abgegeben; bei den Landtagswahlen 2018 waren es 38,9 % und bei den Bundestagswahlen 2017 37,3 %. Bayern weist unter den Bundesländern damit die höchste Briefwahlquote bei Bundestagswahlen auf, die 2017 bundesweit bei 28,6 % lag.

358 In Polen wurde erst 2011 die Briefwahl für Menschen mit Behinderungen und für die Auslandswahl eingeführt, 2014 dann für alle polnischen Wahlberechtigten zugelassen, aber nur von einigen zehntausenden Wahlberechtigten (vor allem im Ausland) genutzt und 2019 unter Hinweis auf Sicherheitsbedenken wieder auf Menschen mit Behinderungen beschränkt; vgl. Lada 2020.

den Wahllokalen wurde den Wahlberechtigten zwar dann die Briefwahl erlaubt, doch wurde diese im Inland kaum genutzt.

Während die Umstellung auf eine reine Briefwahl in den allermeisten Ländern nicht ernsthaft in Erwägung gezogen wird, bietet sich deren verstärkte Nutzung *ergänzend* zum Wählen im Wahllokal vor allem in solchen Ländern an, in denen der Postweg sicher ist und bereits Erfahrungen mit Briefwahlen bestehen. Davon können gerade auch Wahlberechtigte nutznießen, die einem besonders hohen Gesundheitsrisiko ausgesetzt sind. In Deutschland sollte dies leicht möglich sein. Ein wahres Politikum war indes die Ausweitung der Briefwahl in den USA, die Donald Trump im Vorfeld der Wahlen 2020 politisch zu diskreditieren versuchte und auch vor Gericht bekämpfte. Seine unbelegten Vorwürfe, dass die Briefwahl für systematischen Wahlbetrug genutzt werden würde, trugen zu einer Verunsicherung der Wählerinnen und Wähler bei und beeinträchtigten deren Vertrauen in einen sauberen Wahlgang. Zugleich waren sie eine Strategie, um schon im Vorfeld der Wahlen einen etwaigen Sieg der Demokraten zu delegitimieren.

Und wie sieht es mit der elektronischen Stimmabgabe aus? Schlug die Stunde all jener, die sich seit Jahren für die Einführung von Online-Wahlen stark machen? Der Eindruck könnte sich aufdrängen, wenn man so manche Veröffentlichung internationaler Wahlberatungsorganisationen liest. Experten von International IDEA beispielsweise erklärten, dass *„online voting has never faced a situation as favorable as today"* (Fernández Gibaja 2020), oder sprachen gar von einer *„golden opportunity for online voting"* (Wolf 2020). Die *International Foundation for Electoral Systems* (IFES) stellte ein wachsendes Interesse von Wahlbehörden an Internet-Wahlen fest, führte im Juni 2020 eigens ein Webinar zur Zukunft des *internet voting* durch und trug Ratschläge für *„Electoral Decision-Makers"* zusammen (Applegate et al. 2020). Den Vorteilen von Online-Wahlen, die in Zeiten von Corona in der Möglichkeit bestehen (könnten), von zu Hause aus zu wählen, wurden allerdings auch die Gefahren und Probleme gegenübergestellt, welche die Sicherheit, Geheimheit, Transparenz und vor allem auch das Vertrauen in die Wahlen betreffen. Wie bereits dargelegt wurde, ist die Einführung von Online-Wahlen, zumal, wenn sie demokratischen Wahlprinzipien genügen sollen, überaus voraussetzungsreich. Von der Corona-Krise mögen zwar politische Impulse ausgehen, mittel- oder langfristig bei nationalen Wahlen auch die Online-Stimmabgabe flächendeckend zu ermöglichen. Als kurzfristige Antwort auf die Pandemie war und ist aber die Internetwahl ungeeignet, da in fast keinem Land die notwendigen Systeme bereits verfügbar sind.

So blieb auch bei den Wahlen des Jahres 2020 der Gang ins Wahllokal der Standard, mitunter ergänzt durch die verstärkte Nutzung von Früh- und Briefwahl sowie anderen *absentee voting*-Verfahren. Die Wahlbeteiligung sank trotz COVID-19 dennoch nicht, wie befürchtet, allerorten. Während einige Staaten Rückgänge verzeichneten, wie Nordmazedonien, Island, Kroatien, Litauen sowie (bei Teilboykott der Opposition) Serbien, stieg die Wahlbeteiligung beispielsweise in Polen, Neuseeland und Südkorea merklich an. Auch der Einfluss der Pandemie auf die Wahlergebnisse ist nicht eindeutig, selbst, wenn sich die Regierungsparteien vielfach durchsetzen konnten. Indes: Südkoreas Regierungspartei profitierte bei den Parlamentswahlen zweifelsohne von der rigorosen Eindämmung der Corona-Krise unter Präsident Moon Jae-in, und die Premierministerin Neuseelands, Jacinda Ardern, erzielte gerade auch wegen ihres viel gelobten Krisenmanagements mit der Labour-Partei einen historischen Sieg bei den Wahlen im Oktober. Unter den Wahlautokratien wiederum, fuhr – ob mit oder ohne Pandemie – der Präsident Tadschikistans, Emomali Rahmon, mit offiziell 92 % der Stimmen bislang den höchsten Sieg des Jahres 2020 bei Wahlen ein, die allerdings kaum als kompetitiv gelten können. Die heftigsten Wahlproteste aber gab es nach den Präsidentschaftswahlen in Belarus im August. Bemerkenswerterweise hielten dort weder die Pandemie noch staatliche Repression Zehntausende Menschen davon ab, über Wochen hinweg gegen den Wahlbetrug zu demonstrieren.

Dies führt über zur Frage, wie es um die Wahlbeobachtung in Zeiten von Corona stand und steht. Die Beobachtung durch *domestic observers* und *party representatives* litt zweifelsohne unter den Beschränkungen, die sich durch Einschränkungen der Handlungs- und Bewegungsfreiheit im Vorfeld der Wahlen und am Wahltag ergaben. Internationale Organisationen wurden zusätzlich durch Reisebeschränkungen behindert und entsandten oft nur verkleinerte Wahlbeobachtungsmissionen. Einzelne deutsche Langzeitbeobachterinnen und -beobachter und/oder Core-Team-Vertreterinnen und Vertreter, die teils vor Ort lebten, wurden in Missionen von OSZE/ODIHR und EU eingebunden, beispielsweise zur Beobachtung der Lokalwahlen in der Ukraine und den nationalen Wahlen in Georgien, der Republik Moldau und den USA. Auf die Entsendung von Kurzzeitbeobachterinnen und -beobachtern hatte das Zentrum für Internationale Friedenseinsätze (ZIF) angesichts der Infektionsrisiken zunächst sinnvollerweise verzichtet. Und in Belarus? Dort war weniger die Pandemie als die Autokratie das Problem: Lokale Wahlbeobachterinnen und -beobachter wurden schon im Vorfeld der Wahlen von August 2020 unter Druck gesetzt. Eine unabhängige internationale Wahlbeobachtung durch ODIHR fand aufgrund der allzu späten Einladung des Regimes nicht statt. Stattdessen bestätigte die in Russland gegründete „Commonwealth of the Independent States – Election Monitoring Organization" (CIS – EMO) wenig glaubhaft, dass die Wahlen Ausdruck des freien Willens des belarussischen Volkes gewesen wären.[359]

Abschließend ist festzuhalten, dass sich bei entsprechenden Schutzvorkehrungen auch in Zeiten von Corona demokratische Wahlen durchführen lassen. Dies ist aber ein wahlorganisatorischer Kraftakt und erfordert die Bereitschaft aller Beteiligten, in gemeinsamer Verantwortung einen angemessenen Gesundheitsschutz zu gewährleisten und auch unter erschwerten Bedingungen demokratische Spielregeln einzuhalten.

Termine und Verschiebungen nationaler Wahlen seit März 2020

Land	Wahltyp	Termin	Neuer Termin
Tadschikistan	Pa	01.03.2020	---
Israel	Pa	04.03.2020	---
Vanuatu	Pa	19.03.2020	---
Guinea	Pa/Ref	22.03.2020	---
Mali	Pa	29.03./19.04.2020	---
Kiribati	Pa	07.04.2020	14.04./21.04.2020
Nordmazedonien	Pa	12.04.2020	15.07.2020
Syrien	Pa	13.04.2020	19.07.2020
Iran	Pa (2. Runde)	17.04.2020	11.09.2020
Südkorea	Pa	15.04.2020	---
Sri Lanka	Pa	25.04.2020	05.08.2020
Serbien	Pa	26.04.2020	21.06.2020
Bolivien	Pr, Pa	03.05.2020	18.10.2020
Polen	Pr	10.05.2020	28.06./12.07.2020
Dominikanische Republik	Pr, Pa	17.05.2020	05.07.2020
Burundi	Pr, Pa	20.05.2020	---

---

359 „CIS mission: No facts questioning legitimacy of Belarus presidential election", Belarusian Telegraph Agency (BELTA), „Elections in Belarus conducted in accordance with legislation, head observer says", TASS, Russian News Agency, beide 10. August 2020.

Land	Wahltyp	Termin	Neuer Termin
Suriname	Pa	25.05.2020	---
St. Kitts and Nevis	Pa	05.06.2020	---
Kiribati	Pr	22.06.2020	---
Mongolia	Pa	24.06.2020	---
Island	Pr	27.06.2020	---
Malawi	Pr	02.07.2020	---
Kroatien	Pa	05.07.2020	---
Singapur	Pa	10.07.2020	
Belarus	Pr	09.08.2020	---
Trinidad und Tobago	Pa	10.08.2020	
Äthiopien	Pa	29.08.2020	unbestimmt
Montenegro	Pa	30.08.2020	---
Jamaica	Pa	03.09.2020	
Neuseeland	Pa	19.09.2020	17.10.2020
Jordanien	Pa	20.09.2020	---
Anguilla	Pa	29.09.2020	---
Kirgistan	Pa	04.10.2020	---
Tadschikistan	Pr	11.10.2020	---
Litauen	Pa	11.10./25.10.2020	---
Guinea	Pr	18.10.2020	---
Seychellen	Pr, Pa	22.–24.10.2020	---
Ägypten	Pa	24.–25.10./07.–08. 11.2020	---
Tansania	Pr, Pa	28.10.2020	---
Cote d'Ivoire	Pr	31.10.2020	---
Georgien	Pa	31.10.2020	---
Belize	Pa	01.11.2020	---
Republik Moldau	Pr	01.11.2020	---
USA	Pr, Pa	03.11.2020	---
St. Vincent und die Grenadinen	Pa	05.11.2020	---
Myanmar	Pa	08.11.2020	---
Burkina Faso	Pr, Pa	22.11.2020	---
Kuwait	Pa	28.11.2020	---
Rumänien	Pa	06.12.2020	---
Ghana	Pr, Pa	07.12.2020	---
Tschad	Pa	13.12.2020	unbestimmt
Zentralafrikanische Republik	Pr, Pa	27.12.2020	---
Niger	Pr, Pa	27.12.2020	---

Quelle: eigene Zusammenstellung, Stand: Oktober 2020.

Pr = Präsidentschaftswahlen, Pa = Parlamentswahlen (Unterhaus), ohne Teil- und Nachwahlen

Schlusswort

Für die liberal-repräsentative Demokratie stellt das allgemeine, gleiche, direkte, geheime und freie Wahlrecht ein vordringliches Recht dar. In den Ländern des Europarats lässt sich eine – durch den Europarat und die OSZE verstärkte – Tendenz ausmachen, das aktive Wahlrecht für nationale Wahlen möglichst allen Staatsangehörigen (nicht aber der gesamten Wohnbevölkerung) rechtlich wie faktisch zu gewähren. Dabei stehen nicht nur die verbleibenden Einschränkungen des Wahlrechts (Gefangene, Menschen mit geistiger Behinderung etc.) in der Diskussion, sondern es geht auch um eine effektive Wahlregistrierung sowie um vielfältige Regelungen, die jenen Wahlberechtigten den Wahlgang ermöglichen sollen, die am Wahltag nicht im Wahllokal oder im Wahlterritorium ihre Stimme(n) abgeben können. Da hiermit Risiken einhergehen, werden aber zugleich Maßnahmen angemahnt, welche die Integrität der Wahlen sicherstellen.

Weltweit drängen zudem (seriöse) Wahlbeobachtungsmissionen darauf, bestehende Wahlmanipulationen zu unterbinden. Letztlich wird die Bedeutung des allgemeinen und gleichen Wahlrechts sowie der demokratische Gehalt der Wahlen untergraben, wenn eine freie und geheime Stimmabgabe nicht gewährleistet und das Wählervotum verfälscht wird. Die Praktiken der Wahlmanipulationen sind, wie gezeigt, vielfältig. Vor dem eigentlichen Wahltag können die politischen Wettbewerbsbedingungen verzerrt sein, wenn oppositionelle Kräfte behindert und regimetreue Personen und Parteien stark begünstigt werden. Typisch sind die Instrumentalisierung staatlicher Ressourcen zu Wahlkampfzwecken und die Kontrolle der Medien und der Zivilgesellschaft. Vor oder bei der Stimmabgabe kann Druck auf bestimmte Bevölkerungsgruppen, etwa staatliche Bedienstete, ausgeübt werden, die Regimepartei zu wählen. Am Wahltag selbst gehören dann das unzulässige mehrfache Wählen seitens ein und derselben Personen *(multiple voting)*, der Stimmenkauf *(vote buying)*, das Auffüllen der Wahlurnen mit unrechtmäßig ausgefüllten Stimmzetteln *(ballot-box stuffing)* und der Wahlbetrug bei der Stimmenauszählung, -aggregierung und -dokumentation oder bei der Weiterleitung von Wahlergebnissen zu schwerwiegenden Wahlvergehen.

Solche Praktiken kommen in Wahlautokratien teils in großem Stil vor. In geringerem Umfang lassen sich aber auch in Staaten, die über noch keine gefestigte demokratische Wahlkultur verfügen, noch Unregelmäßigkeiten und sporadische Wahlmanipulationsversuche nachweisen. So ging in den vergangenen 30 Jahren erheblicher internationaler Reformdruck gerade auf die Transformationsländer aus, ihre Wahlgesetze und ihre Wahlpraxis an internationalen Standards auszurichten und Wahlmanipulationen zu unterbinden. Über das aktive und passive Wahlrecht hinaus betrafen die Empfehlungen gerade auch den Wahlkampf und die Regulierung der Medien, die Wahlbeobachtung, die vielfältigen Aktivitäten am Wahltag, einschließlich der Stimmenauszählung, sowie die Dokumentation der Wahlergebnisse und etwaige Wahlbeschwerden. Nicht immer werden solche und weitere, immer wieder vorgetragenen Empfehlungen allerdings aufgegriffen. Letztlich fehlt ein verlässliches Verfahren, das die Umsetzung der Empfehlungen bewirkt.

Im Ergebnis finden wir gleichwohl das nur augenscheinlich paradoxe Phänomen vor, dass inzwischen gerade die (ehemaligen) Transformationsländer über umfassende und detailreiche Wahlgesetze verfügen, während die Wahlgesetze etablierter Demokratien mitunter Regulierungslücken aufweisen und teils Bestimmungen enthalten, die jungen Demokratien nicht anzuraten sind. Dazu gehören etwa Regulierunglücken bezüglich des Wahlkampfs oder der Wahlbeobachtung oder die Tatsache, dass in etablierten westeuropäischen Demokratien die Wahlen durch Exekutivbehörden organisiert werden und nicht etwa durch unabhängige Wahlkommissionen, wie sie im Zuge der Demokratisierungsprozesse des ausgehenden 20. Jahrhunderts weltweit eingerichtet wurden. Ausgleichen lässt sich dies zwar gegebenenfalls durch eine gefestigte demokratische Kultur und Wahlpraxis. Allgemeiner Handlungs- und Regulierungsbedarf besteht jedoch auch in etablierten Demokratien nicht nur mit Blick auf das allgemeine Wahlrecht, sondern etwa auch bezüglich der Begrenzung ausufernder Wahlkampfausgaben, der Eindämmung von Hassreden und Desinformationen im Wahlkampf, gerade auch in sozialen Medien, sowie der Sicherheit eingesetzter neuer Technologien.

Zugleich ist es eine Binsenweisheit, dass sich die liberale Demokratie nicht in Wahlen erschöpft. Damit sich die Demokratie entfalten kann, sind starke demokratische Institutionen und verantwortungsvolle Politikerinnen und Politiker ebenso wichtig wie eine demokratische Kultur und Öffentlichkeit sowie eine lebendige Zivilgesellschaft, die sich friedlich einmischt und vielfältige gesellschaftspolitische Mitwirkungsmöglichkeiten nutzt. Nicht nur die Konsolidierung, sondern auch die Erweiterung und Vertiefung demokratischer Prinzipien auf weite Bereiche des politischen und gesellschaftlichen Lebens machen die Qualität einer Demokratie aus. Ganz grundlegend ist – selbst oder gerade in Zeiten der Globalisierung – zudem ein funktionsfähiger Staat, der regulierend eingreift, rechtsstaatliche Prinzipien achtet, Freiheitsräume ermöglicht, Sicherheit schafft und, soweit möglich, die Menschen sozialpolitisch absichert. Solche Bedingungen sind wahrlich nicht überall gegeben. Trotz oder gerade wegen des Fortbestands von Autokratien und einer drohenden Aushöhlung liberaler Demokratien dürfen indes auch unter widrigen Umständen die kategorialen Unterschiede zwischen demokratischen und nicht demokratischen Mehrparteienwahlen nicht verwischt werden, ist an der Forderung nach freien und fairen Wahlen festzuhalten. Diese stellen nach wie vor ein unerlässliches Verfahren zur demokratischen Auswahl und Legitimierung politischer Herrschaftsträgerinnen und -träger dar.

Anhang

I. Standards und Berichte internationaler Organisationen

Afrikanische Union

African Union Declaration on the Principles Governing Democratic Elections in Africa, AHG/Decl.1 (XXXVIII), 2002.

African Union: African Charter on Democracy, Elections and Governance, 2007.

African Union: African Union Election Observation Manual, Addis Abeba: AU, 2013.

African Union: Report of the African Union Election Observation Mission to the 18 February 2016 Presidential Election in Uganda.

African Union: Report of the African Union Election Observation Mission to the 11 August 2016 General Elections in the Republic of Zambia.

African Union: Report of the African Union Election Observation Mission to the 8–10 September 2016 Parliamentary Elections in Seychelles.

African Union: Report of the African Union Election Observation Mission to the 7 December 2016 General Elections in the Republic of Ghana.

African Union: Report of the African Union Election Observation Mission to the 6 April 2017 National Assembly Elections in the Republic of The Gambia.

African Union: Report of the African Union Election Observation Mission to the 3rd June 2017 National Assembly Elections in the Kingdom of Lesotho.

African Union: Report of the African Union Election Observation Mission to the 23rd August 2017 General Elections in the Republic of Angola.

African Union: Report of the African Union Election Observation Mission to the 8 August General Elections and 26 October 2017 Fresh Presidential Elections in the Republic of Kenya.

African Union: Report of the African Union Election Observation Mission to the 10 October and 26 December 2017 General Elections in the Republic of Liberia.

African Union: Report of the African Union Election Observation Mission to the 26–28 March 2018 Presidential Elections in the Arab Republic of Egypt.

African Union: Report of the African Union Election Observation Mission to the 7 and 31 March 2018 General Elections in the Republic of Sierra Leone.

African Union: African Union Election Observation Mission to the 7 October 2018 Presidential Election in the Republic of Cameroon. Preliminary Statement, 9 October 2018.

African Union: Report of the African Union Election Observation Mission to the 30 July and 8 September 2018 Harmonised Elections in the Republic of Zimbabwe.

African Union: Report of the African Union Election Observation Mission to the 21 May 2019 Tripartite Elections in the Republic of Malawi.

African Union: Election Observation Mission to the 24 November 2019 Presidential Election in the Republic of Guinea Bissau. Preliminary Statement.

African Union: Election Observation Mission to the 2019 General Elections in the Republic of Namibia. Preliminary Statement, 29 November 2019.

Union Africaine: Rapport de la Mission d'Observation Electorale de l'Union africaine pour les élections législatives et municipales du 12 novembre 2017 en République de Guinée Equatoriale.

Union Africaine: Rapport de la Mission d'Observation Electorale de l'Union africaine pour les élections législatives du 23 février 2018 en République de Djibouti.

Union Africaine: Rapport de la Mission d'Observation Electorale de l'Union africaine pour la Présidentielle des 29 juillet et 12 Août 2018 en République du Mali.

Union Africaine: Rapport de la Mission d'Observation Electorale de l'Union africaine pour les élections législatives du 2 au 4 septembre 2018 en République du Rwanda.

Union Africaine: Rapport de la Mission d'Observation Electorale de l'Union africaine pour l'élection Présidentielle des 7 novembre et 19 décembre 2018 en République de Madagascar.

Europarat und Venedig-Kommission

CDL-AD(2002)023rev2-cor Code of Good Practice in Electoral Matters. Guidelines and Explanatory Report, adopted by the Venice Commission at its 52nd session (Venice, 18–19 October 2002).

CDL-AD(2004)003 Report on Electoral Systems – Overview of available solutions and selection criteria, adopted by the Venice Commission at its 57th Plenary session (Venice, 12–13 December 2003).

CDL-AD(2004)012 Report on the Compatibility of Remote Voting and Electronic Voting with the Standards of the Council of Europe, adopted by the Venice Commission at its 58th Plenary session (Venice, 12–13 March 2004).

CDL-AD(2004)047 Report on Media Monitoring during Election Observation Missions, adopted by the Council for Democratic Elections at its 10th meeting (Venice, 9 October 2004) and the Venice Commission at its 61st Plenary session (Venice, 3–4 December 2004).

CDL-AD(2005)009 Report on Electoral Rules and Affirmative Action for National Minorities' Participation in Decision-Making Process in European Countries, adopted by the Council for Democratic Elections at its 12th meeting (Venice, 10 March 2005) and the Venice Commission at its 62nd Plenary session (Venice, 11–12 March 2005).

CDL-AD(2005)032 Guidelines on Media Analysis During Election Observation Missions prepared in co-operation between the OSCE's Office for Democratic Institutions and Human

Rights, the Council of Europe's Venice Commission and Directorate General of Human Rights, and the European Commission, adopted by the Council for Democratic Elections at its 14th meeting (Venice, 20 October 2005) and the Venice Commission at its 64th Plenary session (Venice, 21–22 October 2005).

CDL-AD(2005)034 Referendums in Europe – An Analysis of the Legal Rules in European States. Report, adopted by the Council for Democratic Elections at its 14th meeting (Venice, 20 October 2005) and the Venice Commission at its 64th Plenary session (Venice, 21–22 October 2005).

CDL-AD(2005)036 Declaration of Principles for International Election Observation and Code of Conduct for International Election Observers and Pledge to Accompany the Code of Conduct for International Election Observer prepared by the United Nations Electoral Assistance Division (UNEAD), The National Democratic Institute for International Affairs (NDI), and The Carter Center (TCC) (7 July 2005), endorsed by the Council for Democratic Elections at its 14th meeting (Venice, 20 October 2005) and the Venice Commission at its 64th Plenary session (Venice, 21–22 October 2005).

CDL-AD(2005)043 Interpretative Declaration on the Stability of the Electoral Law, adopted by the Council for Democratic Elections at its 15th meeting (Venice, 15 December 2005) and the Venice Commission at its 65th Plenary session (Venice, 16–17 December 2005).

CDL-AD(2006)018 Report on Electoral Law and Electoral Administration in Europe – Synthesis study on recurrent challenges and problematic issues, adopted by the council for Democratic Elections at its 17th meeting (Venice, 8–9 June 2006) and the Venice Commission at its 67th Plenary session (Venice, 9–10 June 2006).

CDL-AD(2007)026 Joint opinion on the Draft Law on State Register of Voters of Ukraine by the Venice Commission and the OSCE Office for Democratic Institutions and Human Rights (OSCE/ODiHR) adopted by the Venice Commission at its 71st Plenary session (Venice, 1–2 June 2007).

CDL-AD(2007)008rev-cor Code of Good Practice on Referendums, adopted by the Council for Democratic Elections at its 19th meeting (Venice, 16 December 2006) and the Venice Commission at its 70th Plenary session (Venice, 16–17 March 2007).

CDL-AD(2008)012 Joint Opinion on Amendments to the Election Law of Bosnia and Herzegovina by the Venice Commission and OSCE/ODIHR, adopted by the Council for Democratic Elections at its 24th meeting (Venice, 15 March 2008) and by the Venice Commission at its 75th Plenary session (Venice, 13–14 June 2008).

CDL-AD(2008)013 Report on Dual Voting for Persons belonging to National Minorities, adopted by the Council for Democratic Elections at its 25th meeting (Venice, 12 June 2008) and the Venice Commission at its 75th Plenary session (Venice, 13–14 June 2008).

CDL-AD(2008)037 Comparative Report on threshold and other features of electoral systems which bar parties from access to Parliament, adopted by the Council for Democratic Elections at its 26th meeting (Venice, 18 October 2008) and the Venice Commission at its 77th Plenary session (Venice, 12–13 December 2008).

CDL-AD(2009)005 Joint Opinion on the Electoral Code of the Republic of Albania by the Venice Commission and the OSCE/ODIHR, adopted by the Venice Commission at its 78th Plenary session (Venice, 13–14 March 2009).

CDL-AD(2009)006 Opinion on the Constitutional and Legal Provisions Relevant to the Prohibition of Political Parties in Turkey, adopted by the Venice Commission at its 78th Plenary session (Venice, 13–14 March 2009).

CDL-AD(2009)026 Summary of Recommendations on an internally recognised status of election observers, adopted by the Council for Democratic Elections at its 29th meeting (Venice, 11 June 2009) and the Venice Commission at its 79th Plenary session (Venice, 12–13 June 2009).

CDL-AD(2009)027 Report on the Imperative Mandate and Similar Practices, adopted by the Council for Democratic Elections at its 28th meeting (Venice, 14 March 2009) and by the Venice Commission at its 79th Plenary session (Venice, 12–13 June 2009).

CDL-AD(2009)029 Report on the Impact of Electoral Systems on Women's Representation in Politics, adopted by the Council for Democratic Elections at its 28th meeting (Venice, 14 March 2009) and the Venice Commission at its 79th Plenary session (Venice, 12–13 June 2009).

CDL-AD(2009)054 Report on the cancellation of election results, adopted by the Council for Democratic Elections at its 31st meeting (Venice, 10 December 2009) and by the Venice Commission at its 81st Plenary session (Venice, 11–12 December 2009).

CDL-AD(2010)007 Report on Threshold and other features of electoral systems which bar parties from access to Parliament (II), adopted by the Council for Democratic Elections at its 32nd meeting (Venice, 11 March 2010) and by the Venice Commission at its 82nd Plenary session (Venice, 12–13 March 2010).

CDL-AD(2010)046 Joint opinion on the electoral legislation of Norway, adopted by the Council for Democratic Elections at its 35th meeting (Venice, 16 December 2010) and by the Venice Commission at its 85th Plenary session (Venice, 17–18 December 2010).

CDL-AD(2011)013: Joint opinion on the election code of Buljana, adopted by the Council for Democratic Elections at its 37th meeting (Venice, 16 June 2011) and by the Venice Commission at its 87th Plenary session (Venice, 17–18 June 2011).

CDL-AD(2011)022: Report on out-of-country-voting, adopted by the Council for Democratic Elections at its 37th meeting (Venice, 16 June 2011) and by the Venice Commission at its 87th Plenary session (Venice, 17–18 June 2011).

CDL-AD (2011)032 Joint Final Opinion on the Electoral Code of Armenia, adopted on 26 May 2011, adopted by the Council for Democratic Elections at its 38th meeting (Venice, 13 October 2011) and by the Venice Commission at its 88th Plenary session (Venice, 14–15 October 2011).

CDL-AD(2012)002 Opinion on the Federal Law on the Election of the Deputies of the State Duma of the Russian Federation, adopted by the Council for Democratic Elections at its 40th meeting (Venice, 15 March 2012) and by the Venice Commission at its 90th Plenary session (Venice, 16–17 March 2012).

CDL-AD(2012)012 Joint Opinion on the Act on the Elections of Members of Parliament of Hungary, adopted by the Council for Democratic Elections at its 41st meeting (Venice, 14 June 2012) and the Venice Commission at its 91st Plenary session (Venice, 15–16 June 2012).

CDL-AD(2014)001 Joint Opinion on the Draft Election Code of Bulgaria, by the OSCE Office for Democratic Institutions and Human Rights (OSCE/ODIHR) and the Venice Commission, adopted by the Council for Democratic Elections at its 47th meeting (Venice, 20 March 2014) and the Venice Commission at its 98th Plenary session (Venice, 21–22 March 2014).

CDL-AD(2015)001 – Report on Proportional Electoral Systems: the Allocation of Seats inside the Lists (open/closed lists), adopted by the Council for Democratic Elections at its 50th meeting (Venice, 19 March 2015) and by the Venice Commission at its 102nd Plenary session (Venice, 20–21 March 2015).

CDL-AD(2015)036cor: Report on exclusion of offenders from Parliament, adopted by the Council of Democratic Elections at its 52nd meeting (Venice, 22 October 2015) and by the Venice Commission at its 104th Plenary session (Venice, 23–24 October 2015).

CDL-AD(2015)040: Summary report on voters residing *de facto* abroad, adopted by the Council of Democratic Elections at its 53rd meeting (Venice, 17 December 2015) and by the Venice Commission at its 105th Plenary session (Venice, 18–19 December 2015).

CDL-AD(2015)020 Report on the method of nomination of candidates within political parties, adopted by the Council for Democratic Elections at its 51st meeting (Venice, 18 June 2015) and by the Venice Commission at its 103rd Plenary session (Venice, 19–20 June 2015).

CDL-AD(2016)003 Joint opinion on amendments to the Election Code of Georgia as of 8 January 2016, adopted by the Council for Democratic Elections at its 54th meeting (Venice, 10 March 2016) and by the Venice Commission at its 106th Plenary session (Venice, 11–12 March 2016).

CDL-AD(2016)004 Joint Guidelines for preventing and responding to the misuse of administrative resources during electoral processes, adopted by the Council of Democratic Elections at its 54th meeting (Venice, 10 March 2016) and by the Venice Commission at its 106th Plenary session (Venice, 11–12 March 2016).

CDL-AD(2016)018 Ukraine – Opinion on the Amendments to the Law on elections regarding the exclusion of candidates from party lists, adopted by the Council of Democratic Elections at its 55th meeting (Venice, 9 June 2016) and by the Venice Commission at its 107th Plenary session (Venice, 10–11 June 2016).

CDL-AD(2016)019e Armenia – Joint Opinion on the Draft Electoral Code as of 18 April 2016, endorsed by the Council of Democratic Elections at its 55th meeting (Venice, 9 June 2016) and by the Venice Commission at its 107th Plenary session (Venice, 10–11 June 2016).

CDL-AD(2016)028 Interpretative Declaration to the Code of Good Practice in Electoral Matters on the Publication of List of Voters Having Participated in Elections, adopted by the Council for Democratic Elections at its 56th meeting (Venice, 13 October 2016) and by the Venice Commission at its 108th Plenary session (Venice, 14–15 October 2016).

CDL-AD(2017)012 Republic of Moldova – Joint opinion on the draft laws on amending and completing certain legislative acts (electoral system for the election of the Parliament), adopted by the Council for Democratic Elections at its 59th meeting (Venice, 15 June 2017) and by the Venice Commission at its 111th Plenary session (Venice, 16–17 June 2017).

CDL-AD(2017)034 Report on Constituency Delineation and Seat Allocation, adopted by the Council for Democratic Elections at its 60th meeting (Venice, 7 December 2017) and by the Venice Commission at its 113th Plenary session (Venice, 8–9 December 2017).

CDL-AD(2018)005 Georgia – Opinion on the Draft Constitutional Amendments adopted on 15 December 2017 at the second reading by the Parliament of Georgia, adopted by the Venice Commission at its 114th Plenary session (Venice, 16–17 March 2018).

CDL-AD(2018)008 Republic of Moldova – Joint opinion on the law for amending and completing certain legislative acts (Electoral system for the election of Parliament), adopted by the Council for Democratic Elections at its 61st meeting (Venice, 15 March 2018) and by the Venice Commission at its 114th Plenary session (Venice, 16–17 March 2018).

CDL-AD(2018)031: Turkey – Joint Opinion on Amendments to the electoral legislation and related „harmonisation laws" adopted in March and April 2018, adopted by the Council of Democratic Elections at its 64th meeting (Venice, 13 December 2018) and by the Venice Commission at its 117th Plenary session (Venice, 14–15 December 2018).

CDL-AD(2019)016 Joint Report of the Venice Commission and of the Directorate of Information Society and Action Against Crime of the Directorate General of Human Rights and Rule of Law (DGI) on Digital Technologies and Elections, adopted by the Council of Democratic Elections at its 65th meeting (Venice, 20 June 2019) and by the Venice Commission at its 119th Plenary session (Venice, 21–22 June 2019).

CDL-AD(2019)021 Amicus Curiae Brief for the European Court of Human Rights in the case of Mugemangango v. Belgium on the procedural safeguards which a state must ensure in procedures challenging the result of an election or the distribution of seats, adopted by the Council for Democratic Elections at its 66th meeting (Venice, 10 October 2019) and by the Venice Commission at its 120th Plenary session (Venice, 11–12 October 2019).

CDL-AD(2020)003 Kyrgyzstan. Joint Opinion on the Amendments to Some Legislative Acts Related to Sanctions for Violation of Electoral Legislation, adopted by the Venice Commission on 20 March 2020 by a written procedure replacing the 122nd Plenary session.

CDL-INF (98) 14 Prohibition of Political Parties and Analogous Measures – Report, adopted by the Venice Commission at its 35th Plenary Meeting (Venice, 12–13 June 1998).

CDL-INF (2001) 8 Guidelines and Report on the Financing of Political Parties, adopted by the Venice Commission, Strasbourg, 23 March 2001.

CDL-PI(2016)003 Compilation of Venice Commission Opinions and Reports concerning Political Parties, Strasbourg, 15 March 2016.

CDL-PI(2017)007 Compilation of Venice Commission Opinions and Reports concerning Election Dispute Resolution, Strasbourg, 9 October 2017.

CDL-PI(2018)004 Compilation of Venice Commission Opinions and Reports Concerning Thresholds Which Bar Parties from Access to Parliament, Strasbourg, 8 June 2018.

CDL-PI(2018)006 Compilation of Venice Commission Opinions and Reports concerning Media and Elections, Strasbourg, 4 July 2018.

CDL-PI(2018)011 Compilation of Venice Commission Opinions and Reports concerning Digital Technologies in the Electoral Process, Strasbourg, 17 December 2018.

CDL-PI(2019)001 Compilation of Venice Commission Opinions and Reports concerning Electoral Systems, Strasbourg, 18 March 2019.

CDL-PI(2019)004 Compilation of Venice Commission Opinions and Reports concerning Electoral Systems and National Minorities, Strasbourg, 24 June 2019.

CDL-PI(2019)005 Compilation of Venice Commission Opinions and Reports concerning Electoral Systems and Gender Representation, Strasbourg, 24 June 2019.

CDL-PI(2019)006 Compilation of Venice Commission Opinions and Reports concerning Electoral Campaigns, Strasbourg, 14 October 2019.

CM/Rec(2006)6 Recommendation of the Committee of Ministers to member states on internally displaced persons, adopted on 5 April 2006 at the 961st meeting of the Ministers' Deputies.

CM/Rec(2011)14 Recommendation of the Committee of Ministers to member states on the participation of persons with disabilities in political and public life.

CM/Rec(2017)5 Recommendation of the Committee of Ministers to member States on standards for e-voting, adopted on 14 June 2017 at the 1289th meeting of the Ministers' Deputies.

CM(2017)50-add1final Ad hoc Committee of Experts on Legal, Operational and Technical Standards for e-voting (CAHVE) a. Explanatory Memorandum to Recommendation CM/Rec(2017)5 of the Committee of Ministers to member States standards for e-voting.

CM(2017)50-add2final Ad hoc Committee of Experts on Legal, Operational and Technical Standards for e-voting (CAHVE) b. Guidelines on the implementation of the provisions of Recommendation CM/Rec(2017)5 of the Committee of Ministers to member States standards for e-voting.

Council of Europe: Using international election standards. Council of Europe handbook for civil society organisations, Strasbourg: CoE, 2016.

Council of Europe: Elections, Digital Technologies, Human Rights, Strasbourg: CoE, 2020.

Parliamentary Assembly of the Council of Europe (PACE), Committee on Political Affairs and Democracy: Report Doc 150278 (2020): Setting minimum standards for electoral systems in order to offer the basis for free and fair elections.

PACE Doc. 14294: Observation of the early parliamentary elections in Bulgaria (26 March 2017). Election observation report, 24 April 2017.

PACE Doc. 14326: Observation of the presidential election in Serbia (2 April 2017). Election observation report, 29 May 2017.

PACE Doc. 14392: Observation of the parliamentary elections in Albania (25 June 2017). Election observation report, 4 September 2017.

PACE Doc. 14564: Observation of the presidential election in Montenegro (15 April 2018). Election observation report, 31 May 2018.

PACE Doc. 14584: Observation of the arly presidential election in Azerbaijan (11 April 2018). Election observation report, 25 June 2018.

PACE Doc. 14608: Observation of the early presidential and parliamentary elections in Turkey (24 June 2018). Election observation report, 3 September 2018.

PACE Doc. 14668: Observation of the general elections in Bosnia and Herzuewgowina (7 October 2018). Election observation report, 22 November 2018.

PACE Doc. 1478: Observation of the presidential election in Georgia (28 October and 28 November 2018). Election observation report, 14 December 2018.

PACE Doc. 14801: Observation of the early parliamentary elections in Armenia (9 December 2018). Election observation report, 21 January 2019.

PACE Doc. 14859: Observation of the parliamentary elections in the Republic of Moldova (24 Febrary 2019). Election observation report, 8 April 2019.

PACE Doc. 14896: Observation of the presidential election in Ukraine (31 March and 21 April 2019). Election observation report, 23 May 2019.

PACE Doc. 14897: Observation of the presidential election in North Macedonia 21 April and 5 May 2019). Election observation report, 23 May 2019.

PACE Doc. 15027: Setting minimum standards for electoral systems in order to offer the basis for free and fair elections. Report, 08 January 2020.

PACE Doc. 15090: Observation of the early parliamentary elections in Azerbaijan (9 February 2020). Election observation report, 27 February 2020.

PACE: Resolution 1826 (2011): Expansion of democracy by lowering the voting age to 16.

PACE: Resolution 1897 (2012): Ensuring greater democracy in elections.

PACE: Resolution 1898 (2012) Political parties and women's political representation.

PACE: Resolution 2037 (2015) Post-electoral shifting in members' political affiliation and its repercussions on the composition of national delegations.

PACE: Resolution 2043 (2015) Democratic participation for migrant diasporas.

PACE: Resolution 2111 (2016) Assessing the impact of measures to improve women's political representation.

PACE: Resolution 2155 (2017) The political rights of persons with disabilities: a democratic issue.

PACE: Resolution 2222 (2018) Promoting diversity and equality in politics.

PACE: Resolution 2251 (2019) Updating guidelines to ensure fair referendums in Council of Europe member States.

PACE: Resolution 2254 (2019): Media freedom as a condition for democratic elections.

Europäische Union

European Commission: A multi-dimensional approach to disinformation. Report of the independent High level Group on fake news and online disinformation, Brussels, 2018.

European Court of Human Rights: Guide on Article 3 of Protocol No. 1 to the European Convention on Human Rights: Right to free elections, updated on 30 April 2019, Strasbourg: CoE.

European Union: Handbook for European Union Election Observation, Brussels: eods, [3]2016.

European Union: Compendium of International Standards for Elections, Brussels: eods, [4]2016.

European Union Election Expert Mission: Bolivia 2019, Final Report, General Elections, 20 October 2019.

European Union Election Follow-up Mission: Republic of the Union of Myanmar, Final Report, April 2019.

European Union Election Follow-up Mission: Republic of Zambia, Final Report, June 2019.

European Union Election Follow-up Mission: Ghana, Final Report, September 2019.

European Union Election Follow-up Mission: Republic of the Gambia, Final Report, November 2019.

European Union Election Observation Mission: United Republic of Tanzania, Final Report, General Elections 2015.

European Union Election Observation Mission: Final Report, Uganda Presidential, Parliamentary and Local Council Elections, 18 February 2016.

European Union Election Observation Mission: The Hashemite Kingdom of Jordan, Parliamentary Election, 20 September 2016, Final Report.

European Union Election Observation Mission: Final Report, The Gambia, National Assembly Elections, 6 April 2017.

European Union Election Observation Mission: Final Report, Kosovo Legislative Elections 11 June 2017.

European Union Election Observation Mission: Final Report, Honduras, General Elections 2017.

European Union Election Observation Mission: Final Report, Republic of Liberia 2017, General Elections 2017, March 2018.

European Union Election Observation Mission: Final Report. Nepal. House of Representatives and Provincial Assembly Elections, 26 November and 7 December 2017.

European Union Election Observation Mission: Republic of Paraguay, Final Report, General Elections, 22 April 2018.

European Union Election Experts Mission to Timor-Leste: Early Legislative Elections Timor-Leste, 12 May 2018, Final Report.

European Union Election Observation Mission: Final Report, Republic of Sierra Leone: Presidential, Parliamentary and Local Councils Elections 2018, June 2018.

European Union Election Observation Mission: Republic of Zimbabwe, Harmonised Elections 2018, Final Report, October 2018.

European Union Election Observation Mission: Nigeria 2019, Final Report, General Elections, 23 February, 9 and 23 March.

European Union Election Observation Mission: El Salvador, Final Report, January–March 2018.

European Union Election Observation Mission: El Salvador 2019, Final Report, Presidential Election, 3 February 2019.

European Union Election Observation Mission: Malawi, Tripartite Elections, 21 May 2019, Preliminary Statement, 23 May 2019.

European Union Election Observation Mission: Republic of Mozambique, Final Report, General and Provincial Assembly Elections, 15 October 2019.

European Union Election Observation Mission: Kosovo 2019 Early Legislative Elections, Final Report.

European Union Election Observation Mission: Peru, Early Legislative Elections, 26 January 2020, Preliminary Statement, 28 January 2020.

FRA (European Agency for Fundamental Rights) 2010: Das Recht von Menschen mit psychischen Gesundheitsproblemen und Menschen mit geistiger Behinderung auf politische Teilhabe, Luxemburg: Amt für Veröffentlichungen der Europäischen Union.

Union européenne: Mission de suivi électoral au Burkina Faso, 14 juin – 09 juillet 2018, Rapport Final.

Union européenne: Mission d'observation électorale: Mali 2018. Rapport Final. Élection présidentielle 29 juillet 2018, 12 août 2018.

Union européenne: Mission d'Observation Électorale: Madagascar 2018. Rapport Final. Élection présidentielle 7 Novembre 2018.

Union européenne: Mission d'observation électorale: Sénégal 2019. Rapport Final. Élection présidentielle 24 février 2019.

Union européenne: Mission d'observation électorale: Tunisie 2019. Rapport Final. Élection présidentielle 15 septembre 2019, 13 octobre 2019, Élections législatives, 6 octobre 2019.

Organisation Amerikanischer Staaten

OAS (Organisation of American States): Observing the Electoral Participation of Indigenous Peoples and Afrodescendants: a Manual for OAS Electoral Observation Missions, Washington D.C., 2015.

OAS: Electoral Observation Mission – Belize General Elections November 4, 2015. Verbal Report to the OAS Permanent Council, 2015.

OAS: Electoral Experts Mission, General Elections, Grenada, 13 March 2018, Final Report.

OAS: Preliminary Report of the Electoral Observation Mission of the OAS in the Commonwealth of Dominica for the December 6 General Elections, 2019.

OAS: Observing Electoral Justice Systems: A Manual for OAS Electoral Observation Missions, Washington D.C.: SG/OEA, 2019.

OEA (Organización de Estados Américanos): Un Manual para las Misiones de Observación Electoral de la Organización de Estados Américanos, Washington D.C.: SG/OEA, 2008.

OEA: Observación del Uso de Tecnología Electoral: Un Manual para las Misiones de Observación Electoral de la OEA, Washington D.C.: SG/OEA, 2010.

OEA: Informe ante el Consejo Permanente. Misión de Observación Electoral – República Dominicana Elecciones Ordinarias Generales Presidenciales, Congresuales, Municipales y de Representantes de la comunidad Dominicana en el Exterior, 15 de mayo de 2016.

OEA: Misión de Observación Electoral, Elecciones Nacionales, Costa Rica, 4 de febrero 2018 (Elecciones Nacionales), Informe Final.

OEA: Misión de Observación Electoral, Elecciones Legislativas y de Concejos Municipales, El Salvador, 4 de marzo 2018, Informe Final.

OEA: Misión de Visitantes Extranjeros, Elecciones Federales y Locales, Estados Unidos Mexicanos, 1 de julio de 2018, Informe Final.

OEA: Missão de Observação Eleitoral, Eleições Gerais, Brasil, 7 de octubre de 2018 (Eleições Gerais), 28 de octubre de 2018 (Segundo Turno), Relatório Final.

OEA: Misión de Observación Electoral, Elecciones Generales y Departamentales, República de Paraguay, 22 de abril 2018, Informe Final.

OEA: Misión de Observación Electoral, Elecciones Presidenciales, República de El Salvador, 3 de febrero de 2019, Informe Final.

OEA: Informe preliminar de la Misión de Observación Electoral de la Organización de los Estados Americanos en Panamá, 2019.

OEA: La Misión de Observación Electoral de la OEA en Perú saluda a las autoridades peruanas por la progresiva implementación de sus recomendaciones, 2020.

OSCE/ODIHR

OSCE/ODIHR: Resolving Election Disputes in the OSCE Area: Towards a Standard Election Dispute Monitoring System, Warsaw, 2000.

OSCE/ODIHR: Guidelines for Reviewing a Legal Framework for Elections, Warsaw, January 2001.

OSCE/ODIHR: Guidelines to Assist National Minority Participation in the Electoral Process, Warsaw, January 2001.

OSCE/ODIHR: Handbook for Domestic Election Observers, Warsaw, 2003.

OSCE/ODIHR: Handbook on Media Monitoring for Election Observation Missions, Warsaw 2012.

OSCE/ODIHR: Norway. Parliamentary Elections 9 September 2013. OSCE/ODIHR Election Assessment Mission Final Report, Warsaw, 16 December 2013.

OSCE/ODIHR: Hungary. Parliamentary Elections 6 April 2014. OSCE/ODIHR Limited Election Observation Mission Final Report, Warsaw, 11 July 2014.

OSCE/ODIHR: Republic of Azerbaijan. Parliamentary Elections 1 November 2015. OSCE/ODIHR Needs Assessment Mission Report 12–14 August 2015, Warsaw, 31 August 2015.

OSCE/ODIHR: Ireland. Parliamentary Elections 26 February 2016. OSCE/ODIHR Needs Assessment Mission Report 25–27 January 2016, Warsaw, 11 February 2016.

OSCE/ODIHR: Republic of Croatia. Parliamentary Elections 8 November 2015. OSCE/ODIHR Election Assessment Mission. Final Report, Warsaw, 19 February 2016.

OSCE/ODIHR: Republic of Cyprus. Parliamentary Elections 22 May 2016. OSCE/ODIHR Needs Assessment Mission Report 8–11 March 2016, Warsaw, 30 March 2016.

OSCE/ODIHR: Slovak Republic. Parliamentary Elections 5 March 2016. OSCE/ODIHR Election Assessment Mission. Final Report, Warsaw, 22 April 2016.

OSCE/ODIHR: Republic of Bulgaria. Presidential Election 2016. OSCE/ODIHR Needs Assessment Mission Report 31 May – 3 June 2016, Warsaw, 27 June 2016.

OSCE/ODIHR: Republic of Serbia. Early Parliamentary Elections 24 April 2016. OSCE/ODIHR Limited Election Observation Mission. Final Report, Warsaw, 29 July 2016.

OSCE/ODIHR: Mongolia. Parliamentary Elections 29 June 2016, OSCE/ODIHR election Observation Mission. Final Report, Warsaw, 4 October 2016.

OSCE/ODIHR: Romania. Parliamentary Elections 11 December 2016. OSCE/ODIHR Needs Assessment Mission Report 27–29 September 2016, Warsaw, 31 October 2016.

OSCE/ODIHR: Republic of San Marino. Early Parliamentary Elections 20 November 2016. OSCE/ODIHR Needs Assessment Mission Report, 10–12 October 2016, Warsaw, 9 November 2016.

OSCE/ODIHR: Russian Federation. State Duma Elections, 18 September 2016. OSCE/ODIHR Election Observation Mission. Final Report, Warsaw, 23 December 2016.

OSCE/ODIHR: Principality of Liechtenstein. Parliamentary Elections 5 February 2017. OSCE/ODIHR Needs Assessment Mission Report 29 November – 1 December 2016, Warsaw, 5 January 2017.

OSCE/ODIHR: Montenegro. Parliamentary Elections 2016. OSCE/ODIHR Election Observation Mission Final Report, Warsaw, 25 January 2017.

OSCE/ODIHR: Republic of Lithuania. Parliamentary Elections 9 October 2016. OSCE/ODIHR Election Assessment Mission Final Report, Warsaw, 31 January 2017.

OSCE/ODIHR: Georgia. Parliamentary Elections 8 and 30 October 2016. OSCE/ODIHR Election Observation Mission. Final Report, Warsaw, 3 February 2017.

OSCE/ODIHR: The Former Yugoslav Republic of Macedonia. Early Parliamentary Elections 11 December 2016. OSCE/ODIHR Election Observation Mission Final Report, Warsaw, 28 February 2017.

OSCE/ODIHR: Republic of France. Presidential and Parliamentary Elections 2017. OSCE/ODIHR Needs Assessment Mission Report 13–15 March 2017, Warsaw, 11 April 2017.

OSCE/ODIHR: The Netherlands. Parliamentary Elections 15 March 2017. OSCE/ODIHR Election Assessment Mission Final Report, Warsaw, 7 June 2017.

OSCE/ODIHR: Republic of Serbia. Presidential Election 2 April 2017. OSCE/ODIHR Election Assessment Mission Final Report, Warsaw, 8 June 2017.

OSCE/ODIHR: Republic of Bulgaria. Early Parliamentary Elections 26 March 2017. OSCE/ODIHR Limited Election Observation Mission. Final Report, Warsaw, 30 June 2017.

OSCE/ODIHR: United Kingdom of Great Britain and Northern Ireland. Early General Election 8 June 2017. OSCE/ODIHR Election Expert Team. Final Report, Warsaw, 28 August 2017.

OSCE/ODIHR: France. Presidential Election 23 April and 7 May 2017. OSCE/ODIHR Election Expert Team. Final Report, Warsaw, 30 August 2017.

OSCE/ODIHR: Republic of Albania. Parliamentary Elections 25 June 2017. OSCE/ODIHR Election Observation Mission. Final Report, Warsaw, 28 September 2017.

OSCE/ODIHR: Republic of Malta. Early Parliamentary Elections 3 June 2017. OSCE/ODIHR Election Assessment Mission Final Report, Warsaw, 9 October 2017.

OSCE/ODIHR: Mongolia. Presidential Election 26 June and 7 July 2017. OSCE/ODIHR: Limited Election Observation Mission. Final Report, Warsaw, 27 October 2017.

OSCE/ODIHR: Federal Republic of Germany. Elections to the Federal Parliament (Bundestag) 24 September 2017. OSCE/ODIHR Election Expert Team. Final Report, Warsaw, 27 November 2017.

OSCE/ODIHR: Republic of Finland. Presidential Election 28 January 2018. OSCE/ODIHR Needs Assessment Mission Report 24–27 October 2017, Warsaw, 28 November 2017.

OSCE/ODIHR: Norway. Parliamentary Elections 11 September 2017. OSCE/ODIHR Election Expert Team Report, Warsaw, 4 December 2017.

OSCE/ODIHR: Republic of Slovenia. Presidential Election 22 October 2017. OSCE/ODIHR Election Expert Team Final Report, Warsaw, 20 December 2017.

OSCE/ODIHR: Principality of Monaco. Elections of the National Council 11 February 2018. OSCE/ODIHR Needs Assessment Mission Report, 22–24 January 2018, Warsaw, 2 February 2018.

OSCE/ODIHR: Iceland. Early Parliamentary Elections 28 October 2017. OSCE/ODIHR Election Expert Team. Final Report, Warsaw, 2 March 2018.

OSCE/ODIHR: The Czech Republic. Parliamentary Elections 20–21 October 2017. OSCE/ODIHR Election Assessment Mission Final Report, Warsaw, 12 March 2018.

OSCE/ODIHR: Republic of Cyprus. Presidential Election 28 January and 4 February 2018. ODIHR Election Assessment Mission. Final Report, Warsaw, 2 May 2018.

OSCE/ODIHR: Ireland. Presidential Election October 2018. ODIHR Needs Assessment Mission Report 1–3 May 2018, Warsaw, 30 May 2018.

OSCE/ODIHR: The Italian Republic. Parliamentary Elections 4 March 2018. ODIHR Election Assessment Mission Final Report, Warsaw, 6 June 2018.

OSCE/ODIHR: Russian Federation. Presidential Election 18 March 2018. ODIHR Election Observation Mission. Final Report, Warsaw, 6 June 2018.

OSCE/ODIHR: Sweden. General Elections 9 September 2018. ODIHR Needs Assessment Mission Report 15–17 May 2018, Warsaw, 8 June 2018.

OSCE/ODIHR: Hungary. Parliamentary Elections 8 April 2018. ODIHR Limited Election Observation Mission. Final Report, Warsaw, 27 June 2018.

OSCE/ODIHR: Montenegro. Presidential Election 15 April 2018. ODIHR Election Observation Mission. Final Report, Warsaw, 28 June 2018.

OSCE/ODIHR: Republic of Azerbaijan. Early Presidential Election 11 April 2018. ODIHR Election Observation Mission. Final Report, Warsaw, 18 July 2018.

OSCE/ODIHR: Republic of Slovenia. Early Parliamentary Elections 3 June 2018. ODIHR Election Assessment Mission. Final Report, Warsaw, 12 September 2018.

OSCE/ODIHR: Republic of Turkey. Early Presidential and Parliamentary Elections 24 June 2018. ODIHR Election Observation Mission Final Report, Warsaw, 21 September 2018.

OSCE/ODIHR: Republic of Latvia. Parliamentary Elections 6 October 2018. ODIHR Election Assessment Mission. Final Report, Warsaw 17 January 2019.

OSCE/ODIHR: Bosnia and Herzegovina. General Elections 7 October 2018. ODIHR Election Observation Mission. Final Report, Warsaw, 25 January 2019.

OSCE/ODIHR: Republic of Finland. Parliamentary Elections 14 April 2019. ODIHR Needs Assessment Mission Report 23–25 January 2019, Warsaw, 18 February 2019.

OSCE/ODIHR: Georgia. Presidential Election 28 October and 28 November 2018. ODIHR Election Observation Mission. Final Report, Warsaw, 28 February 2019.

OSCE/ODIHR: Republic of Armenia. Early Parliamentary Elections 9 December 2018. ODIHR Election Observation Mission. Final Report, Warsaw, 7 March 2019.

OSCE/ODIHR: Principality of Andorra. Parliamentary Elections 7 April 2019. ODIHR Needs Assessment Mission Report 11–13 February 2019, Warsaw, 13 March 2019.

OSCE/ODIHR: Kingdom of Belgium. Federal Elections 26 May 2019. ODIHR Needs Assessment Mission Report. 25–28 February 2019, Warsaw, 5 April 2019.

OSCE/ODIHR: Denmark. General Elections 5 June 2019. ODIHR Needs Assessment Mission Report. 25–29 March 2019, Warsaw, 10 May 2019.

OSCE/ODIHR: Republic of Moldova. Parliamentary Elections 24 February 2019. ODIHR Election Observation Mission. Final Report, Warsaw, 22 May 2019.

OSCE/ODIHR: Greece. Parliamentary Elections October 2019. ODIHR Needs Assessment Mission Report 10–12 April 2019, Warsaw, 24 May 2019.

OSCE/ODIHR: Estonia. Parliamentary Elections 3 March 2019. ODIHR Election Expert Team Final Report, Warsaw, 27 June 2019.

OSCE/ODIHR: Swiss Confederation. Federal Assembly Elections 20 October 2019. ODIHR Needs Assessment Mission Report 21–23 May 2019, Warsaw, 5 July 2019.

OSCE/ODIHR: Kingdom of Spain. Early Parliamentary Elections 28 April 2019. ODIHR Election Expert Team. Final Report, Warsaw, 10 July 2019.

OSCE/ODIHR: Slovak Republic. Presidential Election 16 and 30 March 2019. ODIHR Election Assessment Mission. Final Report, Warsaw, 19 July 2019.

OSCE/ODIHR: Portugal. Parliamentary Elections 6 October 2019. ODIHR Needs Assessment Mission Report, 3–5 June 2019, Warsaw, 25 July 2019.

OSCE/ODIHR: Romania. Presidential Election 10 November 2019. ODIHR Needs Assessment Mission Report, 16–18 July 2019, Warsaw, 26 July 2019.

OSCE/ODIHR: Republic of North Macedonia. Presidential Election 21 April and 5 May 2019. ODIHR Election Observation Mission. Final Report, Warsaw, 21 August 2019.

OSCE/ODIHR: Republic of Kazakhstan. Early Presidential Election 9 June 2019. ODIHR Election Observation Mission. Final Report, Warsaw, 4 October 2019.

OSCE/ODIHR: Ireland. Early Parliamentary Elections, 8 February 2020. ODIHR Needs Assessment Mission Report, 22–24 January 2020, Warsaw, 5 February 2020.

OSCE/ODIHR: Republic of Lithuania. Parliamentary Elections, October 2020. ODIHR Needs Assessment Mission Report, 2–6 March 2020, Warsaw, 31 March 2020.

OSCE/ODIHR: Mongolia. Parliamentary Elections 24 June 2020. ODIHR Needs Assessment Mission Report 11–14 February 2020, Warsaw, 22 April 2020.

OSCE/ODIHR: Slovak Republic. Parliamentary Elections 29 February 2020. ODIHR Election Assessment Mission, Final Report, Warsaw, 15 May 2020.

OSCE/ODIHR: Republic of Tajikistan. Parliamentary Elections 1 March 2020. ODIHR Election Assessment Mission, Final Report, Warsaw, 27 May 2020.

OSCE/ODIHR: Iceland. Presidential Election 27 June 2020. ODIHR Needs Assessment Mission Report, Warsaw 2–8 June 2020, Warsaw, 19 June 2020.

OSCE/ODIHR: Republic of Azerbaijan. Early Parliamentary Elections 9 February 2020. ODIHR Election Observation Mission, Final Report, Warsaw, 17 July 2020.

OSCE/ODIHR: Republic of Poland. Presidential Elections 28 June and 12 July 2020. ODIHR Special Election Assessment Mission, Final Report, Warsaw, 23 September 2020.

OSCE/ODIHR: Republic of Croatia. Parliamentary Elections 5 July 2020. ODIHR Election Assessment Mission, Final Report, Warsaw, 28 September 2020.

OSCE/ODIHR: Republic of North Macedonia. Early Parliamentary Elections 15 July 2020. ODIHR Special Election Assessment Mission, Final Report, Warsaw, 2 October 2020.

OSCE/ODIHR: Republic of Serbia. Parliamentary Elections 21 June 2020. ODIHR Special Election Assessment Mission, Final Report, Warsaw, 7 October 2020.

OSCE/ODIHR and Venice Commission: Guidelines on Political Party Regulation, Warsaw 2011.

Weitere Dokumente

Bundestag Drucksache 18/12067: Antwort der Bundesregierung: Wahlkampfauftritte ausländischer Politikerinnen und Politiker, Berlin, 25. April 2017.

CCPR: General Comment adopted by the Human Rights Committee under Article 40, Paragraph 4, of the International Covenant on Civil and Political Rights. Addendum General Comment No. 25 (57), 1996.

CEDAW: General Recommendations adopted by the Committee on the Elimination of Discrimination Against Women, 16th session (1997), General recommendation No. 23: Political and public life.

Election Commission of India, Systematic Voters' Education and Electoral Participation (SVEEP) o.J.: How do I Register and Vote. A Guide for General Voters, New Delhi: SVEEP.

Electoral Commission of Namibia 2015: Performance Assessment and Post-Election Report: 2014 Presidential and National Assembly Elections 2014.

Law Commission of England and Wales/Scottish Law Commission: Electoral Law. A Joint Final Report, London u. a., 2020.

NATO Parliamentary Assembly et al.: International Election Observation Mission. Ukraine – Early Parliamentary Elections, 21 July 2019. Statement of Preliminary Findings and Conclusions.

SADC 2003: Principles for Election Management, Monitoring, and Observation in the SADC Region, adopted on 6 November 2003 in Benoni, Johannesburg, South Africa.

UNESCO 2019: World Trends in Freedom of Expression and Media Development. In Focus: Elections and Media in Digital Times, Paris.

United Nations 2005: Declaration of Principles for International Election Observation and Code of Conduct for International Election Observers, New York: UN.

II. Sekundärliteratur

Abels, Gabriele/Cress, Anne 2019: Vom Kampf ums Frauenwahlrecht zur Parité: Politische Repräsentation von Frauen gestern und heute, in: *Zeitschrift für Parlamentsfragen*, Jg. 50, H. 1, 167–186.

Adorf, Philipp 2019: Wenn politische Akteure die eigene Wählerschaft bestimmen – Die Ziehung der Wahlkreisgrenzen nach den jüngsten Urteilen des US-Supreme Court, in: *Zeitschrift für Parlamentsfragen*, Jg. 50, H. 4, 852–869.

Alvarez, R. Michael/Grofman, Bernhard (eds.) 2014: *Elections Administration in the United States: The State of Reform after Bush v. Gore*, New York: CUP.

Angerbrandt, Henrik 2018: Deadly elections: post-election violence in Nigeria, in: *Journal of Modern African Studies*, Vol. 56, Issue 1, 143–167.

Applegate, Meredith/Chanussot, Thomas/Basysty, Vladlen 2020: Considerations on Internet Voting: An Overview of Electoral Decision Makers, *IFES White Paper*, April 2020, Washington D.C.: IFES.

Armin von, Hans Herbert 2014: Kritisches zur Kritik der Sperrklausel-Rechtsprechung des BVerfG, in: *DVBl.*, 1498–1500.

Arrighi, Jean-Thomas/Bauböck, Rainer 2017: A multilevel puzzle: Migrants' voting rights in national and local elections, in: *European Journal of Political Research*, Vol. 56, No. 3, 619–639.

Aspinall, Edward/Berenschot, Ward 2019: *Democracy for Sale: Elections, Clientelism, and the State in Indonesia*, Ithaca/London: Cornell University Press.

Aspinall, Edward/Mietzner, Marcus 2019: Southeast Asia's Troubling Elections: Nondemocratic Pluralism in Indonesia, in: *Journal of Democracy*, Vol. 30, Issue 4, 104–118.

Ávila-Eggleton, Marcela/Valdés, Leonardo 2019: Candidatures independientes, in: Nohlen, Dieter/Valdés, Leonardo/Zovatto, Daniel (comp.): *Derecho electoral latinoamericano. Un enfoque comparativo*, México: Fondo de Cultura Económica et al., 633–655.

Bareiro, Line/Soto, Lilian 2019a: Los partidos políticos: condiciones de inscripción y reconocimiento legal, in: Nohlen, Dieter/Valdés, Leonardo/Zovatto, Daniel (comp.): *Derecho electoral latinoamericano. Un enfoque comparativo*, México: Fondo de Cultura Económica et al., 604–632.

Bareiro, Line/Soto, Lilian 2019b: Representación política de la mujeres, in: Nohlen, Dieter/Valdés, Leonardo/Zovatto, Daniel (comp.): *Derecho electoral latinoamericano. Un enfoque comparativo*, México: Fondo de Cultura Económica et al., 728–756.

Beaulieu, Emily 2014: *Electoral Protest and Democracy in the Developing World*, Cambridge: CUP.

Becher, Anika/Basedau, Matthias 2008: Promoting Peace and Democracy through Party Regulation? Ethnic Party Bans in Africa, *GIGA Working Papers*, No. 66, January, Hamburg.

Behnke, Joachim 2011: Grundsätzliches zur Wahlreformdebatte, in: *Aus Politik und Zeitgeschichte*, B 4, 14–21.

Behnke, Joachim 2019a: Nachdenken über Reformen des deutschen Wahlgesetzes. Sollte die Mehrheitswahlkomponente des Wahlsystems gestärkt werden?, in: *Politische Vierteljahresschrift*, Jg. 60, Nr. 2, 195–219.

Behnke, Joachim 2019b: Einfach, fair, verständlich und effizient – personalisierte Verhältniswahl mit einer Stimme, ohne Direktmandate und einem Bundestag der Regelgröße, in: *Zeitschrift für Parlamentsfragen*, Jg. 50, H. 3, 630–654.

Behnke, Joachim 2019c: Die nicht enden wollende Debatte um die Reform des unvollendeten Wahlgesetzes, in: *Recht und Politik*, Jg. 55, Nr. 4, 363–374.

Behnke, Joachim et al. 2017: *Reform des Bundestagswahlsystems: Bewertungskriterien und Reformoptionen*, Gütersloh: Verlag Bertelsmann Stiftung.

Behnke, Joachim/Grotz, Florian 2011: Das Wahlsystem zwischen normativer Begründung, empirischer Evidenz und politischen Interessen, in: *Zeitschrift für Parlamentsfragen*, Jg. 42, H. 2, 426–432

Behnke, Joachim/Grotz, Florian/Hartmann, Christof 2017: *Wahlen und Wahlsysteme*, Berlin/Boston: de Gruyter.

Bendel, Petra 1996: *Parteiensysteme in Zentralamerika*, Opladen: Leske + Budrich.

Birch, Sarah 2010: Perceptions of Electoral Fairness and Voter Turnout, in: *Comparative Political Studies*, Vol. 43, No. 12, 1601–1622.

Birch, Sarah 2012: *Election Malpractice*, Oxford: OUP.

Bleck, Jaimie/van de Walle, Nicolas 2019: *Electoral Politics in Africa since 1990. Continuity in Change*, Cambridge: CUP.

Borneo, Horacio 2000: Observation of Elections, in: Rose, Richard (ed.): *International Encyclopedia of Elections*, Washington D.C.: CQ Press, 179–189.

Bourne, Angela K./Casal Bértoa, Fernando 2017: Mapping „Militant Democracy": Variation in Party Ban Practices in European Democracies (1945–2015), in: *European Constitutional Law Review*, 13, 221–247.

Brancati, Dawn 2016: *Democracy Protests: Origins Features, and Significance*, Cambridge: CUP.

Bratton, Michael/de Walle, Nicolas 1997: *Democratic Experiments in Africa: Regime Transitions in a Comparative Perspective*, Cambridge: CUP.

Brems, Eva 2006: Freedom of Association and the Question of Party Closures, in: Sadurski, Wojciech (ed.): *Political Rights under Stress in the 21ˢᵗ Century*, Oxford: OUP.

Bröning, Michael 2017: Wahltag oder Zahltag. Gegen Populisten hilft nur eines: Wahlpflicht, in: *Internationale Politik und Gesellschaft*, Artikel v. 8. Februar 2017. Online unter: https://www.ipg-journal.de/schwerpunkt-des-monats/auslaufmodell-demokratie/artikel/detail/wahltag-oder-zahltag-1829/.

Buril, Fernanda/Darnolf, Staffan/Aseresa, Muluken 2020: *Safeguarding Health and Elections*, Washington D.C.: IFES.

Canham, Steve/Nisic, Nermin 2019: *Assessment of Voter Registration in Bosnia and Herzegovina*, Arlington, VA.: IFES.

Caramani, Daniele/Grotz, Florian (eds.) 2016: *Voting Rights in the Age of Globalization*, London/New York: Routledge.

Casal Bértoa, Fernando et al. 2014: Party Laws in Comparative Perspective, in: Van Biezen, Ingrid/ten Napel, Hans-Marten (eds.): *Regulating Political Parties. European Democracies in Comparative Perspective*, Leiden University Press, 119–147.

Chernykh, Svitlana 2014: When Do Political Parties Protest Election Results?, in: *Comparative Political Studies*, Vol. 47, No. 10, 1359–1383.

Collier, Paul 2008: *Wars, Guns, and Votes. Democracy in Dangerous Places*, Oxford: OUP.

Cooley, Alexander 2015: Authoritarianism Goes Global: Countering Democratic Norms, in: *Journal of Democracy*, Vol. 26, Issue 3, 49–63.

Cottrell, David/Herron, Michael C./Westwood, Sean J. 2018: An exploration of Donald Trump's allegations of massive voter fraud in the 2016 General Election, in: *Electoral Studies*, Vol. 51, 123–142.

Cremer, Hendrik 2017: Verbreitung rassistischen Gedankenguts – Die Meinungsfreiheit hat Grenzen, in: Zentralrat Deutscher Sinti und Roma (Hg.): *Grenzen im politischen Meinungskampf. Zum Verbot rassistisch-diskriminierender Wahlkampagnen*, Heidelberg: Zentralrat Deutscher Sinti und Roma, 89–107.

Crespo Martínez, Ismael/Villaplana Jiménez, F. Ramón 2019: La campaña electoral: posibilidades, límites y perspectivas, in: Nohlen, Dieter/Valdés, Leonardo/Zovatto, Daniel (comp.): *Derecho electoral latinoamericano. Un enfoque comparativo*, México: Fondo de Cultura Económica et al., 775–800.

Croissant, Aurel/Lorenz, Philip 2018: *Comparative Politics of Southeast Asia: An Introduction to Governments and Political Regimes*, Wiesbaden: Springer.

Daxecker, Ursula E. 2012: The Cost of Exposing Cheating: International Elections Monitoring, Fraud, and Post-Election Violence in Africa, in: *Journal of Peace Research*, Vol. 49, No. 4, 503–516.

Decker, Frank 2011: Brauchen wir ein neues Wahlrecht?, in: *Aus Politik und Zeitgeschichte*, Nr. 4, 3–9.

Decker, Frank 2016: Ist die Fünf-Prozent-Sperrklausel noch zeitgemäß? Verfassungsrechtliche und -politische Argumente für die Einführung einer Ersatzstimme bei Landtags- und Bundestagswahlen, in: *Zeitschrift für Parlamentsfragen*, Jg. 47, H. 2, 460–471.

Dehmel, Niels/Jesse, Eckard 2013: Das neue Wahlgesetz zur Bundestagswahl 2013. Eine Reform der Reform ist unvermeidlich, in: *Zeitschrift für Parlamentsfragen*, Jg. 44, H. 1, 201–213.

Deutsches Institut für Menschenrechte (DIMR) 2016: *Entwicklung der Menschenrechtssituation in Deutschland Januar 2015 – Juni 2016*. Bericht an den Deutschen Bundestag gemäß § 2 Abs. 5 DIMRG, Berlin: DIMR.

Dormal, Michel 2016: Wahlen ohne Staatsbürgerschaft? Das Ausländerwahlrecht in der demokratietheoretischen Diskussion, in: *Politische Vierteljahresschrift*, Jg. 57, H. 3, 378–402.

Driza Maurer, Ardita 2020: *Digital Technologies in Elections. Questions, Lessons Learnt*, Perspectives, Strasbourg: CoE.

Dryndova, Olga 2019: Parlamentswahlen in Belarus: neue Tendenzen, alte Regeln, unklare Aussichten, in: *Belarus-Analysen*, Nr. 46, 1–8.

Durnyeva, Tetyana/Jepsen, Harald Hartwig/Roberts, Hannah 2019: IDPs Electoral Participation Gap, in: *Journal of Displacement*, Vol. 9, Issue 1, 5–35.

Dzihic, Vedran 2020: Serbien und die ersten Wahlen im Zeitalter von Covid-19. Eine Kurzanalyse in drei Akten, *Kurzanalyse 4/2020*, Wien: Österreichisches Institut für Internationale Politik.

Edwards, George C. [3]2019: *Why the Electoral College Is Bad for America*, New Haven: Yale University Press.

Eichhorn, Jan/Bergh, Johannes (eds.) 2019: Lowering the Voting Age to 16. Learning from Real Experiences Worldwide, London: Palgrave Macmillian.

Elklit, Jørgen 2000a: Free and Fair Elections, in: Rose, Richard (ed.): *International Encyclopedia of Elections*, Washington D.C.: CQ Press, 130–135.

Elklit, Jørgen 2000b: Open Voting, in: Rose, Richard (ed.): *International Encyclopedia of Elections*, Washington D.C.: CQ Press, 191–193.

Elklit, Jørgen/Maley, Michael 2019: Why Ballot Secrecy Still Matters, in: *Journal of Democracy*, Vol. 30, Issue 3, 61–75.

Elklit, Jørgen/Svensson, Palle 1996: When Are Elections Free and Fair – Or At Least Acceptable? Paper Prepared for the Workshop on „Democratization: The Status of Today's Empirical Theory", Nordic Political Science Triennial Meeting, Helsinki, 15–17 August 1996.

Elklit, Jørgen/Svensson, Palle 1997: What Makes Elections Free and Fair, in: *Journal of Democracy*, Vol. 8, No. 3, 32–46.

Ellena, Katherine 2020: *Legal Considerations When Delaying or Adapting Elections*, Washington D.C.: IFES.

Engel, Ulf et al. (Hg.) 1994: *Wahlbeobachtung in Afrika*, Hamburg: Institut für Afrika-Kunde.

Engel, Ulf et al. (Hg.) 1996: *Deutsche Wahlbeobachtung in Afrika*, Hamburg: Institut für Afrika-Kunde.

Englebert, Pierre 2019: Aspirations and Realities in Africa: The DRC's Electoral Sideshow, in: *Journal of Democracy*, Vol. 30, Issue 3, 124–138.

Escobar, Manuel 1943: *Derecho constitucional nicaragüense*, Granada.

Ewald, Alec C./Rottinghaus, Brandon (eds.) 2009: *Criminal Disenfranchisement in an International Perspective*, Cambridge: CUP.

Faas, Thorsten 2012: Thinking about Wahlpflicht: Anmerkungen zu einer überfälligen Diskussion, in: *Zeitschrift für Politikwissenschaft*, Jg. 22, H. 3, 407–418.

Falter, Jürgen W./Schoen, Harald (Hg.) 2²014: *Handbuch Wahlforschung*, Wiesbaden: Springer VS.

Farrell, David M./McAllister, Ian 2006: The Australian Electoral System. Origins, Variations and Consequences, Sydney: UNSW Press.

Fernández Gibaja, Alberto 2020: Transforming political parties in the middle of a pandemic: The moment for online voting?, International IDEA, Stockholm, News, 04.06.2020.

Fernández Segado, Francisco/Cuéllar, Eduardo/Rodríguez R., Luis Mario 2019: Las candidaturas electorales, in: Nohlen, Dieter/Valdés, Leonardo/Zovatto, Daniel (comp.): *Derecho electoral latinoamericano. Un enfoque comparativo*, México: Fondo de Cultura Económica et al., 530–603.

Fessha, Yonatan/Ho Tu Nam, Nora 2015: Is it time to let go? The Best Loser System in Mauritius, in: *Africa Focus*, Vol. 28, No. 1, 63–79.

Fleischhacker, Helga/Krennerich, Michael/Thibaut, Bernhard 1996: Demokratie und Wahlen in Afrika und Lateinamerika: Bilanz der 90er Jahre, in: *Jahrbuch Dritte Welt*, München: Beck, 93–107.

Fortier, John C./Berns, Walter (eds.) 2004: *After the People Vote: A Guide to the Electoral College*, Jackson: American Enterprise Institute.

Foster, Steve 2009: Reluctantly Restoring Rights: Responding to the Prisoner's Right to Vote, in: *Human Rights Law Review*, Vol. 9, No. 3, 489–507.

Freidenberg, Flavia 2019: Democracia interna en los partidos politicos, in: Nohlen, Dieter/Valdés, Leonardo/Zovatto, Daniel (comp.): *Derecho electoral latinoamericano. Un enfoque comparativo*, México: Fondo de Cultura Económica et al., 656–727.

Funke, Andreas 2016: Zuwanderung – Normen, Zahlen, Einzelfall, in: Neuhaus, Helmut (Hg.): *Zuwanderung nach Deutschland*. Atzelsberger Gespräche 2015, Erlangen/Nürnberg: FAU, 53–76.

Gallagher, Michael/Mitchell, Paul (eds.) 2005: *The Politics of Electoral Systems*, Oxford: OUP.

Gandhi, Jennifer/Lust-Okar, Ellen 2009: Elections under Authoritarianism, in: *Annual Review of Political Science*, Vol. 12, 403–422.

Garrido, Antonio/Nohlen, Dieter 2019: Integridad electoral y derecho electoral comparado: evaluando evaluaciones, in: Nohlen, Dieter/Valdés, Leonardo/Zovatto, Daniel (comp.): *Derecho electoral latinoamericano. Un enfoque comparativo*, México: Fondo de Cultura Económica et al., 1369–1392.

Geelmuyden Rød, Espen 2019: Fraud, grievances, and post-election protests in competitive authoritarian regimes, in: *Electoral Studies*, Vol. 58, 12–20.

González Rissotto, Rodolfo 2019: Discapacidad, participación y acceso a los procesos electorales, in: Nohlen, Dieter/Valdés, Leonardo/Zovatto, Daniel (comp.): *Derecho electoral latinoamericano. Un enfoque comparativo*, México: Fondo de Cultura Económica et al., 248–287.

Goppel, Anna 2017: Aufenthaltsdauer und Wahlrecht, in: *Archiv für Rechts- und Sozialphilosophie* 102, H. 1, 23–41.

Grabenwarter, Christoph/Pabel, Katharina 2016: *Europäische Menschenrechtskonvention*, München/Basel/Wien: C.H.Beck/Helbing Lichtenhahn Verlag/Manz'sche Verlags- und Universitätsbuchhandlung.

Grauvogel, Julia/Heyl, Charlotte 2017: Trotz aller Widrigkeiten: Demokratie in Afrika, *GIGA-Focus Afrika*, Nr. 7, Hamburg: GIGA.

Grotz, Florian 1998: „Dauerhafte Strukturprägung" oder „akrobatische Wahlarithmetik"? Die Auswirkungen des ungarischen Wahlsystems in den 90er Jahren, in: *Zeitschrift für Parlamentsfragen*, Jg. 29, H. 4, 624–647.

Grotz, Florian 2000: Age of Voting, in: Rose, Richard (ed.): *International Encyclopedia of Elections*, Washington D.C.: CQ Press, 14–15.

Grotz, Florian 2012: Abschied von der personalisierten Verhältniswahl? Perspektiven einer Reform des Bundeswahlsystems, in: Jesse, Eckhard/Sturm, Roland (Hg.): *Bilanz der Bundestagswahl 2009*, Baden-Baden: Nomos, 411–432.

Grotz, Florian 2014: Happy End oder endloses Drama? Die Reform des Bundeswahlgesetzes, in: Jesse, Eckhart/Sturm, Roland (Hg.): *Bilanz der Bundestagswahl 2013 – Voraussetzungen, Ergebnisse, Folgen*, Baden-Baden: Nomos, 113–140.

Grotz, Florian 2016: Reform der Reform? Eine kritische Würdigung des neuen Bundestagswahlsystems, in: Mörschel, Tobias (Hg.): *Wahlen und Demokratie. Reformoptionen des deutschen Wahlrechts*, Baden-Baden: Nomos, 75–98.

Grotz, Florian/Vehrkamp, Robert 2017: 598, in: *Frankfurter Allgemeine Zeitung*, Artikel v. 23. Januar, 6. Online unter: https://www.faz.net/aktuell/politik/die-gegenwart/wahlrechtsreform-598-14726464.html.

Günay, Cengiz/Dzihic, Vedran/Pisoiu, Daniela 2018: *Die Qual der Wahl: demokratische Wahlen im Zeichen des Autoritarismus und Populismus*, Wien: Österreichisches Institut für Internationale Politik.

Gyimah-Boadi, Emmanuel 2019: Aspirations and Realities in Africa: Democratic Delivery Falls Short, in: *Journal of Democracy*, Vol. 30, Issue 3, 86–93.

Haack, Stefan 2011: Wahlpflicht und Demokratie, in: *Kritische Vierteljahresschrift für Gesetzgebung und Rechtswissenschaft*, H. 1, 80–96.

Hafner-Burton, Emilie E./Hyde, Susan D./Jablonski, Ryan 2016: Surviving Elections: Election Violence, Incumbent Victory and Post-Election Repercussions, in: *British Journal of Political Science*, Vol. 48, Issue 2, 459–488.

Harneit-Sievers, Axel 1990: *Namibia: Wahlen zur Verfassungsgebenden Versammlung 1989. Analyse und Dokumentation*, Hamburg: Institut für Afrika-Kunde.

Harrop, Martin/Miller, William L. 1987: *Elections and Voters. A Comparative Introduction*, New York.

Hartmann, Christof 2006: Amtszeitbeschränkungen, Machtwechsel und Demokratisierung in vergleichender Perspektive, in: Pickel, Gert/Pickel, Susanne (Hg.): *Demokratisierung im internationalen Vergleich*, Wiesbaden: VS-Verlag, 237–250.

Harvey, Cole J./Mukherjee, Paula 2018: Methods of Election Manipulation and the Likelihood of Post-Election Protest, in: *Government and Opposition*, 1–23. DoI: https://doi.org/10.1017/gov.2018.38.

Hellmann, Daniel 2016: Weg vom Pfadabhängigkeitsproblem: Präferenzwahl als Reformoption des Bundeswahlrechts, in: *Zeitschrift für Parlamentsfragen*, Jg. 47, H. 2, 389–410.

Hermet, Guy/Rouquié, Alain/Linz, Juan 1978: *¿Para qué sirven las elecciones?*, Mexiko-Stadt: Fondo de Cultura Económica 1986, 2. Aufl. (Im Original: *Des élections pas comme les autres*, Paris: Presses de Fondation Nationale des Sciences Politiques 1978).

Herron, Erik S./Pekkanen, Robert J./Shugart, Mathew S. (eds.) 2018: *The Oxford Handbook of Electoral Systems*, Oxford: OUP.

Hinojosa, Magda 2012: *Selecting Women, Electing Women*, Philadelphia: Temple University Press.

Holste, Heiko 2015: Wahlrechtsausschluss für Straftäter? Undemokratisch und verfassungswidrig, in: *Recht und Politik*, Nr. 4, 220–224.

Human Rights Watch 2018: *„Creating Panic". Bangladesh Election Crackdown on Political Opponents and Critics*. Online unter: https://www.hrw.org/report/2018/12/22/creating-panic/bangladesh-election-crackdown-political-opponents-and-critics.

Hunter, Wendy/Power, Timothy J. 2019: Bolsonaro and Brazil's Illiberal Backlash, in: *Journal of Democracy*, Vol. 30, Issue 1, 68–82.

Hurrelmann, Klaus 2013: Wahlalter 16? „Nichts ist aktivierender als die Aktivität selbst". D&E Interview mit Prof. Dr. Klaus Hurrelmann zum „Wahlalter mit 16", in: *Deutschland & Europa*, Heft 65, Stuttgart: lpb, 54–57.

Hyde, Susan D./Marinov, Nikolay 2012: *Codebook for National Elections Across Democracy and Autocracy (NELDA) 1945–2010*. Online unter: www.nelda.co/NELDA_codebook_2012.pdf.

Hyde, Susan D./Marinov, Nikolay 2014: Information and Self-Enforcing Democracy: The Role of International Election Observation, in: *International Organization*, Vol. 68, No. 2, 329–359.

International IDEA 2015: *Improving Electoral Practices: Case Studies and Practical Approaches*, Stockholm: International IDEA.

International IDEA 2016: *Certification for ICTs in Elections*, Stockholm: International IDEA.

International IDEA 2016: *Electoral Justice Regulations Around the World*, Stockholm: International IDEA.

Interparliamentary Union: *Women in Parliament: 1995–2020*, Geneva 2020.

Jacob, Marc S. 2019: Von der Quadratur des Kreises zur Wahlsystemreform? Verhandlungen über das Wahlrecht im 19. Deutschen Bundestag, in: *Zeitschrift für Parlamentsfragen*, Jg. 50, H. 3, 478–493.

James, Toby S./Alihodzicm Sead 2020: When Is It Democratic to Postpone an Election? Elections During Natural Disasters, COVID-19, and Emergency Situations, in: *Election Law Journal*, Vol. 19, No. 3, 344–362.

Jaramillo, Juan 1994: *Wahlbehörden in Lateinamerika*, Opladen: Leske + Budrich.

Jesse, Eckhard 1985: *Wahlrecht zwischen Kontinuität und Reform. Eine Analyse der Wahlsystemdiskussion und der Wahlrechtsänderungen in der Bundesrepublik Deutschland 1949–1983*, Düsseldorf: Droste.

Jesse, Eckhard 2003: Reformvorschläge zur Änderung des Wahlrechts, in: *Aus Politik und Zeitgeschichte*, B 52, 3–11.

Jesse, Eckard 2016: Plädoyer für ein Einstimmensystem bei der Bundestagswahl, ergänzt um eine Ersatzstimme, in: *Zeitschrift für Parlamentsfragen*, Jg. 47, H. 4, 893–903.

Johnston, Neil 2020: Prisoners' voting rights: developments since May 2015, *Commons Research Briefing* CBP-7461, London: House of Commons Library.

Kaeding, Michael 2017: Für eine Wahlpflicht, in: *Aus Politik und Zeitgeschichte*, Jg. 67, Nr. 38–39, 25–28.

Kalandadze, Katya/Orenstein, Mitchell A. 2009: Electoral Protests and Democratization: Beyond the Color Revolutions, in: *Comparative Political Studies*, Vol. 42, No. 11, 1403–1425.

Kane, Sean/Haymes, Nicolas 2016: *Electoral Crisis Mediation. Responding to a rare but recurring challenge*, Stockholm: International IDEA.

Karp, Jeffrey A./Nai, Alessandro/Norris, Pippa 2018: Dial 'F' for fraud: Explaining Citizens Suspicions about Elections, in: *Electoral Studies*, Vol. 53, 11–19.

Karvonen, Lauri 2007: Legislation on Political Parties, in: *Party Politics*, Vol. 13, No. 4, 437–455.

Katz, Richard S. 2000: Functions of Elections, in Rose, Richard (ed.): *International Encyclopedia of Elections*, Washington D.C.: CQ Press, 135–141.

Katz, Richard S. 2014: Democracy and the Legal Regulation of Political Parties, in: Van Biezen, Ingrid /ten Napel, Hans-Marten (eds.): *Regulating Political Parties. European Democracies in Comparative Perspective*, Leiden University Press, 17–43.

Keen, Ellie/Georgescu, Mara (Hg.) 2016: *Bookmarks. Bekämpfung von Hate Speech im Internet durch Menschenrechtsbildung*, Wien: Europarat/Edition polis.

Klanandadze, Nana 2020: Switching to all-postal voting in times of public health crises: Lessons from Poland; https://www.idea.int/news-media/news/switching-all -postal-voting

Klein, Markus/Ballowitz, Jan/Holderberg, Per 2014: Die gesellschaftliche Akzeptanz einer gesetzlichen Wahlpflicht in Deutschland. Ergebnisse einer repräsentativen Bevölkerungsumfrage, in: *Zeitschrift für Parlamentsfragen*, Jg. 45, H. 4, 812–824.

Kneip, Sascha/Merkel, Wolfgang 2017: Garantieren Wahlen demokratische Legitimität?, in: *Aus Politik und Zeitgeschichte*, Jg. 67, Nr. 38–39, 18–24.

Kofi Annan Foundation 2020: *Protecting Electoral Integrity in the Digital Age: The Report of the Kofi Annan Commission on Elections and Democracy in the Digital Age*, Geneva: Kofi Annan Foundation.

Kostadinova, Tatiana 2007: Ethnic and Women's Representation and Mixed Electoral Systems, in: *Electoral Studies*, Vol. 26, Nr. 2, 418–431.

Krennerich, Michael 1992: Die Kompetitivität der Wahlen in Nicaragua, El Salvador und Guatemala in historisch-vergleichender Perspektive, in: *Ibero-Amerikanisches Archiv*, Berlin, Jg. 18, Nr. 1–2, 245–290.

Krennerich, Michael 1993: Krieg und Frieden in Nikaragua, El Salvador und Guatemala, in: Bendel, Petra (Hg.): *Zentralamerika: Frieden – Demokratie – Entwicklung?*, Frankfurt/M.: Vervuert, 105–139.

Krennerich, Michael 1996a: *Wahlen und Antiregimekriege in Zentralamerika*, Opladen: Leske + Budrich.

Krennerich, Michael 1996b: Electoral Systems: A Global Overview, in: de Ville, Jacques/Steytler, Nico (eds.): *Voting in 1999: Choosing an Electoral System*, Durban, 7–18.

Krennerich, Michael 1997: Esbozo de la historia electoral nicaragüense, 1950–1990, in: *Revista de Historia*, Managua, 42–67.

Krennerich, Michael 1998: Elecciones y contexto político, in: Nohlen, Dieter et al. (coord.): *Tratado de Derecho Electoral Comparado de América Latina*, Mexiko-Stadt, 25–31.

Krennerich, Michael 1999: Wahlen in Lateinamerika: eine demokratische Routine, *Brennpunkt Lateinamerika*, Nr. 18, Hamburg: Institut für Iberoamerika-Kunde.

Krennerich, Michael 2000: Competitiveness of Elections, in: Rose, Richard (ed.): *International Encyclopedia of Elections*, Washington D.C.: CQ Press, 43–44.

Krennerich, Michael 2003: Demokratie in Lateinamerika. Eine Bestandsaufnahme nach der Wiedergeburt vor 25 Jahren, in: *Aus Politik und Zeitgeschichte*, B 38–39, 6–13.

Krennerich, Michael 2004: Freie und faire Wahlen in Afghanistan: Wahlrecht, Wahlorganisation und die Rolle der Zivilgesellschaft, Seminar für die Afghanistan-Delegation der Konferenz „Civil Society Participation in Afghan Peace Building and Reconstruction", Berlin: FES, 28. März 2004.

Krennerich, Michael 2009a: Ballots, not bullets? Oder: ballots with bullets? Von der vermeintlichen Notwendigkeit „minimaler Interventionen" in Afrika, in: *Gesellschaft, Wirtschaft, Politik* (GWP), Jg. 58, Nr. 3, 449–452.

Krennerich, Michael 2009b: Frauen ins Parlament! Wahlsysteme und Frauenquoten im Fokus, in: *Zeitschrift für Menschenrechte*, Jg. 3, Nr. 1, 54–78.

Krennerich, Michael 2017a: Das Wahlrecht als Bürger- und Menschenrecht – Standards und Eigenarten, in: *Zeitschrift für Menschenrechte*, Jg. 11, Nr. 1, 107–130.

Krennerich, Michael 2017b: Mehr als Imitation. Auch Autokraten lassen wählen, in: *Aus Politik und Zeitgeschichte*, Jg. 67, Nr. 44–45, 39–44.

Krennerich, Michael 2019: Von Indizes, Weltkarten und Länderrankings zu Menschenrechten, in: *Zeitschrift für Menschenrechte*, Jg. 13, Nr. 1, 179–192.

Krennerich, Michael/Lauga, Martín 1996: Reißbrett versus Politik: Anmerkungen zur internationalen Debatte um Wahlsysteme und Wahlsystemreformen, in: Hanisch, Rolf (Hg.): *Demokratieexport in die Länder des Südens?*, Hamburg, 515–539.

Krennerich, Michael/de Ville, Jacques 1997: A Systematic View on the Electoral Reform Debate in South Africa, in: *Verfassung und Recht in Übersee*, Vol. 30, No. 1, 26–41.

Kyle, Brett J. 2016: *Recycling Dictators in Latin American Elections. Legacies of Military Rule*, Boulder, Col./London: FirstForumPress.

Lada, Agnieszka 2020: Briefwahl in Polen – kaum Erfahrungswerte, aber zahlreiche Kontroversen, Deutsches Polen Institut, 13.05.2020; https://www.deutsches-polen-institut.de/blog/briefwahl-in-polen-kaum-erfahrungswerte-aber-zahlreiche-kontroversen/.

Landman, Todd/Di Gennaro Splendore, Luca 2020: Pandemic democracy: elections and COVID-19, in: *Journal of Risk Research*, DOI: 10.1080/13669877.2020.1765003.

Lang, Heinrich et al. 2016: *Studie zum aktiven und passiven Wahlrecht von Menschen mit Behinderung*, Berlin: Bundesministerium für Arbeit und Soziales.

Lang, Kai-Olaf 2015: Politische Setzungen des „Systems Orbán", in: *Aus Politik und Zeitgeschichte*, Jg. 65, Nr. 47–48, 17–24.

Lazarte Rojas, Jorge 2019: Encuestas durante el proceso electoral, in: Nohlen, Dieter/Valdés, Leonardo/Zovatto, Daniel (comp.): *Derecho electoral latinoamericano. Un enfoque comparativo*, México: Fondo de Cultura Económica et al., 910–918.

Lean, Sharon F. 2012: *Civil Society and Electoral Accountability in Latin America*, New York: Palgrave.

Legal Transformation Center 2012: *Afterword … Square 2010 through the Eyes of Belarusian Human Rights Defenders*, Minsk: LTC.

Leonhard, Bettina 2017: *Studie zum Wahlrecht von Menschen mit Behinderung und Stand des Wahlprüfungsverfahrens vor dem Bundesverfassungsgericht.* Fachbeitrag D16-2017. Online unter: https://www.reha-recht.de/fileadmin/user_upload/RehaRecht/Diskussionsforen/Forum_D/2017/D16-2017_Studie_zum_Wahlrecht_von_Menschen_mit_Behinderungen.pdf.

Levitsky, Steven/Way, Lucan Ahmad 2010: *Competitive Authoritarianism: Hybrid Regimes After the Cold War*, Cambridge: CUP.

Levitsky, Steven/Way, Lucan Ahmad 2020: The New Competitive Authoritarianism, in: *Journal of Democracy*, Vol. 31, Issue 1, 51–65.

Lindberg, Staffan I. 2006: *Democracy and Elections in Africa*, Baltimore: Johns Hopkins University Press.

Little, Andrew T./Tucker, Joshua A./LaGatta, Tom 2015: Elections, Protest, and Alternation of Power, in: *The Journal of Politics*, Vol. 77, No. 4, 1142–1156.

Mackie, Tom 2000: Australian Ballot, in: Rose, Richard (ed.): *International Encyclopedia of Elections*, Washington D.C.: CQ Press, 19–20.

Magaisa, Alex 2019: Zimbabwe: An Opportunity Lost, in: *Journal of Democracy*, Vol. 30, Issue 1, 143–158.

Mainwaring, Scott/Bizzarro, Fernando 2019: The Fates of Third-Wave Democracies, in: *Journal of Democracy*, Vol. 30, Issue 1, 99–113.

Mair, Stefan 1994: *Internationale Wahlbeobachtung als Instrument der Demokratisierungshilfe. Politisch-institutionelle Überlegungen zum deutschen Beitrag*, SWP-AP 2837, Ebenhausen: Stiftung Wissenschaft und Politik.

Mähner, Nicolas 2009: Zulässigkeit rechnergesteuerter Wahlgeräte, in: *Zeitschrift für Rechtspolitik*, Jg. 42, H. 8, 242–243.

Martin-Rozumilowicz, Beata/Kužel, Raso 2019: *Social Media, Disinformation and Electoral Integrity.* IFES Working Paper, August 2019, Arlington, VA: IFES.

Matland, Richard E. 2005: Enhancing Women's Political Participation: Legislative Recruitment and Electoral Systems, in: Ballington, Julie/Karam, Azza (eds.): *Women in Parliament: Beyond Numbers.* Revised Edition, Stockholm, 93–111.

Mauer, Marc 2011: Voting Behind Bars: An Argument for Voting by Prisoners, in: *Howard Law Journal* Vol. 54, No. 3, 549–566.

McCargo, Duncan 2019: Southeast Asia's Troubling Elections: Democratic Demolition in Thailand, in: *Journal of Democracy*, Vol. 30, Issue 4, 119–133.

McClintock, Cynthia 2018: Reevaluating Runoffs in Latin America, in: *Journal of Democracy*, Vol. 29, Issue 1, 96–110.

Merkel, Wolfgang/Petring, Alexander 2011: Partizipation und Inklusion, in: *Demokratie in Deutschland 2011.* Ein Report der Friedrich-Ebert-Stiftung, Berlin: FES.

Merloe, Patrick 2016: Election Monitoring vs. Disinformation, in: Diamond, Larry/Plattner, Marc F./Walker, Christopher (eds.): *Authoritarianism Goes Global. The Challenge to Democracy*, Baltimore, Maryland: Johns Hopkins University Press, 135–151.

Merzlou, Mikita 2019: Entfaltet der belarussische „sozial orientierte Staat" eine demokratiehemmende Wirkung?, in: *Belarus-Analysen*, Nr. 43, 2–7.

Middlebrook, Kevin J. (ed.) 1998: *Electoral Observation and Democratic Transitions in Latin America*, La Jolla: Center for U.S.-Mexican Studies, University of California, San Diego.

Mitra, Subrata K. 2011: *Politics in India. Structure, process and policy*, London et al.: Routledge.

Mohan, Vasu/Barnes, Catherine 2018: *Countering Hate Speech in Elections: Strategies for Electoral Management Bodies*, IFES White Paper, Washington D.C.: IFES.

Morgenbesser, Lee 2016: *Behind the Façade. Elections under Authoritarianism in Southeast Asia*, New York: State University of New York Press.

Morgenbesser, Lee 2019: Cambodia's Transition to Hegemonic Authoritarianism, in: *Journal of Democracy*, Vol. 30, Issue 1, 158–171.

Müller, Wolfgang C./Sieberer, Ulrich 2005: Party Law, in: Katz, Richard S./Crotty, William (eds.): *Handbook of Party Politics*, London: Sage Publications, 435–445.

National Conference of State Legistature 2020: Felon Voting Rights: Restoration of Voting Rights for Felons. Online unter: https://www.ncsl.org/research/elections-and-campaigns/felon-voting-rights.aspx

National Democratic Institute (NDI) 1996: *Making Every Vote Count. Domestic Election Monitoring in Asia*, o. O.: NDI.

Navarro Fierro, Carlos 2016: *Estudios Electorales en Perspectiva Internacional Comparada: El voto en el Extranjero en 18 países de América Latina*, México, D.F.: Instituto Nacional Electoral.

Navarro Fierro, Carlos 2019: El voto en el extranjero, in: Nohlen, Dieter/Valdés, Leonardo/Zovatto, Daniel (comp.): *Derecho electoral latinoamericano. Un enfoque comparativo*, México: Fondo de Cultura Económica et al., 294–325.

Neu, Viola 2017: Gegen eine Wahlpflicht, in: *Aus Politik und Zeitgeschichte*, Jg. 67, Nr. 38–39, 29–32.

Nohlen, Dieter 1978: *Wahlsysteme der Welt. Daten und Analysen*, München/Zürich: Piper.

Nohlen, Dieter 1990: Übergang zur Demokratie? Die Wahlen in Nicaragua, in: *Uni-Spiegel* (Heidelberg), Nr. 2, 3.

Nohlen, Dieter (Hg.) 1993: *Handbuch der Wahldaten Lateinamerikas und der Karibik*, Opladen: Leske + Budrich.

Nohlen, Dieter (eds.) 2005: *Elections in the Americas*, Vol. I and II, Oxford: OUP.

Nohlen, Dieter 2009: Erfolgswertgleichheit als fixe Idee oder: Zurück zu Weimar? Zum Urteil des Bundesverfassungsgerichts über das Bundeswahlgesetz vom 3. Juli 2008, in: *Zeitschrift für Parlamentsfragen*, Jg. 40, H. 1, 179–195.

Nohlen, Dieter [7]2014: *Wahlrecht und Parteiensystem*, Opladen/Toronto: Barbara Budrich.

Nohlen, Dieter 2019: Sistemas electorales parlamentarios y presidenciales, in: Nohlen, Dieter/Valdés, Leonardo/Zovatto, Daniel (comp.): *Derecho electoral latinoamericano. Un enfoque comparativo*, México: Fondo de Cultura Económica et al., 372–413.

Nohlen, Dieter et al. 2000: Appendix: Electoral Systems in Independent Countries, in: Rose, Richard (ed.): *The International Encyclopedia of Elections, Washington D.C.: Congressional Quarterly*, 353–379.

Nohlen, Dieter/Grotz, Florian 2000: External Voting: Legal Framework and Overview of Electoral Legislation, in: *Boletín Mexicano de Derecho Comparado*, Vol. 33, No. 99, 115–1146

Nohlen, Dieter/Grotz, Florian/Hartmann, Christof (eds.) 2001: *Elections in Asia and the Pacific*, Vol. I and II, Oxford: OUP.

Nohlen, Dieter/Krennerich, Michael/Thibaut, Bernhard (eds.) 1999: *Elections in Africa*, Oxford: OUP.

Nohlen, Dieter/Picado, Sonia/Zovatto, Daniel (comp.) 1998: *Tratado de derecho electoral comparado de América Latina*, México: Fondo de Cultura Económica et al.

Nohlen, Dieter/Stöver, Philip (eds.) 2010: *Elections in Europe*, Baden-Baden: Nomos.

Nohlen, Dieter/Valdés, Leonardo/Zovatto, Daniel (comp.) 2019: *Derecho electoral latinoamericano. Un enfoque comparativo*, México: Fondo de Cultura Económica et al.

Nolte, Detlef 2015: Lateinamerika. Flexible Verfassungen und starre Machtstrukturen, *GIGA Focus* 8/2015, Hamburg: German Institute of Global and Area Studies.

Norris, Pippa 2013: Does the World Agree About Standards of Electoral Integrity? Evidence for the Diffusion of Global Norms, in: *Electoral Studies*, Vol. 32, Nr. 4, 576–588.

Norris, Pippa 2014: *Why Electoral Integrity Matters*, New York: CUP.

Norris, Pippa 2015: *Why Elections Fail*, New York: CUP.

Norris, Pippa 2018: Electoral Integrity, in: Fisher, Justin et al. (eds.): *The Routledge Handbook of Elections, Voting Behavior and Public Opinion*, London/New York: Routledge, 220–231.

Norris, Pippa/Grömping, Max 2019: *Electoral Integrity Worldwide*, May 2019. Online unter: https://static1.squarespace.com/static/58533f31bebafbe99c85dc9b/t/5ce60bd6b208fcd93be49430/1558580197717/Electoral+Integrity+Worldwide.pdf.

Norris, Pippa/van Es, Andrea Abel (eds.) 2016: *Checkbook Elections? Political Finance in Comparative Perspective*, Oxford: OUP.

Nwokeafor, Cosmas Uchenna (ed.) 2017: *Technology Integration and Transformation of Elections in Africa. An Evolving Modality*, Lanham et al.: Hamilton Books.

Obe, Ayo 2019: Aspirations and Realities in Africa: Nigeria's Emerging Two-Party System?, in: *Journal of Democracies*, Vol. 30, Issue 3, 109–123.

Oelbermann, Jan 2011: *Wahlrecht und Strafe. Die Wahl aus dem Justizvollzug und die Aberkennung des Wahlrechts durch das Strafgericht*, Baden-Baden: Nomos.

Oelbermann, Jan 2015: Ehrenrecht und Wahlrechtsentzug, in: *Freispruch*, H. 6, Februar. Online unter: www.strafverteidigervereinigungen.org/freispruch/texte/oelbermann_h6_ehrenrecht_prn.html.

Okwerekwu A., Jennifer et al. 2018: Voting by People with Mental Illness, in: *The Journal of American Academy of Psychiatry and Law*, Vol. 46, Nr. 4, 1–8. Online unter: http://jaapl.org/content/jaapl/early/2018/10/31/JAAPL.003780-18.full.pdf.

Ong, Elvin 2018: Electoral manipulation, opposition power, and institutional change: Contesting for electoral reform in Singapore, Malaysia, and Cambodia, in: *Electoral Studies*, Vol. 54, August, 159–171.

Ortega Ortíz, Reynaldo Yununen 2017: *Presidential Elections in Mexico. From Hegemony to Pluralism*, Palgrave.

Ortíz, Richard 2019: El voto obligatorio, in: Nohlen, Dieter/Valdés, Leonardo/Zovatto, Daniel (comp.): *Derecho electoral latinoamericano. Un enfoque comparativo*, México: Fondo de Cultura Económica et al., 326–338.

Palleit, Leander 2011: *Gleiches Wahlrecht für alle? Menschen mit Behinderungen und das Wahlrecht in Deutschland*, Berlin: Deutsches Institut für Menschenrechte.

Pérez-Liñán, Aníbal 2007: *Presidential Impeachment and the New Political Instability in Latin America*, Cambridge: CUP.

Powell, G. Bingham 2000: *Elections as Instruments of Democracy: Majoritarian and Proportional Visions*, New Haven/London: Yale University Press.

Preuss, Hans-Joachim 2020: Und ewig grüßt die Dynastie. Die Dauerherrschaft der Familie Gnassingbé in Togo zeigt sich unantastbar. Verantwortung dafür trägt auch die gespaltene Opposition, in: *Internationale Politik und Gesellschaft*, 25. Februar 2020.

Przeworski, Adam 2018: *Why Bother with Elections?*, Cambridge: Polity Press.

Rashkova, Ekaterina R./Spirova, Maria 2014: Ethnic Party Regulation in Eastern Europe, in: Van Biezen, Ingrid/ten Napel, Hans-Marten (eds.): *Regulating Political Parties. European Democracies in Comparative Perspective*, Leiden University Press, 225–251.

Reilly, Alexander/Torresi, Tiziana 2016: Voting Rights of Permanent Residents, in: *UNSW Law Journal*, Vol. 39, No. 1, 401–420.

Reiners, Markus 2017: E-Voting in Estland: Vorbild für Deutschland?, in: *Aus Politik und Zeitgeschichte*, Jg. 67, Nr. 38–39, 33–38.

Repell, Lisa/Martin-Rozumitowicz, Beata/Mohan, Vasu 2020: Preserving Electoral Integrity During an Infodemic, Washington D.C.: IFES.

Reynolds, Andrew 2011: *Designing Democracy in a Dangerous World*, Oxford: OUP.

Riedl, Rachel Beatty/Samba Sylla, Ndongo 2019: Aspirations and Realities in Africa: Senegal's Vigorous but Constrained Election, in: *Journal of Democracy*, Vol. 30, Issue 3, 94–108.

Rodríguez, E. M. 1989: Elecciones anuladas. Panama, 7 de mayo de 1989, in: *Boletín Electoral Latinoamericano*, Nr. 1, San Jose: IIDH-CAPEL, 30–35.

Rohozinska, Joanna/Shpak, Vitaly 2019: Ukraine's Post-Maidan Struggles: The Rise of an „Outsider" President, in: *Journal of Democracy*, Vol. 30, Issue 3, 33–47.

Rose, Richard (ed.) 2000: *The International Encyclopedia of Elections*. Washington D.C.: Congressional Quarterly.

Rose, Richard/Massawir, Harve 1967: Voting and Elections: A Functional Analysis, in: *Political Studies*, Vol. 15, No. 2, 173–201.

Rose, Richard/Mishler, William 2009: How Do Electors Respond to an „Unfair" Election? The Experience of Russians, in: *Post-Soviet Affairs*, Vol. 25, No. 2, 118–16.

Rosenberger, Sieglinde 2019: Blick von außen: 100 Jahre Frauenwahlrecht, in: *Tiroler Tageszeitung* Onlineausgabe, Artikel v. 8. Februar. Online unter: https://www.tt.com/artikel/15310059/100 -jahre-frauenwahlrecht.

Rosenberger, Sieglinde/Seeber, Gilg 2008: *Wählen*, Wien: Facultas.

Rosenblum, Nancy L. 2007: Banning Parties: Religious and Ethnic Partisanship in Multicultural Democracies, in: *Law & Ethics of Human Rights*, Vol. 1, Issue 1, 17–74.

Ross, Ingrid 2019: Korrupte Eliten ziehen die Fäden, in: *Internationale Politik und Gesellschaft*, Artikel v. 13. August. Online unter: https://www.ipg-journal.de/interviews/artikel/korrupte-eliten -ziehen-die-faeden-3661/.

Roussias, Nasos/Ruiz-Rufino, Rubén 2018: „Tying Incumbents' Hands": The Effects of Election Monitoring on Electoral Outcomes, in: *Electoral Studies*, Vol. 54, 116–127.

Roy, Prannoy/Sopariwala, Dorab R. 2019: *The Verdict: Decoding India's Election* (Malayalam Edition), Bhopal, India: Manul Publishing House.

Ruedin, Didier 2013: *Why Aren't They There? The Political Representation of Women, Ethnic Groups and Issue Positions in Legislatures*, Colchester: ECPR Press.

Sabato, Larry J./Ernst, Howard, R. (eds.) 2006: *Encyclopedia of American Political Parties and Elections*, New York: Infobase Publishing.

Sander, Barrie 2019: Democracy Under The Influence: Paradigms of State Responsibility for Cyber Influence Operations on Elections, in: *Chinese Journal of International Law*, Vol. 18, Issue 1, 1–56.

Sartori, Giovanni 1992: *Demokratietheorie*, Darmstadt.

Schäfer, Armin 2015: *Der Verlust politischer Gleichheit. Warum die sinkende Wahlbeteiligung der Demokratie schadet*, Frankfurt/M./New York: Campus.

Schedler, Andreas 2002a: Elections Without Democracy: The Menu of Manipulation, in: *Journal of Democracy*, Vol. 30, Issue 2, 36–50.

Schedler, Andreas 2002b: The Nested Game of Democratization by Elections, in: *International Political Science Review*, Vol. 23, No. 1, 103–122.

Schedler, Andreas (ed.) 2006: *Electoral Authoritarianism. The Dynamics of Unfree Competition*, Boulder and London: Lynne Rienner Publishers.

Schedler, Andreas 2013: *The Politics of Uncertainty. Sustaining and Subverting Electoral Authoritarianism*, Oxford: OUP.

Schmahl, Stefanie 2015: *Rechtsgutachten über den Umgang mit rassistischen Wahlkampfplakaten der NPD*, erstattet am 24. Oktober 2015 im Auftrag des Bundesministeriums der Justiz und für Verbraucherschutz, Universität Würzburg.

Schönhagen, Leonie 2016: Grundrechtsbeschränkung im Rucksack – Der Wahlrechtsausschuss von Menschen unter Betreuung in allen Angelegenheiten, in: *Kritische Vierteljahresschrift für Gesetzgebung und Rechtswissenschaft*, H. 4, 350–370.

Schreiber, Wolfgang [10]2017: *BWahlG, Kommentar zum Bundeswahlgesetz*, Köln: Heymann.

Sha, Aqil 2019: Pakistan: Voting under Military Tutelage, in: *Journal of Democracy*, Vol. 30, Issue 1, 128–142.

Shachar, Ayelt et al. (eds.) 2017: *The Oxford Handbook of Citizenship*, Oxford: OUP.

Simpser, A. 2013: *Why Parties and Government Manipulate Elections: Theory, Practice and Implications*, New York: CUP.

Simson Carid, Jack 2016: *Prisoners' voting rights. Developments since May 2015*, Briefing Paper CBP 7461, London: House of Commons, Library.

Sinpeng, Aim 2014: Party Banning and the Impact on Party System Institutionalization in Thailand, in: *Contemporary Southeast Asia*, Vol. 36, No. 3, 442–466.

Söderberg Kovacs, Mimmi 2018: The everyday politics of electoral violence in Africa, in: Söderberg Kovacs, Mimmi/Bjarnesen, Jesper (eds.): *Violence in African Elections*, Uppsala: ZED, 1–25.

Söderberg Kovacs, Mimmi/Bjarnesen, Jesper (eds.) 2018: *Violence in African Elections*, Uppsala: ZED.

Strohmeier, Gerd (Hg.) 2009: Wahlsystemreform, Sonderband Zeitschrift für Politikwissenschaft, Baden-Baden: Nomos.

Studenroth, Stefan 2000: Wahlbeeinflussung durch staatliche Funktionsträger, in: *Archiv des öffentlichen Rechts*, Bd. 125, 257–279.

Stykow, Petra 2013: Wahlen in autoritären Regimen: Die postsowjetischen Länder im Vergleich, in: Kailitz, Steffen/Köllner, Patrick (eds.): *Autokratien im Vergleich*, PVS-Sonderheft 47, Baden-Baden: Nomos, 237–271.

Sullivan, Michael 2016: *Cambodia Votes. Democracy, Authority and International Support for Elections 1993–2013*, Copenhagen: NIAS Press.

SVR (Sachverständigenrat der deutschen Stiftung für Integration und Migration) 2017: *Der Doppelpass mit Generationenschnitt. Perspektiven für ein modernes Staatsangehörigkeitsrecht*, Berlin: SVR.

Tenove, Chris et al. 2018: *Digital Threats to Democratic Elections. How Foreign Actors Use Digital Techniques to Undermine Democracy*, University of British Colombia: Centre for the Study of Democratic Institutions.

The Carter Center: *Limited Election Observation Mission to the Philippines, June 2016 Statement*, Atlanta, 17. Juni 2016.

The Carter Center: *Observing Myanmar's 2015 General Elections. Final Report*, Atlanta, 16 August 2016.

The Carter Center: *The Carter Center's Experts Mission to the Zambian Presidential and Parliamentary Elections 2016. Final Report*, Atlanta, 20 December 2017.

The Carter Center: *Democratic Republic of the Congo 2018 Harmonized Presidential, Parliamentary and Provincial Elections. Expert Mission Report*, Atlanta, 19 December 2019.

The Carter Center: *Guyana General Election Preliminary Statement*, Atlanta, 4 March 2020.

The Commonwealth Observer Group 2015: *Tanzania General Elections, 25 October 2015*, London.

Thompson, Mark R. 2019: Southeast Asia's Troubling Elections: Is There a Silver Lining?, in: *Journal of Democracy*, Vol. 30, Issue 4, 149–157.

Tötemeyer, Gerhard K. H./Wehmhörner, Arnold/Weiland, Heribert (eds.) 1996: *Elections in Namibia*, Windhoek: Gamsberg Macmillan Publisher.

Uggen, Chris et al. 2016: 6 Million Lost Voters: State-Level Estimates of Felony Disenfranchisement, Washington: Sentencing Project.

Uggen, Chris et al. 2020: Locked Out 2020: Estimates of People Denied Voting Rights Due to a Felony Conviction, Washington: Sentencing Project.

Valdés Leonardo/Ruiz, José Fabián: Los órganos encargados de la administración electoral, in: Nohlen, Dieter/Valdés, Leonardo/Zovatto, Daniel (comp.): *Derecho electoral latinoamericano. Un enfoque comparativo*, México: Fondo de Cultura Económica et al., 414–443.

Van Biezen, Ingrid 2014: The Constitutionalization of Political Parties in Post-war Europe, in: Van Biezen, Ingrid/ten Napel, Hans-Marten (eds.): *Regulating Political Parties. European Democracies in Comparative Perspective*, Leiden University Press, 93–117.

Van der Eijk, Cees 1993: Comparative Studies of Elections and Political Science, in: Keman, Hans (ed.): *New Directions in Theory and Method*, Amsterdam: VU University Press, 59–68.

Van der Staak, Sam/Wolf, Peter: 2019: *Cybersecurtiy in Elections. Models of Interagency Collaboration*, Stockholm: International IDEA.

Van Ham, Carolien 2015: Getting Elections Right? Measuring Electoral Integrity, in: *Democratization*, Vol. 22, No. 4, 714–737.

Varshney, Ashutosh 2019: Modi Consolidates Power: Electoral Vibrancy, Mounting Liberal Deficits, in: *Journal of Democracy*, Vol. 30, Issue 4, 63–77.

Vehrkamp, Robert/Im Winkel, Niklas/Konzelmann, Laura 2015: *Wählen ab 16. Ein Beitrag zur nachhaltigen Steigerung der Wahlbeteiligung*, Gütersloh: Bertelsmann-Stiftung.

Vicery, Chad/Shein, Erica/Darnolff, Staffan 2014: *Election Integrity Assessment Method and System*, Washington D.C.: IFES.

Völkel, Jan Claudius 2018: *Regionalbericht Naher Osten und Nordafrika, Bertelsmann Transformationsindex 2018*, Gütersloh. Online unter: https://www.bti-project.org/

Wagner, Ben 2020 (i.E.). Digital Election Observation: Regulatory Challenges around Legal Content, in: *The Political Quarterly*.

Walter, Christian 2013: Der Bürgerstatus im Lichte von Migration und europäischer Integration, in: *Veröffentlichungen der Vereinigung der Deutschen Staatslehrer* (VVDStRL) 72, Berlin/Boston: de Gruyter, 7–44.

White, Stephen (ed.) 2012: *Russia's Authoritarian Elections*, London/New York: Routledge.

Will, Martin 2009: Wahlcomputer und der verfassungsrechtliche Grundsatz der Öffentlichkeit der Wahlen, in: *Neue Zeitschrift für Verwaltungsrecht*, H. 11, 700–703.

Wissenschaftliche Dienste, Deutscher Bundestag 2015: *Regelungen zum Ausschluss des Wahlrechts*, WD 3 – 3000 – 132/15, Berlin.

Wissenschaftliche Dienste, Deutscher Bundestag 2018: *Sachstand. Wahlrecht für Ausländer*, WD 3 – 3000 – 253/18, Berlin.

Wolf, Peter 2020: The COVID-19 crisis – A much needed new opportunity for online voting?, International IDEA, Stockholm, News, 13.05.2020. Yap, Po Jen (ed.) 2016: *Judicial Review of Elections in Asia*, London/New York: Routledge.

Ziegler, Ruvi 2017: *Voting Rights of Refugees*, Cambridge: CUP.

Ziemer, Klaus (Hg.) 2003: *Wahlen in postsozialistischen Staaten*, Opladen: Leske + Budrich.

Zovatto, Daniel 2017: *Reforma política-electoral e innovación institucional en América Latina (1978–2016)*, Miami: Ediciones EJV International.

Zovatto, Daniel 2019: El financiamiento politico, in: Nohlen, Dieter/Valdés, Leonardo/Zovatto, Daniel (comp.): *Derecho electoral latinoamericano. Un enfoque comparativo*, México: Fondo de Cultura Económica et al., 801–852.

Zusätzliche Websites

Administration and Cost of Elections (ACE) Project: www.aceproject.org

The Electoral Integrity Project: www.ElectoralIntegrityProject.com

Electoral Institute for Sustainable Democracy in Africa (EISA): www.eisa.org.za

European Platform for Democratic Elections: www.epde.org

IFES International Foundation for Electoral Systems: www.ifes.org

IIDH/CAPEL Instituto Interamericano de Derechos Humanos/Centro de Asesoría y Promoción Electoral del Instituto Interamericano de Derechos Humanos: www.iidh.ed.cr/capel/

International IDEA (Institute for Democracy and Electoral Assistance): www.idea.int

Wahlrecht.de: www.wahlrecht.de

Alle Links letztmalig geprüft am 8.7.2020